AS NOVAS RELAÇÕES TRABALHISTAS E O FUTURO DO DIREITO DO TRABALHO

AS NOVIDADES PROVENIENTES DE LEIS TRABALHISTAS RECENTES

COLEÇÃO FÓRUM
AS NOVAS RELAÇÕES TRABALHISTAS E O FUTURO DO DIREITO DO TRABALHO

COLEÇÃO FÓRUM
**AS NOVAS RELAÇÕES TRABALHISTAS
E O FUTURO DO DIREITO DO TRABALHO**

CAROLINA TUPINAMBÁ
Coordenadora

Maria Cristina Irigoyen Peduzzi
Prefácio

AS NOVAS RELAÇÕES TRABALHISTAS E O FUTURO DO DIREITO DO TRABALHO

AS NOVIDADES PROVENIENTES DE LEIS TRABALHISTAS RECENTES

2

Belo Horizonte
FÓRUM
CONHECIMENTO JURÍDICO
2021

COLEÇÃO FÓRUM
AS NOVAS RELAÇÕES TRABALHISTAS
E O FUTURO DO DIREITO DO TRABALHO

FÓRUM
CONHECIMENTO JURÍDICO

Luís Cláudio Rodrigues Ferreira
Presidente e Editor

Coordenação editorial: Leonardo Eustáquio Siqueira Araújo
Aline Sobreira de Oliveira

Av. Afonso Pena, 2770 – 15º andar – Savassi – CEP 30130-012
Belo Horizonte – Minas Gerais – Tel.: (31) 2121.4900 / 2121.4949
www.editoraforum.com.br – editoraforum@editoraforum.com.br

Técnica. Empenho. Zelo. Esses foram alguns dos cuidados aplicados na edição desta obra. No entanto, podem ocorrer erros de impressão, digitação ou mesmo restar alguma dúvida conceitual. Caso se constate algo assim, solicitamos a gentileza de nos comunicar através do *e-mail* editorial@editoraforum.com.br para que possamos esclarecer, no que couber. A sua contribuição é muito importante para mantermos a excelência editorial. A Editora Fórum agradece a sua contribuição.

Dados Internacionais de Catalogação na Publicação (CIP) de acordo com a AACR2

N936 As novas relações trabalhistas e o futuro do Direito do Trabalho: as novidades provenientes de leis trabalhistas recentes/ Carolina Tupinambá (Coord.).– Belo Horizonte : Fórum, 2021.

305p.
Coleção Fórum as novas relações trabalhistas e o futuro do Direito do Trabalho. Tomo II
ISBN: 978-65-5518-120-3
ISBN da coleção: 978-65-5518-116-6
1. Direito Processual Trabalhista. 2. Direito do Trabalho. 3. Processo do Trabalho. I. Tupinambá, Carolina. II. Título.

CDD 342.6
CDU 349.2

Elaborado por Daniela Lopes Duarte - CRB-6/3500

Informação bibliográfica deste livro, conforme a NBR 6023:2018 da Associação Brasileira de Normas Técnicas (ABNT):

TUPINAMBÁ, Carolina (Coord.). *As novas relações trabalhistas e o futuro do Direito do Trabalho*: as novidades provenientes de leis trabalhistas recentes. Belo Horizonte: Fórum, 2021. 305p. (Coleção Fórum as novas relações trabalhistas e o futuro do Direito do Trabalho. Tomo II.). ISBN 978-65-5518-120-3.

Para Rafael, com amor.

AGRADECIMENTOS

Em todos os trabalhos que faço, adoro escrever esta parte.

Sempre faz pensar o quanto a vida é boa e o quanto somos felizes por estarmos cercados de bons amigos, parceiros de todas as horas.

Este livro é sobre o futuro, tempo que, invariavelmente, remete-me a Rafael, meu filho amado. É ele a causa de minha preocupação, assim como de meu entusiasmo com todas as próximas e infinitas auroras seguidas dos entardeceres ao redor do globo terrestre. Mal me lembro das coisas que me faziam alegre ou triste antes do Rafa. Ele personifica o "daqui pra frente" de minha existência, sendo, para mim, sinônimo de fé na vida e de esperança no porvir. Sou grata por nossa convivência transformadora, que inspira e enfeita tudo o que faço de bom.

Para pensar sobre o futuro, todos nós partimos de uma história de vida. A minha sempre foi ao lado de minha mãe, Sonia. Sinto gratidão por tudo que ela fez e faz por mim diuturnamente. Toda a vida, o presente e o futuro ganham sentido ao lado dela.

Rafael e sua avó me estimulam a trabalhar, a escrever e a estudar. Agradeço por eles compreenderem minhas eventuais ausências para dar conta de tentar um futuro melhor.

Sou sócia de um escritório de advocacia por onde passam todos os tipos de conflitos reais e potenciais entre capital e trabalho. Tensões que se transformam ao longo do tempo. Apesar de todos os nossos desafios, duas advogadas de uma equipe de guerreiros me ajudam em projetos acadêmicos.

Marina Novellino Valverde, mestranda da Universidade do Estado do Rio de Janeiro, sonhou junto comigo vários pedacinhos desta obra, tendo ajudado muitíssimo com as pesquisas de textos, a organização temática e a revisão de diversos trabalhos.

Bianca Lubianco, fiel escudeira, tornou muito mais fácil e efetiva a arregimentação de tantos autores e conteúdo, responsabilizando-se por boa parte da complexa logística e da agenda envolvida nesta obra em que 95 nomes do direito assinam artigos acadêmicos inovadores.

Agradeço, por fim, a todos os competentes professores e autores participantes desta coletânea pela confiança e deferência, mas, principalmente, por suas corajosas e inovadoras ideias, em boa hora compartilhadas com a comunidade jurídica em prol da construção de um novo direito e processo do trabalho.

Obrigada!

SUMÁRIO

APRESENTAÇÃO DA COLEÇÃO

A presente obra coletiva surge a partir de estudos desenvolvidos ao longo dos anos de 2018 e 2019, nos cursos de pós-graduação em que leciono.

A ideia central deste trabalho é diagnosticar influxos do terceiro milênio nas relações de trabalho a partir de pesquisas e incursões acadêmicas, tanto no campo do direito nacional como no comparado.

O trabalho desempenha, ao menos, três papéis fundamentais nas relações humanas: social, psicológico e financeiro. Consciente de sua vocação, o direito do trabalho na sociedade pós-industrial deve girar em torno do eixo do equilíbrio entre forças e respeito ao núcleo duro das garantias fundamentais dos trabalhadores, como agentes que produzem em benefício da sociedade.

Os desafios não são poucos.

Os inegáveis avanços da tecnologia e da globalização têm, em curto espaço de tempo, acusado a necessidade de alterações legislativas e transformado modelos de solução de conflitos entre capital e trabalho. A coleção completa analisará justamente esse marco referencial que condensa conceitos e elementos extraídos do que se convencionou chamar "direito do trabalho 4.0".

O mundo do trabalho efetivamente mudou, e a mudança nem veio para ficar, pois a verdade é que, a cada dia, a paisagem se transforma.

Profissionais contemporâneos que habitam os grandes centros, em geral, costumam ser independentes, menos chefes, mais tutores, realizadores. Querem menos competitividade e mais colaboração; menos *curriculum*, mais valores intrínsecos. Em uma época em que a vida e o trabalho se fundem, instruções cedem lugar para objetivos acordados, dissolvendo a rigidez das hierarquias. As recompensas serão baseadas no desempenho. É comum de se ver trabalhadores tornando-se verdadeiros empreendedores dentro da empresa, o que significa verdadeira reconfiguração dos protagonistas clássicos da relação laboral, empregado e empregador. Nesse novo ambiente que se apresenta ao direito do trabalho, portanto, a liberdade de escolha e a responsabilidade individual ocupam lugar de destaque.

Nesse contexto, os textos a seguir são corajosos, por natureza. Ora, mudar sempre causa insegurança. Nada se compara ao conforto proporcionado pelo *status quo*.

Mas o futuro, que já começou e não tem data para terminar, não se contendo por princípios e regras tradicionais que os bancos universitários ainda insistem em anunciar como se fossem informadores de um direito e processo do trabalho esculpidos nas pedras sagradas.

A questão é que, ao que parece, o ensino de ambas as disciplinas parou no tempo, como se congelado numa era de "tudo ou nada".

Ou se tem o vínculo de emprego reconhecido, para se desfrutar do fantástico mundo da CLT, com a mais ampla proteção do Estado, ou se está fora da jogada. Quem não é empregado, praticamente, não será nada para a grande maioria das obras jurídicas que se encontram nas prateleiras dedicadas ao direito e processo do trabalho. Será, talvez, se tiver alguma sorte de ser lembrado, uma mera "tentativa de fraude" ou coisa que o valha, ainda que trabalhe dia e noite sem parar.

Em geral, quem se assusta diante da triste realidade, ao invés de tentar novos caminhos de regulamentação e proteção desses trabalhadores-do-futuro, não necessariamente empregados como antigamente – pasmem-se –, prefere "forçar a barra", tentando enquadrar, a todo custo, qualquer prestador de serviços para baixo do grande e velho guarda-chuva chamado vínculo de emprego. Muitos insistem, nessa linha de raciocínio, repetindo obcessivamente o discurso de que o autônomo, o motorista da Uber, o trabalhador pejotizado etc. sejam, todos eles, em-pre-ga-dos. E não se fala mais nisso! Não se apresentam reflexões ou argumentos aprofundados e amadurecidos nos textos mais apaixonados. Outros estudiosos, de fato, acreditam piamente que esses novos perfis contratuais ostentam as características do vínculo empregatício como subordinação, habitualidade, eventualidade, onerosidade e pessoalidade.

Via de regra, o enterrar a cabeça na terra parece proteger de um temor justificável ou, pelo menos, que faz certo sentido na mentalidade dos neofóbicos. É que, ao se admitir a existência de outras espécies de vínculos de trabalho, com proteção do Estado mais arrefecida ou até inexistente, o que será feito da figura do velho e bom empregado? Será definitivamente extinta do planeta ou, ao menos, do Brasil? Qual poder de barganha ou sedução restará ao contrato de emprego? Quem há de querer contratar pela modalidade vetusta e engessada de vínculo empregatício? Depois que surgiu o FGTS, quem optou pelo regime da estabilidade decenal?

A coletânea tratará desses tipos de questões, entre muitas e tantas outras, sem a pretensão de respondê-las. Fazê-las – acreditem – já é um grande passo para a evolução dos direitos envolvidos, sejam eles ostentados pelo capital ou pela mão de obra.

Além da audácia e da criatividade necessárias para se pensar "fora da caixa", outro traço marcante da coleção é a interdisciplinaridade percebida em muitas das contribuições, que incitam o diálogo com áreas como o direito empresarial, o direito e tecnologia, direito processual e constitucional.

Em suma, o futuro do mundo do trabalho é um problema central que não dispensa a incansável dedicação dos estudiosos.

É duro e, de certa forma, até incômodo admitir que, hoje, trabalhamos, em média, mais do que nunca. Ora, se acoplarmos a utilidade do trabalho humano ao seu respectivo propósito, essa realidade não faz o menor sentido. Sim, porque, historicamente, a finalidade do emprego é nada mais do que produzir aquilo que precisamos para viver, como alimentos, roupas, casas etc.

Com a evolução do estágio civilizatório e dos meios de produção, é inegável que a produtividade no globo aumentou exponencialmente. É dizer: menos esforço é demandado para a produção de um mesmo resultado de tempos atrás. Hoje se trabalha bem menos para se produzir o mesmo que antes, graças, principalmente, ao avanço das tecnologias. Logicamente, nosso padrão de vida tem melhorado e se tornado mais requintado, o que demanda aumento de trabalho para a produção de um nível tal de riqueza... mas o fato é que, proporcionalmente, a otimização da produção é muito mais significativa do que o aumento de demanda.

É como se o propósito da evolução fosse liberar nosso tempo para que pudéssemos não trabalhar.

Só que não. Em vez disso, ter um trabalho digno é objetivo comum de muitos cidadãos.

São impressionantes e verdadeiramente encantadoras toda a complexidade, a sensibilidade e a magia que se apresentam àqueles que procuram entender o mundo do trabalho, de onde veio e para onde irá.

Certamente aprendi muito com os colaboradores desta coleção. Compartilho, com entusiasmo e otimismo, o resultado de nosso empenho, torcendo para que a troca de ideias ganhe adeptos e seja ainda mais incrementada, ao ponto de colaborar com a edificação de um futuro em que as relações de trabalho sejam inseridas como um todo na realidade de um Estado Democrático de Direito e das dinâmicas que lhe são próprias. Parafraseando o grande compositor Ivan Lins, no Novo Tempo, apesar dos perigos, a gente se encontra para nos socorrer.

PREFÁCIO

A mutação das relações de trabalho tradicionalmente compreendidas é uma realidade que há anos se incrementa, dia após dia.

A partir da Quarta Revolução Industrial, vivenciamos o surgimento constante de novidades absolutamente disruptivas, como as novas tecnologias, as formas plurais de solução de conflitos, os perfis contratuais diversos da clássica relação de emprego etc. Muitas são as mudanças do mundo do trabalho que desafiam a interpretação dos tribunais, a modernização das leis e a construção de uma doutrina arejada e inovadora.

Esta obra se compromete, justamente, com a missão reflexiva demandada pelo novo Direito do Trabalho. Dividido em cinco volumes, a coleção busca abordar as mais recentes legislações que impactaram o mundo do trabalho, os efeitos das novas tecnologias no universo laboral, as novidades observáveis no cenário mundial, envolvendo, sobretudo, a globalização e o futuro do direito do trabalho e os novos módulos de interações humanas trabalhistas, bem como de superação de conflitos entre capital e trabalho. Neste volume, são abordadas as novidades das leis trabalhistas recentes.

Outro aspecto que chama a atenção nesta interessante publicação, que tem seu segundo volume apresentado à comunidade jurídica, é que, acompanhando a tendência mundial de arrefecimento de fronteiras entre os países, foram colacionados trabalhos inéditos de diversos autores internacionais, o que distingue muito positivamente o presente livro. Conhecer o direito do trabalho de alhures, a partir da visão de seus nacionais, traduz experiência ímpar e engrandecedora proporcionada pela leitura dos textos que chegam além-mar.

Os temas percorridos pelos autores-colaboradores nos volumes que integram a festejada coletânea são inusitados, relevantes e atuais. Os artigos foram selecionados com maestria pela coordenadora da obra, professora e doutora Carolina Tupinambá, que contagia por sua paixão pelo Direito e Processo do Trabalho.

Tive a honra de ser convidada para escrever o prefácio desta rica coletânea e posso afirmar que o trabalho da professora arregimenta publicações densas, críticas e provocantes, organizadas de forma admirável e inteligente.

Parabenizo a Editora Fórum que, na vanguarda da literatura jurídica, lança a coleção de suma importância para acadêmicos e profissionais do direito, a expressar diálogo inovador entre múltiplas visões selecionadas pela talentosa Carolina.

Para aqueles que imaginam que o direito do trabalho poderá desaparecer no futuro, a leitura dos artigos desta obra estruturada, provavelmente, os fará mudar de ideia. São muitas as novas possibilidades e perspectivas que se colocam decorrentes, sobretudo, de fenômenos como o avanço de novas tecnologias e o sedimentar da globalização.

Os novos modos de produção, próprios da Quarta Revolução Industrial, criaram um tipo de trabalhador denominado "nômade", inserido no contexto de um novo modelo econômico, sob demanda e a oferta de serviços via internet pelos mais diversos trabalhadores sem vínculo de emprego, diretamente ao consumidor, por meio de plataforma virtual.

Cabe ao estudioso do Direito analisar as novas formas de produção, reconhecer seus avanços e retrocessos para a organização do trabalho e sugerir meios para regular cada peculiaridade das inovações que surgem a cada novo momento.

A propósito, em seu consagrado livro *21 lições para o século 21*, o historiador Yuval Noah Harari, reconhece que "os temores de que a automação causará desemprego massivo remontam ao século XIX, e até agora nunca se materializaram".

Convido você, leitor, a refletir conosco sobre esse mundo de inovações que impactam o futuro do direito do trabalho e de seus sensíveis protagonistas, trabalhadores e empreendedores.

Maria Cristina Irigoyen Peduzzi
Ministra Presidente do Tribunal Superior do Trabalho.

O NOVO VELHO CONFLITO CAPITAL-TRABALHO: REESTRUTURAÇÃO PRODUTIVA, IDEOLOGIA NEOLIBERAL E A "REFORMA" TRABALHISTA BRASILEIRA

BRUNA DA PENHA DE MENDONÇA COELHO

1 Considerações iniciais

Quando se fala em transformações no mundo do trabalho, seja por reestruturações produtivas e aprimoramento dos aparatos tecnológicos, seja por alterações na regulamentação jurídica das relações laborais, é relativamente comum, no discurso hegemônico, que se tome por hipótese a máxima de que as relações de trabalho estariam completamente inovadas. O artigo 2º da CLT, segundo essa linha de argumentação, estaria superado a ponto de não mais refletir a dinâmica laboral contemporânea. Seria a reminiscência de um tempo supostamente restrito ao passado, ao projeto industrializante brasileiro da primeira metade do século XX, que não poderia mais guiar a compreensão sobre o mundo do trabalho hodierno.

Boa parte desse discurso hegemônico, cuja difusão conta com o apoio irrestrito da mídia de massa, exerce uma função ideológica muito evidente: neutralizar, discursivamente, a abissal desigualdade que assola a realidade social brasileira. Como essa desigualdade se alicerça, em sua base, em um modelo excludente que funda a própria lógica de reprodução do capital – e que gera efeitos ainda mais trágicos na periferia do capitalismo –, busca-se negar a própria existência dos conflitos presentes na instância material. Busca-se negar, em outras palavras, que a história deste país é a história da opressão escravocrata, patriarcal e de classe.

Este artigo se dedica, especificamente, às relações de trabalho e à análise de um conflito basilar ao funcionamento do capitalismo: o conflito capital-trabalho. Sabe-se que o modo de produção a que, historicamente, estamos submetidos não dita a lógica apenas de relações estritamente econômicas, mas envolve a vida social como um todo. Envolve a produção de uma sociabilidade específica e de determinada forma de ver o mundo para que a engrenagem de autovalorização do capital seja mantida em curso.

E é impossível proceder a essa análise sem lançar o olhar para a categoria central desse processo: a usurpação do valor gerado pela força de trabalho de quem, uma vez despojado de seus meios de subsistência, vê-se impelido a aliená-la – e de forma predatória – diante de um modo de produção que associa a subsistência, inexoravelmente, à possibilidade de acesso ao mercado. É nesse sentido que o artigo começa por abordar o funcionamento básico do capitalismo a partir da extração do mais-valor do trabalho e dos processos de expropriação.

Na sequência, propõe uma análise da reestruturação produtiva por que passou o capital na virada para o último quarto do século XX, após a crise do fordismo, perquirindo até que ponto, no contexto das relações de trabalho brasileiras, pode-se cogitar ou não uma superação completa do fordismo ao chamado modelo toyotista japonês. Busca-se investigar, ainda, em que medida as inovações tecnológicas denotam ou não uma transformação substancial para as relações de trabalho – e, além disso, a que lado dessa relação elas favorecem. Para isso, lança-se mão, sobretudo, dos estudos nacionais de sociologia crítica do trabalho.

Por fim, o artigo se debruça sobre os aparatos ideológicos do regime de acumulação neoliberal, com especial atenção para a desregulamentação trabalhista e para a negação discursiva do conflito capital-trabalho – e da exploração que lhe é subjacente. Pretende-se, por derradeiro, traçar a correlação entre tal discurso ideológico e o favorecimento de medidas de austeridade em matéria trabalhista, com especial foco para a recente "reforma" trabalhista brasileira. Não obstante o discurso hegemônico negue a exploração – ou, em versões mais entusiasmadas, negue a própria importância do trabalho –, o que se observa é o seu recrudescimento.

A transfiguração da força de trabalho em mercadoria – e sua usurpação – dá o tom do modo de produção capitalista. Assim, a precarização do trabalho não constitui um ponto fora da curva na rota de expansão do capital, sendo, ao revés, intrínseca à sua própria dinâmica e à divisão desigual do trabalho por ele operada. A potencialização dessa precarização indica que, ao invés de retroceder, o poder do capital sobre o trabalho só tem se intensificado, e o aparato discursivo que vende o absurdo como normal não dispensa a retomada ideológica dos velhos mitos liberais apaziguadores de assimetrias, como a autonomia da vontade, a igualdade entre as partes e a negação discursiva do conflito capital-trabalho.

A recente aprovação de graves marcos legais em matéria trabalhista, bem como a crescente degradação das condições de vida da classe trabalhadora nacional e a tendência de intensificação das expropriações, aponta para a atualidade e relevância do tema. O conflito capital-trabalho ainda é – e sempre será enquanto a lógica vital for regida pelo modo de produção capitalista – a relação central e basilar da nossa organização social. Em um país cujas chagas da escravidão e do imperialismo ainda se encontram abertas e cujo padrão de industrialização tardio se fundou na exploração predatória da mão de obra, o efeito deletério desse processo sobre a classe trabalhadora se faz ainda mais forte.

2 Conflito capital-trabalho: a exploração do trabalho alheio e o cerne da autovalorização do capital

Sabe-se que a engrenagem capitalista é a engrenagem da extração de valor – e de sua consequente expressão no mercado enquanto valor de troca. Como só o trabalho gera valor, é por meio da relação laboral e da exploração subjacente que o capital se autovaloriza. A extração de mais-valor[1] – pela apropriação de tempo de trabalho não pago – e a alienação do trabalho[2] – pela conversão da atividade vital consciente em mero meio de subsistência – formam os pilares do processo de reprodução do capitalismo e, consequentemente, da manutenção das desigualdades materiais que, a um só tempo, viabilizam-no e dele resultam.

---

1 MARX, Karl. *O capital*: crítica da economia política. Livro I: O processo de produção do capital. Tradução de Rubens Enderle. 2. ed. São Paulo: Boitempo, 2017. p. 255-602.

2 MARX, Karl. *Manuscritos econômico-filosóficos*. Tradução de Jesus Ranieri. São Paulo: Boitempo, 2008. p. 82-85.

Por exploração do trabalho, toma-se o expediente histórico através do qual o capital se autovaloriza e mantém em curso sua engrenagem reprodutora de desigualdades materiais, tendo em vista a disparidade de forças do conflito capital-trabalho fundante da organização social no capitalismo. E isso inclui tanto a violência econômica velada da extração de mais-valor quanto a violência explícita dos processos de expropriação. Trata-se da forma – violenta – básica pela qual o capital conserva e expande sua lógica de organização da vida social e seu padrão de acumulação.

Pugna-se, portanto, por um conceito ampliado de exploração do trabalho. Ela não se reduz ao mecanismo de violência velada da extração do mais-valor encoberto no mais-trabalho, mas abarca também, e com cada vez mais força, processos expropriatórios de violência explícita, dando azo ao complexo processo de espoliação da classe trabalhadora que ecoa em nível máximo no Brasil contemporâneo.

De fato, a violência econômica da extração de mais-valor e a violência explícita dos processos expropriatórios não constituem fenômenos apartados cronológica ou socialmente. Ao contrário, é justamente o fato de estarem intrinsecamente ligados que permite identificar o elemento social que caracteriza a expropriação: a intensificação da separação entre trabalhador e seus meios de vida e, consequentemente, o aprofundamento trágico da disponibilização massiva de sua força de trabalho para o mercado, sob as condições unilaterais do poder – cada vez mais forte – do capital sobre o trabalho.

E a dinâmica de exploração da força de trabalho no Brasil tende, cada vez mais, a refletir de forma explícita a violência e a disparidade de forças do conflito capital-trabalho fundante da organização social no capitalismo. Dois indicadores parecem apontar para esse caminho: a) a exasperação ilimitada da precarização do trabalho; e b) a aprovação de uma legislação trabalhista "sanguinária" e abertamente espoliadora – cujo ápice foi a Lei nº 13.467/17. Esse fenômeno nos incita a pensar como o direito, em certos períodos históricos, inclina-se a funcionar, precipuamente, como prescrição expressa da desigualdade, para além da função tradicional da forma jurídica de forjamento de uma aparência de igualdade que oculta as assimetrias materiais.

Os estudos acerca da relação de trabalho – e do papel do direito nesse campo – costumam se concentrar, mesmo dentro da tradição marxista, nos mecanismos de fetichismo e de violência velada que têm lugar nesse processo de autovalorização do capital. Nessa linha, ganha relevo a violência econômica encoberta na apropriação do mais-trabalho gerador do mais-valor, bem como a violência ideológica das formas sociais – em especial, para os fins deste estudo, da forma jurídica – pautada na abstração dos conflitos de classe.[3]

Não há dúvidas de que, de fato, trata-se de expedientes fundantes do modo de produção capitalista e que caracterizam a forma pela qual o capital mantém em curso – e expande – sua lógica de organização da vida social e seu padrão de acumulação. Tampouco restam dúvidas sobre a importância de reafirmá-lo e sobre a necessidade sempre atual dessa linha de investigação, especialmente em um momento em que o arcabouço ideológico-hegemônico neoliberal tem se valido, com frequência, de discursos que propugnam a superação da centralidade do trabalho vivo na sociedade hodierna. Porém, e sem prejuízo dessa constatação, revela-se interessante expandir este estudo para a análise dos processos de violência explícita que se renovam por dentro das próprias relações de trabalho, na tentativa de compreender o complexo processo atual de espoliação da classe trabalhadora.

Nesse sentido, a categoria da – assim chamada – acumulação primitiva, segundo a abordagem crítica de Marx no capítulo 24 d'*O capital*, revela-se importante ferramenta de análise.[4] Ao questionar e ironizar a explicação idílica dada pela economia política clássica para o acúmulo de riquezas que possibilitou a formação do capital, Marx traz à tona as feridas desse processo: violência explícita, roubo, pilhagem, expropriação. A separação atroz dos trabalhadores de seus meios de produção foi a condição abertamente violenta que possibilitou a acumulação inicial de riqueza necessária à passagem ao modo capitalista de produção. Ocorre que esse processo não ficou no passado; não se restringe ao período prévio de transição do feudalismo ao capitalismo. Ao revés, renova-se a todo instante. Note-se que Marx, desde o livro I d'*O capital*, não foi indiferente a essa constatação:

> A relação capitalista pressupõe a separação entre os trabalhadores e a propriedade das condições da realização do trabalho. Tão logo a produção capitalista esteja de pé, ela *não apenas conserva aquela separação, mas a reproduz em escala cada vez maior*. O processo que cria a relação capitalista não pode ser senão o processo de separação entre o trabalhador e a propriedade das condições de realização de seu trabalho (...).[5] (Grifos não presentes no original)

---

[3] Cf., a título de exemplo, PACHUKANIS, Evgeny Bronislavovich. *Teoria geral do direito e marxismo*. Tradução de Sílvio Donizete Chagas. São Paulo: Acadêmica, 1988.

[4] MARX, Karl. *O capital*: crítica da economia política. Livro I: O processo de produção do capital. *Op. cit.*, p. 785-833.

[5] Idem, p. 786.

As expropriações estão na base do sistema capitalista em qualquer fase em que se encontre,[6] justamente porque a lógica do capital se pauta na produção massiva de seres cada vez mais desprovidos de condições de subsistência e cada vez mais necessitados de se lançarem ao mercado para supri-la. De seres completamente disponíveis para, nas mais precárias circunstâncias, venderem sua força de trabalho, que, no modo capitalista de produção, converte-se em mercadoria – e de tipo especial: "o que é decisivo é o valor de uso específico dessa mercadoria, o fato de ela ser fonte de valor, e de mais valor do que aquele que ela mesma possui".[7] Esta é sua condição social fundamental: expropriar para lançar ao mercado força de trabalho apta a ser explorada. E mais: sua condição permanente.

Marx também notou que, na consolidação da assim chamada acumulação primitiva, o direito passou a funcionar como instrumento direto da própria expropriação. Diferentemente da forma fetichizada que assume posteriormente à estabilização do modo de produção capitalista – quando se encontra sob a lógica da troca de equivalentes e a reproduz –, aqui tende a explicitar as assimetrias e os conflitos materiais que se desenrolam no seio social. Ao invés de funcionar precipuamente, portanto, como forma que engendra uma abstração, uma aparência de igualdade a reprimir a instância material, esse direito tende a explicitar diretamente as desigualdades materiais e, inclusive, a prescrevê-las expressamente.

A "legislação sanguinária contra os expropriados" e as "leis para a compressão dos salários" dão o título ao terceiro subitem do capítulo 24 d'*O capital*. O direito teria a função de, mediante violência explícita, disciplinar aquela força de trabalho que, uma vez espoliada de seus meios de vida, agora se encontrava "livre" para lançar-se à venda no mercado. Sendo o capital quem define o que é trabalho produtivo – segundo, portanto, sua lógica –, todo aquele não inserido na engrenagem do trabalho subordinado e assalariado era tido como desviante, fazendo-se necessário, assim, o uso do aparato jurídico-estatal punitivo para empurrá-lo ao mercado.[8]

---

6 Nesse sentido, cf. LUXEMBURG, Rosa. *A acumulação do capital*: contribuição ao estudo econômico do imperialismo. São Paulo: Nova Cultural, 1988; HARVEY, David. *O novo imperialismo*. São Paulo: Edições Loyola, 2004.

7 MARX, Karl. *O capital*: crítica da economia política. Livro I: O processo de produção do capital. *Op. cit.*, p. 270.

8 *Idem*, p. 805-813.

Adota-se aqui um conceito ampliado de expropriação, na linha proposta por Virgínia Fontes: todo fenômeno de separação do trabalhador de seus meios de produção e sobrevivência (expropriações primárias) e, mesmo nos casos em que o trabalhador já esteja deles espoliado, todo fenômeno que intensifique esse despojamento, ou seja, que crie condições que o impilam a lançar-se mais e mais ao mercado, que o tornem cada vez mais necessitado de disponibilizar sua força de trabalho, de alienar o inalienável (expropriações secundárias).[9] Nessa classificação, a retirada de direitos trabalhistas pode ser tida como expropriação secundária.

Nossa legislação sanguinária trabalhista foi aprovada, sob os aplausos dos vampiros que sugam o trabalho vivo, por meio de um conjunto de investidas que encontrou sua expressão máxima na Lei nº 13.467, de julho de 2017, suscitando a relevância do tema *expropriação* para compreender as relações de trabalho hodiernas e o papel do direito nesse processo expropriatório.[10]

O capital demanda o controle direto do Estado e do direito oficial para ampliar suas bases de expansão. Um direito que escancara sua função de mantenedor da dominação de classe, e não só através do fetiche da forma jurídica – e do forjamento de uma aparência de igualdade que encobre assimetrias –, mas também enquanto violência expressa. Parte-se da hipótese de que, nos processos expropriatórios, como no caso da assim chamada reforma trabalhista brasileira,[11] o direito tende a funcionar, precipuamente, de forma a explicitar as assimetrias ao invés de ocultá-las.[12] Sobre o tema, o subitem 4 se debruçará mais detidamente.

---

9 FONTES, Virgínia. *O Brasil e o Capital-Imperialismo*: teoria e história. 2. ed. Rio de Janeiro: Editora UFRJ, 2010. p. 54-55.

10 A aprovação da Lei nº 13.429/2017 (atinente ao trabalho temporário), em março de 2017, dava o tom do que viria pela frente. Não bastasse o conteúdo, o próprio procedimento legislativo, com a recolocação em pauta do antigo PL nº 4.302/1998 – não obstante houvesse outros projetos de lei mais recentes sobre o tema sendo discutidos nas próprias casas legislativas –, demonstrou o compromisso com o atendimento mais veloz e mais amplo possível dos interesses da classe patronal.

11 *Assim chamada* – no sentido irônico empregado por Marx no título do capítulo 24 d'*O capital* – porque a expressão "reforma" exerce, aqui, o mesmo verniz ideológico da explicação dada pela economia política clássica para a acumulação primitiva que permitiu a formação do capital industrial. Em um conflito tão agudo como o que há na relação capital-trabalho, não há espaço para reformas e ajustes aptos a equalizar a correlação de forças entre esses dois polos.

12 Com isso, não se adere, de forma alguma, a um discurso ingênuo (próprio ao idealismo jurídico) de que a regulamentação trabalhista das décadas de 1930/40 em diante teria sido intrinsecamente emancipatória para a classe trabalhadora. Sabe-se que serviu ao disciplinamento da força de trabalho em um contexto de incentivo à industrialização, bem

3 Reestruturação produtiva, inovações tecnológicas e seus impactos nas relações de trabalho brasileiras: diminuição do trabalho ou aumento do controle?

A crise do fordismo – delineada, no centro do capitalismo, sobretudo entre os anos 1965 e 1973[13] – teve como causas mais imediatas a crise monetária e a do petróleo, que expuseram as fragilidades de uma estrutura rígida de produção em massa. A perspectiva de retomada do crescimento da taxa de lucro se forjou a partir de uma nova estratégia de acumulação, que, ao contrário da rigidez fordista, precisaria ser flexível, a fim de rebaixar os custos com os fatores de produção através de mecanismos como a "desregulamentação tributária, mercadológica e trabalhista".[14]

Resta saber até que ponto houve uma completa superação do fordismo para dar lugar a um modelo produtivo e de organização do trabalho que se configuraria como inteiramente novo – conhecido como toyotismo ou modelo japonês. Para além, resta saber também em que medida esse processo repercutiu sobre as relações de trabalho brasileiras, tendo em mente as desigualdades espaciais na expansão da acumulação capitalista e as nossas particularidades históricas.

Sobre o tema, aponta David Harvey, a partir da leitura de *O capital*, que "não há nada essencialmente novo no impulso para a flexibilização" e que os sistemas fordistas de produção ainda possuem papéis centrais. Aponta, ainda, para "as consequências ideológicas e políticas da super acentuação da flexibilidade no sentido estrito da técnica de produção e das relações de trabalho".[15] Não obstante, observa que seria:

> (...) igualmente perigoso fingir que nada mudou, quando os fatos da desindustrialização e da transferência geográfica de fábricas, das práticas mais flexíveis de emprego do trabalho e da flexibilidade dos mercados

---

como à transformação de grande massa populacional em exército de reserva. E, longe de ter consistido em benesse, foi fruto de intensas lutas da classe trabalhadora nacional.

13 HARVEY, David. *Condição pós-moderna*: uma pesquisa sobre as origens da mudança cultural. Tradução: Adail Ubirajara Sobral e Maria Stela Gonçalves. São Paulo: Loyola, 1992. p. 136.

14 RAMOS, Alexandre Luiz. Acumulação flexível & Direito do Trabalho. *Revista de Ciências Humanas*, v. 15, n. 22, Florianópolis-SC ED. UFSC, 22 set. 1997, p. 81-82. Disponível em: https://periodicos.ufsc.br/index.php/revistacfh/article/viewFile/23488/2115. Acesso em: 16 fev. 2019.

15 HARVEY, David. *Condição pós-moderna*: uma pesquisa sobre as origens da mudança cultural. *Op. cit.*, p. 178-179.

de trabalho, da automação e da inovação de produtos olham a maioria dos trabalhadores de frente.[16]

Em sentido similar, pontua Nildo Viana que o toyotismo constitui uma "adaptação do taylorismo à nova fase do capitalismo", qual seja, a fase da acumulação integral. Assim, ao revés de consistir em um modelo inteiramente novo, seria mais bem compreendido enquanto uma "ofensiva capitalista no sentido de combater a queda da taxa de lucro médio através do aumento da exploração da classe operária e da extensão da mercantilização das relações sociais".[17]

O final da década de 1970 é caracterizado, no contexto mundial, por transformações tecnológicas e pelo desenvolvimento de novos modelos gerenciais, impactando de forma profunda as relações de trabalho. Paralelamente, no cenário nacional, a economia desacelerava, e importantes movimentos populares – abarcando significativas mobilizações da classe trabalhadora – davam o tom do enfraquecimento político do regime militar.

Nosso fordismo periférico se forjou no período de instalação mais robusta da indústria automobilística, durante o projeto industrializante de JK – que, já não tendo o viés nacionalista de outrora, deixava nas mãos dos capitais multinacionais o setor de bens duráveis nascente. Consolidou-se à base do autoritarismo, cujo ápice foi o golpe de 1964, na tentativa de contenção de propostas político-econômicas reformistas e sem que tenha havido qualquer preocupação de integrar a população ao mercado de trabalho formal e ao de consumo. Ao revés, verificava-se uma constante perda de poder aquisitivo por parte dos trabalhadores, bem como uma atuação centralizadora do Estado no sentido do controle da atividade sindical.[18]

Segundo Marco Aurélio Santana e José Ricardo Ramalho, os estudos acerca da crise do fordismo podem ser classificados entre aqueles que propugnam uma superação do modelo fordista – teorias do paradigma da especialização flexível e afins – e aqueles que enxergam as alterações no modelo produtivo como uma espécie de readequação diante da crise.[19] Apontam que a primeira constatação não daria conta

---

16 *Idem, ibidem.*

17 VIANA, Nildo. *O capitalismo na era da acumulação integral.* Aparecida/SP: Editora Santuário, 2009. p. 75.

18 *Idem,* p. 59-61.

19 SANTANA, Marco Aurélio; RAMALHO, José Ricardo. *Sociologia do trabalho no mundo contemporâneo.* Rio de Janeiro: Zahar, 2004. p. 14.

das percepções de que formas produtivas pretéritas ainda se mantêm, de que o controle sobre o trabalho e outras características tidas por fordistas – como produção em massa e dissociação entre execução e concepção – ainda vigem e de que a divisão internacional do trabalho leva à desigualdade entre os padrões de acumulação dos países.

Na mesma esteira, Sérgio Lessa aponta que "há indicações conclusivas, tanto empíricas quanto teóricas, (...) de que as linhas de continuidade entre o fordismo e o toyotismo são mais densas e frequentes do que fomos levar a crer". Isso porque as divisões do trabalho (manual/ intelectual, produtivo/improdutivo) não se viram superadas, assim como não se viu superada a caracterização do proletariado enquanto classe social.[20]

Em países – como o Brasil –, historicamente marcados pela exploração predatória da mão de obra e pela espoliação imperialista, a ideia de que as relações de trabalho estariam completamente reformuladas segundo um novo paradigma de flexibilização e qualificação pode causar graves efeitos para a classe trabalhadora. Passa-se a conceber a inserção no mercado de trabalho como se fosse um problema individual – de "empregabilidade" –, ocultando-se a precarização das condições de trabalho, a responsabilidade do capital e uma estrutura secular de desigualdades.

> Assim, conforme já destacado por Helena Hirata, o que temos nos países "periféricos" seria um quadro no qual métodos e práticas tayloristas, utilizados em processos de produção estandardizadas, sem muita preocupação com a qualidade, conviveriam com experiências pontuais de inovação organizacional e tecnológica.[21]

Ainda, é preciso analisar com detenção as incongruências do discurso de que a automação e os demais avanços tecnológicos teriam alterado a essência das relações de trabalho – ou mesmo as destinado ao fim. A propósito, a ideia de que o trabalho vivo seria tendencialmente superado pelo trabalho morto está longe de ser nova:

> Uma "sociedade de produtores libertos" "pode aparecer como processo lógico de evolução técnico-econômica", diz Mallet (Mallet, 1963:175); Belleville postula que o desenvolvimento tecnológico superou a separação

[20] LESSA, Sérgio. *Trabalho e proletariado no capitalismo contemporâneo*. 2. ed. São Paulo: Cortez, 2011. p. 310.

[21] SANTANA, Marco Aurélio; RAMALHO, José Ricardo. *Sociologia do trabalho no mundo contemporâneo*. *Op. cit.*, p. 29.

entre o trabalho manual e o intelectual (Belleville, 1963:11). Vimos como algo muito semelhante pode ser encontrado em Schaff e em Lojkine.[22]

Tais incongruências se devem, em primeiro plano, ao fato de que o trabalho morto que constitui os aparatos tecnológicos não prescinde de uma grande quantidade de trabalhos vivos pretéritos, tampouco da desigualdade geográfica na expansão do capital pelo globo – para a produção tecnológica se desenvolver no dito centro do capitalismo, requer a extração massiva de minério no continente africano e a superexploração da mão de obra local.[23]

Ademais, não é possível concluir que a automação gere, necessariamente, a insignificância do trabalho vivo, até porque o rearranjo da dinâmica laboral implica que eventual redução de postos em determinado setor seja compensada em outro – a exemplo do crescimento do setor de serviços – e pressione ao rebaixamento das condições de trabalho a partir da formação de exército industrial de reserva cada vez maior.

Em terceiro lugar, é falaciosa a suposição de que o controle sobre o trabalho estaria superado em detrimento de uma propalada "flexibilização", uma vez que as relações sociais fundadas pelo conflito capital-trabalho se mantêm, de forma que o trabalho humano continua, e com cada vez mais força, subordinado ao capital. A difusão de novas tecnologias, a propósito, facilita sobremaneira o controle sobre o trabalho, sua intensificação e o acúmulo de funções por parte do trabalhador. Note-se que esse controle se dá de forma mais incisiva em um cenário de capitalismo periférico, herdeiro direto de uma subjugação histórica pautada na colonização, na escravidão e na espoliação imperialista.[24]

De fato, a manutenção do padrão de acumulação do capital requer a reprodução de condições desiguais ao redor do mundo. Nosso fordismo periférico e nossa virada neoliberal geram efeitos específicos – e mais graves – sobre a classe trabalhadora, já que a precariedade é "resultado

---

22 LESSA, Sérgio. *Trabalho e proletariado no capitalismo contemporâneo. Op. cit.*, p. 253.

23 Cf. o relatório da Anistia Internacional: "Morremos para isto: abusos de direitos humanos na República Democrática do Congo alimentam o comércio mundial de cobalto". Disponível em: https://anistia.org.br/noticias/trabalho-infantil-e-exploracao-na-republica-democratica-congo-alimentam-producao-mundial-de-baterias/. Acesso em: 11 jul. 2018.

24 Cf. DAL ROSSO, Sadi. *Mais trabalho!* A intensificação do labor na sociedade contemporânea. São Paulo: Boitempo, 2008. p. 101-104. O autor apresenta uma extensa pesquisa empírica desenvolvida no Distrito Federal com base em entrevistas com trabalhadores assalariados (com amostra de 825 casos) entre 2000 e 2002. Dos 825 respondentes, 356 (43,2%) afirmaram que o trabalho estaria mais intenso, enquanto 351 (42,5%) não veem diferença e 118 (14,3%) creem estar menos intenso.

da combinação de nossa herança rural com a superexploração do trabalho".[25] Segundo Jessé Souza, a escravidão é o fato social crucial que marca nossa formação histórica. A abolição formal da escravidão em fins do século XIX e a criação de um mercado formal de trabalho não foram capazes de suplantar as profundas desigualdades enraizadas em nossa constituição social.[26]

Nesse cenário, a precarização da mão de obra, que já é ínsita ao funcionamento da engrenagem capitalista, causa efeitos ainda mais deletérios sobre a nossa classe trabalhadora. Assim, e tendo em vista que nosso processo de reestruturação produtiva fordista sequer havia rompido com a tradição agroexportadora e de superexploração do trabalho, a virada neoliberal não se trata senão de uma mera reconfiguração da precarização histórica do trabalho no Brasil. Antes de caracterizar um processo de completa superação de modelos produtivos ou de inflexão na rota da expansão capitalista, soa como um simples desdobramento de seu padrão básico de funcionamento calcado na divisão social – e internacional – do trabalho e na acumulação desigual.

Mantido o modo de produção capitalista, mantida está a lei do valor. E como somente o trabalho humano pode gerar mais-valor, o que se verifica, com a automação, é uma mera alteração da composição orgânica do capital – aumento do capital constante em detrimento do variável –, que demanda a intensificação da exploração do trabalho existente – seja pela extensão direta da jornada ou por outros mecanismos. A tendência é "prolongar mais intensamente a jornada de trabalho, a fim de compensar a diminuição do número proporcional de trabalhadores explorados por meio do aumento não só do mais-trabalho relativo, mas também do absoluto".[27]

> Mas essa não é em absoluto a finalidade da maquinaria utilizada de modo capitalista. Como qualquer outro desenvolvimento da força produtiva do trabalho, ela deve baratear mercadorias e encurtar a parte da jornada de trabalho que o trabalhador necessita para si mesmo, a fim

---

[25] BRAGA, Ruy. *A política do precariado*: do populismo à hegemonia lulista. Coleção Mundo do Trabalho. São Paulo: Boitempo: USP, Programa de Pós-Graduação em Sociologia, 2012. p. 116.

[26] Cf., entre outros, SOUZA, Jessé. *A elite do atraso*: da escravidão à Lava Jato. Rio de Janeiro: Leya, 2017.

[27] MARX, Karl. *O capital:* crítica da economia política. Livro I: O processo de produção do capital. *Op. cit.*, p. 480.

de prolongar a outra parte de sua jornada, que ele dá gratuitamente para o capitalista. Ela é meio para a produção de mais-valor.[28]

A deterioração das condições laborais, bem como a ampliação da classe trabalhadora no Brasil nas últimas décadas,[29] denota a intensificação e precarização do trabalho – ou seja, de forma alguma o trabalho vivo estaria perdendo centralidade. Nesse sentido, "falar em supressão do trabalho sob o capitalismo parece carente de maior fundamentação, empírica e analítica, o que se torna mais evidente quando se constata que 2/3 da força de trabalho se encontra no Terceiro Mundo (...)".[30]

4 Neoliberalismo, ideologia da negação discursiva da exploração e "reforma" trabalhista brasileira

Quando se fala em "reforma" trabalhista brasileira, não se alude, de forma alguma, a um período estanque e único. A história deste país é a história da precarização do trabalho, processo que se estende e se renova no tempo. Assim, importante frisar que a Lei nº 13.467/17 não surgiu de forma isolada e alheia a esse movimento. Aqui, focaremos no caminho seguido pela recepção do ideário neoliberal de desregulamentação jurídica trabalhista, na tentativa de compreender seus reflexos na nossa legislação sanguinária de 2017.

Por neoliberalismo denota-se o regime de acumulação que se sagrou hegemônico, especialmente a partir dos anos 1970, após a crise do *Welfare State* e do modelo fordista, bem como do projeto político-econômico subjacente que caracterizou os chamados anos gloriosos no centro do capitalismo. O ponto nodal é que, enquanto regime de acumulação, não implica apenas um movimento de reestruturação produtiva, mas também e fundamentalmente ideológica, ou seja, uma alteração na forma de ver o mundo e suas relações. Implica a construção de um arcabouço ideológico hegemônico e a utilização de todo aparato institucional para pôr em curso sua agenda. Neste arcabouço, a negação discursiva da exploração do trabalho possui centralidade.

---

[28] *Idem*, p. 445.

[29] Cf. dados em: PRIEB, Sérgio. *Os efeitos da crise econômica sobre a classe trabalhadora*. Disponível em: http://www.revistaovies.com/artigos/2012/05/os-efeitos-da-crise-economica-sobre-a-classe-trabalhadora/. Acesso em: 07 jul. 2018.

[30] ANTUNES, Ricardo. *Os sentidos do trabalho*: ensaio sobre a afirmação e a negação do trabalho. 2. ed. São Paulo: Boitempo, 2009. p. 209.

O diagnóstico neoliberal põe a crise dos anos 1970 na conta de um suposto excesso de regulação social pelo Estado, não sendo de se espantar, portanto, que a solução apontada perpasse cortes de investimentos sociais e enfraquecimento da ação coletiva trabalhista e que a consolidação de tal proposta demande a construção de um discurso hegemônico próprio, que abranja as mais diversas searas de produção de sociabilidade: cultura, regime jurídico, regime econômico. A negação discursiva da exploração do trabalho se coaduna com a retomada do velho discurso idílico da autonomia da vontade – que, por sua vez, oculta as assimetrias materiais.

Ocorre que a propalada receita neoliberal de desregulamentação das relações de trabalho – tida eufemisticamente por flexibilização – não prescinde de um controle severo do capital sobre o trabalho e sobre o Estado, bem como do recrudescimento da precarização. Note-se que a ideologia do discurso hegemônico não é uma mera cortina de fumaça, mas atua em um sentido muito concreto: o da legitimação e aprofundamento de desigualdades. Nesse sentido, colocam-se os estudos herdados de Althusser, para quem a ideologia possui uma existência e uma função materiais: "Uma ideologia existe sempre num aparelho, e na sua prática ou suas práticas. Esta existência é material".[31]

A promessa neoliberal, apresentada pelo capital como solução à crise do fordismo, trouxe em sua agenda a redução de gastos sociais e a desregulamentação do mercado – demandando a desregulamentação tributária e trabalhista – e, enquanto regime de acumulação, ensejou ampla reconfiguração ideológica e institucional, compreendendo uma dinâmica "mediada tanto pela redefinição das práticas e do pensamento político-econômico quanto pela reconfiguração do universo jurídico (...), ambas orientadas ao favorecimento da liberdade dos atores do mercado global".[32]

Muito embora a falácia do Estado mínimo seja um de seus principais arcabouços discursivos, sabe-se que a agenda desregulamentadora neoliberal demandou e demanda intenso apoio institucional dos aparelhos de Estado – sobretudo, a partir da regulação jurídica. A fragmentação de postos de trabalho veio acompanhada da deterioração das relações de trabalho e da extirpação de direitos, seja a partir do

---

[31] ALTHUSSER, Louis. *Ideologia e aparelhos ideológicos do Estado*. Tradução de Joaquim José de Moura Ramos. Lisboa: Editorial Presença/Martins Fontes, 1980. p. 84.

[32] GONÇALVES, Guilherme Leite. Marx está de volta! Um chamado pela virada materialista no campo do direito. *Revista Direito e Práxis*, v. 5, n. 9, 2014, p. 306.

recrudescimento direto da exploração do trabalho, seja pela difusão de formas de contratação precárias que levam ao mesmo efeito.

No que toca especificamente à disciplina jurídica brasileira acerca das relações de trabalho, já em janeiro de 1974 foi aprovado significativo marco de desregulamentação laboral: a Lei nº 6.019/74, concernente ao trabalho temporário. Houve ali a chancela expressa da possibilidade de contratação mediante interposta empresa. Trata-se de impactante relativização do paradigma da relação bilateral e do princípio da continuidade da relação de emprego.

Por sua vez, a terceirização de serviços *stricto sensu*, outro expediente de contratação precária, passou a difundir-se sem que existisse qualquer autorização legal. Em 1986, o Tribunal Superior do Trabalho editou a Súmula nº 256, deixando clara a impossibilidade legal da prática para além das hipóteses previstas: trabalho temporário e serviços de vigilância. Tendo sido a súmula cancelada em 2003 pela Res. nº 121, a Súmula nº 331, originalmente editada em 1993, passou a regular a prática. Novas hipóteses passaram a ser permitidas, desde que se tratasse de serviços especializados ligados à chamada atividade-meio do tomador. Em 2017, com a Lei nº 13.467/17, não há mais qualquer controle mínimo à prática.

Foi, sobretudo, a partir do final da década de 80 do século passado que se deu a importação mais robusta do arcabouço hegemônico neoliberal no país. Abertura econômica desacompanhada de políticas públicas, privatizações, propostas legislativas de desregulamentação trabalhista: estava, enfim, montado o cenário ideológico que, anos depois, nos levaria a uma "reforma" trabalhista sanguinária e sem precedentes na história recente. O "esgotamento do processo de substituição de importações e a intensificação do fenômeno da globalização impulsionaram a abertura da economia ao exterior, realizada de forma abrupta e dissociada de políticas industrial e agrícola".[33]

Como resultado, tem-se o agravamento trágico das desigualdades que já marcavam, historicamente, nossa formação social. O movimento de desregulamentação laboral, longe de ocasionar uma descentralização do trabalho vivo no processo produtivo nacional, tem intensificado o uso do trabalho, que, por sinal, se encontra cada vez mais desprovido de garantias basilares e precarizado.

[33] DIEESE. *O processo de terceirização e seus efeitos sobre os trabalhadores no Brasil*. Relatório Técnico – DIEESE. Publicação de dezembro de 2007, p. 08. Disponível em: http://ftp.medicina.ufmg.br/osat/arquivos/6-07082015.pdf. Acesso em: 03 jul. 2018.

Verifica-se um verdadeiro processo de expropriação da classe trabalhadora nacional.[34] A intensificação das espoliações dá o tom do nosso cenário social trágico: a violência explícita do movimento ilimitado de extirpação das condições básicas de subsistência daquele que nada mais tem para vender além de sua força de trabalho impele a classe trabalhadora a lançar-se ao mercado de forma predatória. Tampouco a sobrevivência – e, consequentemente, a reprodução – do trabalhador parece constituir mais uma preocupação primária para o capital. A título de exemplo, no Brasil, de acordo com o mais recente Anuário Estatístico da Previdência Social (AEPS, 2015), foram registrados 612,6 mil acidentes do trabalho somente naquele ano.[35]

Apontar a retirada de garantias trabalhistas como mecanismo de expropriação neoliberal e de retrocesso social não implica dizer que haveria uma espécie de incompatibilidade intrínseca entre o capitalismo e a ordem estatal, ou entre aquele e categorias como Estado Democrático de Direito, democracia constitucional e Estado Social. Ao contrário, a democracia burguesa e a ordem jurídica cumprem, no capitalismo, um papel central na manutenção da dominação de classe e na reprodução de desigualdades. Não é por outra razão que a expansão do poder do capital sobre o trabalho, com o consequente aprofundamento da precarização das relações laborais e das condições de vida da classe trabalhadora, demanda, incessantemente e com cada vez mais força, que a ordem jurídico-estatal esteja ao seu serviço, garantindo as condições de acumulação do capital e de mercantilização de todos os aspectos da vida social.

E, no topo dessas investidas recentes, a aprovação, em julho de 2017, da Lei nº 13.467 – auge da chamada reforma trabalhista brasileira –, indica a urgência do debate acerca das expropriações na relação de trabalho e do papel do direito nesse processo. Entender como a violência explícita, para além da violência velada da extração de mais-valor, perpassa a relação de trabalho e o direito revela-se fundamental para

---

[34] O sentido da expropriação em Marx era retirar dos trabalhadores o único meio de subsistência que dispunham a fim de obrigá-los a vender sua força de trabalho (...). Nesses termos, discute-se aqui que no capitalismo contemporâneo, os processos que suprimem as condições de subsistência asseguradas pelos direitos conquistados e que subtraem as condições materiais que possibilitam à classe trabalhadora deixar de vender sua força de trabalho em situações determinadas (...) constituem processos contemporâneos de expropriação social (BOSCHETTI, Ivanete Salete. *Supressão de direitos no capitalismo*: uma forma contemporânea de expropriação? p. 1. Disponível em: http://www.niepmarx.blog.br/MM2017/anais2017/MC44/mc441.pdf. Acesso em: 14 jul. 2018).

[35] Anuário Estatístico da Previdência Social (AEPS, 2015), p. 557. Disponível em: http://sa.previdencia.gov.br/site/2015/08/AEPS-2015-FINAL.pdf. Acesso em: 11 jun. 2018.

a compreensão dos cada vez mais complexos arranjos exploratórios do trabalho que se difundem no mundo todo. "O recrudescimento da precarização do trabalho em escala global tem sido acompanhado por uma violência crescente, cujo sentido consiste em assegurar a reprodução ampliada da exploração econômica e da espoliação social."[36]

Por mais que a intensificação das expropriações – tendo como um de seus pilares a extirpação de direitos sociais – constitua uma tendência transnacional, a amplitude e a profundidade vorazes com que o fenômeno se desenrola no Brasil contemporâneo, tendo como marco central uma alteração visceral – e completamente comprometida com interesses patronais – da regulamentação legal das relações de trabalho, apontam para as especificidades de nossa realidade social.

O movimento que se observa é de exacerbação do poder do capital sobre o trabalho, em termos de exploração clássica e, ainda, em termos de violência aberta. Esse último aspecto dá o tom dos processos contemporâneos de expropriação – enquanto potencialização da separação de trabalhadores e meios de produção – tanto das condições materiais de vida da classe trabalhadora quanto, num plano institucional, de garantias jurídico-legais, fenômeno que, embora mundial, ecoa aqui com uma intensidade ainda mais trágica, tendo em vista a expansão desigual do capital pelo globo. Ecoa aqui como o momento mais grave, na história recente, para as relações de trabalho nacionais.

Faz-se oportuno mencionar, também, a necessidade de reafirmar a centralidade do trabalho enquanto chave de compreensão sociológica da realidade e dos mecanismos nela presentes de reprodução de desigualdades sociais. Em outras palavras, verifica-se a necessidade de enfrentamento à adesão, no discurso jurídico-político hegemônico – e até mesmo em parte do discurso sociológico, influenciado pelo giro antiprodutivista no pensamento social europeu a partir da década de 1970 –, da falácia do fim ou, ao menos, da relativização ou crise da centralidade do trabalho na sociedade hodierna. Tal falácia tem implicado, consequentemente, o afastamento da temática do cerne das pesquisas teóricas – o que caracteriza, no fundo, afastar a própria problemática do capitalismo enquanto categoria analítica de estudo.[37]

---

[36] BRIDI, Maria Aparecida; BRAGA, Ruy; SANTANA, Marco Aurélio. Sociologia do Trabalho no Brasil hoje: balanço e perspectivas. *Revista Brasileira de Sociologia*, v. 06, n. 12, jan./abr. 2018, p. 57.

[37] GONÇALVES, Guilherme Leite. Acumulação primitiva, expropriação e violência jurídica: expandindo as fronteiras da sociologia crítica do direito. *Revista Direito e Práxis*, Rio de Janeiro, v. 08, n. 2, 2017, p. 1.036.

As expropriações de direitos sociais – com especial foco para os trabalhistas – funcionam como mecanismo favorecedor da reprodução do capital, que tem como braço direito o Estado e o aparato jurídico oficial. A produção de sociabilidade, a partir dos arcabouços ideológicos hegemônicos neoliberais, funda-se no forjamento de uma aparência discursiva que propugna que, sob o novo regime de acumulação, o capital demandaria interferência mínima do Estado, bem como que a exploração do trabalho humano estaria superada. Nada mais falacioso.

Nessa linha, vale a pena mencionar o discurso do então presidente Michel Temer, do dia 13 de julho de 2017, por ocasião da sanção da Lei nº 13.467/17 (tida por "lei de modernização trabalhista"):

> Mas o que nós fizemos com a legislação trabalhista foi avançar. (...) Enfim, houve um aperfeiçoamento extraordinário. E por que nós fizemos este aperfeiçoamento? Por um fator histórico que foi muitas vezes aqui mencionado: a nossa Consolidação, que foi, na época, um grande avanço, é de 1943. É claro que o mundo de hoje não é o mundo de 1943. O século hoje é o XXI, e nós fizemos uma adaptação ao século XXI, na convicção mais absoluta – e eu me lembro quando eu fiz a minha faculdade de Direito, o professor de Direito do Trabalho era o professor Cesarino Júnior, ele fazia uma distinção entre o hipersuficiente e o hipossuficiente, na convicção de que o hipossuficiente, o empregado, tinha que ser protegido, e é verdade, tem que ser assim. Mas os dias passaram, os anos passaram, e hoje há uma igualdade na concepção. As pessoas são capazes de fazer um acordo, não é? Fazem um acordo por uma manifestação de vontade. De um lado os empregados, de outro lado os empregadores.[38]

A manipulação discursivo-ideológica das justificativas oficiais – justificativas que encontram respaldo irrestrito na mídia de massa – propala que a ampliação das possibilidades de negociação entre partes que, muito embora materialmente assimétricas, são tidas como iguais e livres ocasionaria um aprimoramento da eficiência dos processos produtivos. Nada mais idílico, para usar a expressão de Marx. Esconde-se a violência – a dos processos expropriatórios e a velada na apropriação de trabalho não pago – do processo de usurpação do trabalho alheio a partir da negação teórica do próprio conflito capital-trabalho.

---

[38] Disponível em: http://www2.planalto.gov.br/acompanhe-planalto/discursos/discursos-do-presidente-da-republica/discurso-do-presidente-da-republica-michel-temer-durante-cerimonia-de-sancao-da-lei-de-modernizacao-trabalhista-palacio-do-planalto. Acesso em: 08 jul. 2018.

5 Considerações finais

O artigo partiu da premissa de que, enquanto o modo de produção vigente se mantiver, as relações sociais serão regidas segundo a lógica da autovalorização do capital: expropriar para mercantilizar e explorar. E, na base desse movimento, encontra-se o conflito capital-trabalho, uma vez que apenas o trabalho vivo pode manter em curso esse processo de autovalorização. Assim, longe de perder sua centralidade na sociedade hodierna, o trabalho continua a fundar toda a organização social.

Assim, qualquer estudo que pretenda debruçar-se sobre as transformações no mundo do trabalho não pode ignorar o processo histórico de usurpação da classe trabalhadora, que produz efeitos ainda mais trágicos em um cenário de capitalismo periférico e de formação social pautada na escravidão e na espoliação imperialista. E a recente aprovação de um marco regulatório que põe em xeque garantias históricas da classe trabalhadora nacional e que teve seu auge com a Lei nº 13.467/17 faz parte inequívoca desse processo.

Nessa linha, o artigo pretendeu analisar em que medida o neoliberalismo, enquanto regime de acumulação, demanda o controle de uma esfera ideológica para manter em funcionamento – e expandir – a reprodução das desigualdades materiais. Em outras palavras, em que medida demanda a construção de um plano de aparência de igualdade para encobrir os conflitos e as assimetrias materiais. Para tanto, um dos principais arcabouços ideológicos de que se vale passa pela negação discursiva da exploração do trabalho, como se a dinâmica laboral estivesse inovada a ponto de o capital prescindir da apropriação de tempo de trabalho não pago, bem como do processo de expropriação do trabalhador. Como se houvesse, ainda, uma completa igualdade e liberdade entre os polos capitais e trabalho.

O artigo buscou desconstruir as premissas desse discurso hegemônico, passando por uma análise do processo de reestruturação produtiva após a crise do fordismo – levando em conta as especificidades da realidade social brasileira –, bem como do impacto do avanço tecnológico nas relações de trabalho. As evidências teóricas e empíricas demonstram que esse movimento não só não foi capaz de relegar o trabalho humano a um plano de insignificância, como o intensificou. E o fez a partir do recrudescimento da precarização histórica do trabalho e da exploração.

A negação discursiva da exploração e da disparidade de forças inerente ao conflito capital-trabalho dá azo a um arcabouço ideológico que, para preservar sua hegemonia, demanda o intenso controle de todos os aspectos da vida social, incluindo os aparelhos oficiais de Estado e a mídia de massa. Essas investidas ideológicas encontraram terreno propício para, em 2017, fazer aprovar um marco regulatório laboral extremamente grave. Um marco regulatório que, em sua base, resgata a velha falácia da autonomia da vontade e se vale da ideologia da superação da exploração.

Tal ideologia, que propugna uma aparência de igualdade, choca-se frontalmente com uma análise acurada da materialidade das assimetrias reais e abissais que vigem na relação entre capital e trabalho no Brasil. E, longe de ser apenas uma cortina de fumaça, o arcabouço ideológico neoliberal atua em um sentido muito concreto: negar a desigualdade para legitimar a exploração. Não à toa, o novo marco legal previu uma completa reestruturação dos mais basilares elementos da relação laboral, no sentido de concretizar uma tentativa incisiva de ampliação das formas de extração de mais-valor, de expropriação e de fragmentação da classe trabalhadora.

Observam-se, entre outros, instrumentos de ampliação direta da jornada de trabalho e de extração de mais-valor – por exemplo, ampliação de hipóteses permissivas de alargamento de jornada, retirada das normas referentes à jornada e a intervalos da qualidade de normas atinentes à saúde e à segurança no trabalho, facilitação de banco de horas –, de expropriação como condição social da disponibilização massiva de trabalhadores para o mercado – intensificação da despossessão da classe trabalhadora, sobretudo com o estímulo a contratações precárias, como o contrato intermitente e a terceirização de serviços – e de fragmentação da classe trabalhadora – fragilização sindical e prevalência da negociação individual.

Assim, é impossível proceder a uma análise jurídica de nossa dinâmica laboral hodierna sem ter em mente a materialidade das relações de trabalho no Brasil. Para tanto, é preciso promover uma virada epistemológica: ao invés de partir da normatividade, como nos legou a forte tradição tecnicista e formalista do direito, configura-se mais interessante partir da injustiça concreta, das desigualdades materiais.

Uma análise que nos leva a perceber que, tendo por fundo ideológico a falácia da modernização das relações de trabalho, bem como da autonomia da vontade e da igual liberdade entre capital e trabalho, o arcabouço ideológico hegemônico neoliberal encontra no Brasil contemporâneo terreno fértil para fazer valer sua agenda de austeridade. Negar a existência e a centralidade exercida pelo conflito capital-trabalho na reprodução da lógica social vigente implica, consequentemente, chancelar um recrudescimento sem precedentes da precarização histórica e estrutural das relações laborais brasileiras. Estejamos atentos.

Referências

ALTHUSSER, Louis. *Ideologia e aparelhos ideológicos do Estado*. Tradução de Joaquim José de Moura Ramos. Lisboa: Editorial Presença/Martins Fontes, 1980.

ANTUNES, Ricardo. *Os sentidos do trabalho*: ensaio sobre a afirmação e a negação do trabalho. 2. ed. São Paulo: Boitempo, 2009.

BOSCHETTI, Ivanete Salete. *Supressão de direitos no capitalismo*: uma forma contemporânea de expropriação? Disponível em: http://www.niepmarx.blog.br/MM2017/anais2017/MC44/mc441.pdf. Acesso em: 14 jul. 2018.

BRAGA, Ruy. *A política do precariado*: do populismo à hegemonia lulista. Coleção Mundo do Trabalho. São Paulo: Boitempo: USP, Programa de Pós-Graduação em Sociologia, 2012.

BRIDI, Maria Aparecida; BRAGA, Ruy; SANTANA, Marco Aurélio. Sociologia do Trabalho no Brasil hoje: balanço e perspectivas. *Revista Brasileira de Sociologia*, v. 6, n. 12, jan./abr. 2018.

DAL ROSSO, Sadi. *Mais trabalho!* A intensificação do labor na sociedade contemporânea. São Paulo: Boitempo, 2008.

DIEESE. *O processo de terceirização e seus efeitos sobre os trabalhadores no Brasil*. Relatório Técnico – DIEESE. Publicação de dezembro de 2007. Disponível em: http://ftp.medicina.ufmg.br/osat/arquivos/6-07082015.pdf. Acesso em: 03 jul. 2018.

FONTES, Virgínia. *O Brasil e o Capital-Imperialismo*: teoria e história. 2. ed. Rio de Janeiro: Editora UFRJ, 2010.

GONÇALVES, Guilherme Leite. Acumulação primitiva, expropriação e violência jurídica: expandindo as fronteiras da sociologia crítica do direito. *Revista Direito e Práxis*, Rio de Janeiro, v. 08, n. 2, 2017.

GONÇALVES, Guilherme Leite. Marx está de volta! Um chamado pela virada materialista no campo do direito. *Revista Direito e Práxis*, v. 5, n. 9, 2014.

HARVEY, David. *Condição pós-moderna*: uma pesquisa sobre as origens da mudança cultural. Tradução: Adail Ubirajara Sobral e Maria Stela Gonçalves. São Paulo: Loyola, 1992.

HARVEY, David. *O novo imperialismo*. Tradução: Adail Ubirajara Sobral e Maria Stela Gonçalves. São Paulo: Loyola, 2004.

LESSA, Sérgio. *Trabalho e proletariado no capitalismo contemporâneo*. 2. ed. São Paulo: Cortez, 2011.

LUXEMBURG, Rosa. *A acumulação do capital*: contribuição ao estudo econômico do imperialismo. São Paulo: Nova Cultural, 1988.

MARX, Karl. *Manuscritos econômico-filosóficos*. Tradução de Jesus Ranieri. São Paulo: Boitempo, 2008.

MARX, Karl. *O capital*: crítica da economia política. Livro I: O processo de produção do capital. Tradução de Rubens Enderle. 2. ed. São Paulo: Boitempo, 2017.

PACHUKANIS, Evgeny Bronislavovich. *Teoria geral do direito e marxismo*. Tradução de Sílvio Donizete Chagas. São Paulo: Acadêmica, 1988.

PRIEB, Sérgio. *Os efeitos da crise econômica sobre a classe trabalhadora*. Disponível em: http://www.revistaovies.com/artigos/2012/05/os-efeitos-da-crise-economica-sobre-a-classe-trabalhadora/. Acesso em: 07 jul. 2018.

RAMOS, Alexandre Luiz. Acumulação flexível & Direito do Trabalho. *Revista de Ciências Humanas*, v. 15, n. 22, Florianópolis-SC ED. UFSC, 22 set. 1997. Disponível em: https://periodicos.ufsc.br/index.php/revistacfh/article/viewFile/23488/2115. Acesso em: 16 fev. 2019.

SANTANA, Marco Aurélio; RAMALHO, José Ricardo. *Sociologia do trabalho no mundo contemporâneo*. Rio de Janeiro: Zahar, 2004.

SOUZA, Jessé. *A elite do atraso*: da escravidão à Lava Jato. Rio de Janeiro: Leya, 2017.

VIANA, Nildo. *O capitalismo na era da acumulação integral*. Aparecida/SP: Editora Santuário, 2009.

Informação bibliográfica deste texto, conforme a NBR 6023:2018 da Associação Brasileira de Normas Técnicas (ABNT):

COELHO, Bruna da Penha de Mendonça. O novo velho conflito capital-trabalho: reestruturação produtiva, ideologia neoliberal e a "reforma" trabalhista brasileira. *In*: TUPINAMBÁ, Carolina (Coord.). *As novas relações trabalhistas e o futuro do Direito do Trabalho*: as novidades provenientes de leis trabalhistas recentes. Belo Horizonte: Fórum, 2021. (Coleção Fórum as novas relações trabalhistas e o futuro do Direito do Trabalho. Tomo II.). p. 21-42. ISBN 978-65-5518-120-3.

JORNADA 12X36: ALTERAÇÕES TRAZIDAS COM A LEI Nº 13.467/2017 E SEUS REFLEXOS NOS CONTRATOS DE TRABALHO

ALESSANDRA WANDERLEY

1 A limitação da jornada no direito do trabalho

Sabe-se que a limitação da jornada de trabalho nasceu com intuito único de pôr um fim na exploração exagerada da mão de obra ocasionada com o movimento capitalista, tendo, por fim, a preservação da saúde e segurança do trabalhador.

> O direito do trabalho é desde logo, uma categoria cultural fruto do sistema capitalista industrial. Não é, portanto, a resposta normativa ao conflito sociolaboral ou de trabalho em geral, na medida em que todas as sociedades históricas conheceram o trabalho como fonte de conflitos sociais sem que, por isso, possa registrar no seu seio o nascimento daquele sistema normativo, mas propriamente a reação ante o conflito industrial, o conflito entre o capital e o trabalho assalariado na sociedade capitalista industrial, o conflito que se gera na grande indústria do séc. XIX, caracterizada pela dupla concentração de capitais

> e de trabalhadores. Não é mais um conflito, dentro de uma estrutura social pluralmente conflituosa, como é a sociedade capitalista, mas, antes, de um autêntico motor de todas as suas contradições, do seu conflito central ou paradigmático. (p. 17)[1]

A Revolução Industrial e as fases desencadeadas em decorrência desse período trouxeram uma mudança de comportamento no mercado de trabalho, em que os trabalhadores eram impulsionados por suas necessidades e pela grande oferta de mão de obra à execução de trabalhos em jornadas cada vez mais extensas a um custo mais baixo.

Esse movimento tomou grandes proporções no Brasil nos anos 1930, influenciado pela mudança de governo e pelo desenvolvimento industrial desse período.

> As indústrias no Brasil se desenvolveram a partir de mudanças estruturais de caráter econômico, social e político, que ocorreram principalmente nos últimos trinta anos do século XIX. O conjunto de mudanças aconteceu especialmente nas relações de trabalho, com a expansão do emprego remunerado que resultou em aumento do consumo de mercadorias, a abolição do trabalho escravo e o ingresso de estrangeiros no Brasil como italianos, alemães, japoneses, dentre muitas outras nacionalidades, que vieram para compor a mão de obra, além de contribuir no povoamento do país, como ocorreu na região Sul. Um dos maiores acontecimentos no campo político foi a proclamação da República. Diante desses acontecimentos históricos, o processo industrial brasileiro passou por quatro etapas: (...) *Terceira etapa:* período que ocorreu entre 1930 e 1955, momento em que a indústria recebeu muitos investimentos dos ex-cafeicultores e também em logística. Assim, houve a construção de vias de circulação de mercadorias, matérias-primas e pessoas, proveniente das evoluções nos meios de transporte que facilitaram a distribuição de produtos para várias regiões do país (muitas ferrovias que anteriormente transportavam café, nessa etapa passaram a servir os interesses industriais). Foi instalada no país a Companhia Siderúrgica Nacional, construída entre os anos de 1942 e 1947, empresa de extrema importância no sistema produtivo industrial, uma vez que abastecia as indústrias com matéria-prima, principalmente metais. No ano de 1953, foi instituída uma das mais promissoras empresas estatais: a PETROBRAS.[2]

---

1 LOPEZ, Manuel Carlos Palomeque. *Direito do Trabalho e Ideologia*. 5. ed. Coimbra: Almedina, 2001. p. 17.

2 FREITAS, Eduardo. *A Industrialização Brasileira*. São Paulo, 2018. Disponível em: https://mundoeducacao.bol.uol.com.br/geografia/a-industrializacao-brasileira.htm. Acesso em: 07 jan. 2019.

A primeira notícia que se tem da limitação da jornada de trabalho no Brasil data de 1932, através dos Decretos nº 21.186/32 e 21.364/32, os quais limitaram respectivamente a jornada dos comerciários e industriários em 8 horas diárias.

> *Decreto nº 21.186, de 22 de março de 1932.*
> Regula o horário para o trabalho no comércio.
> O Chefe do Governo Provisório da República dos Estados Unidos do Brasil,
> RESOLVE:
> Art. 1º A duração normal do trabalho efetivo dos empregados em estabelecimentos comerciais, ou secções de estabelecimentos comerciais, e em escritórios que explorem serviços de qualquer natureza, será de oito horas diárias, ou quarenta e oito horas semanais, de maneira que a cada período de seis dias de ocupação efetiva corresponda um dia de descanso obrigatório. (...).[3]

> *Decreto nº 21.364, de 4 de maio de 1932*
> Regula o horário para o trabalho industrial.
> O Chefe do Governo Provisório da República dos Estados Unidos do Brasil
> Resolve:
> Art. 1º A duração normal de trabalho diurno do empregado em estabelecimentos industriais de qualquer natureza será de oito horas diárias, ou quarenta e oito horas semanais, de maneira que a cada período de seis dias de ocupação corresponda um dia de descanso obrigatório. (...).[4]

Em se tratando da limitação de jornada na Constituição Federal, temos a Constituição de 1934, que trouxe a limitação de oito horas diárias, como se vê *in verbis*:

> Art. 121 – A lei promoverá o amparo da produção e estabelecerá as condições do trabalho, na cidade e nos campos, tendo em vista a proteção social do trabalhador e os interesses econômicos do País.
> (...)

3 BRASIL. *Decreto nº 21.186/1932*. Disponível em: http://www2.camara.leg.br/legin/fed/decret/1930-1939/decreto-21186-22-marco-1932-524876-publicacaooriginal-1-pe.html. Acesso em: 07 fev. 2019.

4 BRASIL. *Decreto nº 21.365/1932*. Disponível em: http://www2.camara.leg.br/legin/fed/decret/1930-1939/decreto-21364-4-maio-1932-526751-publicacaooriginal-1-pe.html. Acesso em: 07 fev. 2019.

> c) trabalho diário não excedente de oito horas, reduzíveis, mas só prorrogáveis nos casos previstos em lei (...).[5]
> Contudo a Constituição de 1934 teve uma vigência curta, uma vez que em 10 de novembro de 1937 Vargas implantou o regime ditatorial e outorgou a Carta de 37, tendo em 1942, através do Decreto de 10.358, suspendido o artigo 137 que tratava dos direitos trabalhistas, entre eles, a alínea "i" que tratava da jornada, momento em que foi declarado Estado de Guerra contra as potencias do eixo (Alemanha, Itália e Japão). Com o fim da segunda guerra e com a redemocratização do Brasil, a Constituição de 1946 volta a tratar do tema em seu art. 151. No que se refere à Constituição de 1967 a limitação de jornada permaneceu e com a Constituição de 1988, foram mantidos os direitos trabalhistas já conquistados e demais direitos foram criados. (FRANCO FILHO, *online*)[6]

Assim, entre idas e vindas nas constituições do país, tem-se na Carta de 1988[7] um capítulo referente aos direitos sociais e, inserido nele, o art. 7º, XIII, com expressa limitação da jornada de trabalho em oito horas diárias e 44 semanais, sendo facultada a compensação com o objetivo de proteger os trabalhadores, evitando, assim, que sejam fixadas jornadas exaustivas, atendendo aos princípios da dignidade da pessoa humana, da legalidade e da proteção ao trabalhador.

Além dos princípios do direito do trabalho, temos ainda o expresso no artigo 7º, *caput*, da CF/88 – "art. 7º São direitos dos trabalhadores urbanos e rurais, além de outros que visem à melhoria de sua condição social: (...)" –,[8] cujo objetivo é a vedação do retrocesso, ou seja, coíbe restrição de direitos ou situação que possa representar uma piora para o trabalhador.

2 Alteração de direitos sociais e sua legalidade no atual ordenamento

Tem-se conhecimento de que a limitação da jornada de trabalho está pautada no capítulo que se refere aos direitos sociais em nossa

---

5 BRASIL. *Constituição da República dos Estados Unidos do Brasil*. 16 jul. 1934. Disponível em: http://www.planalto.gov.br/ccivil_03/Constituicao/Constituicao34.htm. Acesso em: 10 jan. 2019.

6 FRANCO FILHO, Goergenor de Souza. *Os Direitos Trabalhistas Constitucionalizados*. 1824 a 1988 e 25 anos depois. Disponível em: http://www.lex.com.br/doutrina_25388279_DIREITOS_TRABALHISTAS_CONSTITUCIONALIZADOS_DE_1824_A_1988_E_25_ANOS_DEPOIS.aspx. Acesso em: 11 jan. 2019.

7 BRASIL. Constituição Federal da República Federativa do Brasil, art. 7º, XIII.

8 BRASIL. Constituição Federal da República Federativa do Brasil, art. 7º, *caput*.

Carta Magna, o que foi recepcionado pelo art. 5º da mesma carta – sendo clausula pétrea – e por sua natureza passível de alteração apenas com a promulgação de nova constituição, já que a emenda não pode alterar ou reduzir direitos individuais.

Nesse sentido, temos: "Art. 60. A Constituição poderá ser emendada mediante proposta: (...) §4º Não será objeto de deliberação a proposta de emenda tendente a abolir: (...) IV – os direitos e garantias individuais".

Tomando por base o julgamento da ADIN nº 939-7/DF,[9] tem-se ainda que os direitos individuais não se restringem aos elencados no art. 5º da CF/88, estando dispostos ainda nos artigos 6º e 7º da Carta Magna, ou seja, os direitos sociais estão vinculados individualmente aos trabalhadores.

Nesse mesmo sentido foram julgadas as ADINs nº 1.480[10] e 1.675-1,[11] nas quais restou evidente que os direitos sociais estão

---

9 BRASIL. Supremo Tribunal Federal. *ADIN nº 939-7/DF*. Disponível em: http://redir.stf.jus.br/paginadorpub/paginador.jsp?docTP=AC&docID=266590. Acesso em: 20 dez. 2018.

10 BRASIL. Superior Tribunal Federal. *ADIN nº 1480, de 2001*. Disponível em: http://redir.stf.jus.br/paginadorpub/paginador.jsp?docTP=AC&docID=347083. Acesso em: 10 dez. 2018.

11 (...) Não obstante, a tradição se manteve incólume da legislação ordinária e voltaria, na Constituição de 1988, à alçada dos direitos sociais fundamentais: "*Art. 7º. São direitos fundamentais dos trabalhadores (...): XV. Repouso semanal remunerado (...) Ainda não se consolidou o entendimento doutrinário sobre alcance preciso da regra do art. 5º, parágrafo 2º., da Constituição, segundo o qual os direitos e garantias nela expresso "não excluem outros decorrentes (...) dos tratados em que a República Federativa do Brasil seja parte: as notas que lhe tem reservado os comentários são pobres.* Duas decisões do Supremo Tribunal, contudo – malgrado para concluir pela hierarquia infraconstitucional dos tratados nelas considerados – permite antever – a contrário *sensu*, com relação às convenções pré-constitucionais atinentes a direitos e garantias fundamentais uma clara abertura à tendência contemporânea de atribuir status constitucional às normas internacionais de outorga e proteção dos direitos humanos: tanto no HC 72.131, Plen. 23.11.95, Maurício Correa – onde se repeliu a revogação pelo Pacto de São José da leis permissivas da prisão civil: do depositário infiel -, quando no recentíssimo julgamento da ADIN 1480 – quando se discutiu a constitucionalidade da Convenção 158 da OIT –, à visão majoritária foi decisiva a circunstância de tratar-se em ambos os casos, de convenções internacionais que, embora anteriormente celebrada, só foram referendadas, ratificadas e promulgadas no Brasil após a Constituição.
Donde certo inferir – como, de resto, ficou explicito em alguns votos- que, ao contrário, as convenções sobre direitos fundamentais incorporadas ao direito brasileiro antes da Constituição de 1988 foram por ela constitucionalizadas.
A ser correta essa inferência, o art. 5º, parágrafo 2º. – como sustenta o Prof. Cançado Trindade (Entrevista em Justiça e Democracia, 1996, 1/7, 111) – se teria alinhado à tendência do constitucionalismo latino-americano de "conceder um tratamento especial ou diferenciado também no plano do direito interno aos direitos e garantias individuais internacionalmente consagrados: cita a propósito o douto especialista as Constituições da Guatemala, de 1985 (art. 46), do Peru, 1973 (antes do retrocesso de 1993), do Chile (art. 5º, II) com a reforma de 1989 e, da Argentina (art. 75, 22) reformada em 1994. (Grifos do autor) (BRASIL. Superior Tribunal Federal. *ADIN nº 1675-1, de 2013*. Disponível em: http://redir.stf.jus.br/paginadorpub/paginador.jsp?docTP=AC&docID=347205. Acesso em: 02 dez. 2018).

compreendidos no artigo 5º, §2º, tendo sido reconhecido valor constitucional às convenções internacionais codificadas no Brasil.

Nessa esteira e com objetivo de reconhecer os direitos sociais com o caráter inserido dentro do art. 5º, §2º, traz o professor Paulo Bonavides:

> Não se pode deixar de reconhecer aqui o nascimento de um novo conceito de direitos fundamentais, vinculado materialmente a uma liberdade 'objetivada', atada a vínculos normativos e institucionais, a valores sociais que demandam realização concreta e cujos pressupostos devem ser 'criados', fazendo assim do Estado um artífice e um agente de suma importância para que se concretizem os direitos fundamentais da segunda geração.[12]

Em realidade, a redução de direitos sociais, partindo desses apontamentos, deve ser entendida como uma ilegalidade e notória afronta aos direitos fundamentais, como traz Sarlet: "(...) o legislador, além de obrigado a atuar no sentido da concretização do direito fundamental, encontra-se proibido (e nesta medida também está vinculado) de editar normas que atentem contra o sentido e a finalidade da norma de direito fundamental".[13]

Importante destacar que a limitação da jornada foi inserida sob o contexto de proteção do trabalhador, estando diretamente ligada à sua saúde e segurança. Sob esse aspecto, a jornada 12x36 deve ser a exceção, e não a regra, e com aplicação restrita a algumas atividades.

Porém, em análise das alterações elencadas pela reforma, temos também o art. 611-B,[14] do qual consta um rol taxativo de hipóteses em que a negociação seria vedada e, nesse sentido, temos o inciso XVII, que traz as normas de *saúde, higiene e segurança do trabalho.*

Contudo, o parágrafo único do mesmo artigo, em um sentido completamente oposto ao já mencionado anteriormente, traz a exclusão das regras relativas à *duração do trabalho e intervalos das normas consideradas como normas de saúde, higiene e segurança do trabalho*, o que, a princípio, parece contraditório, já que a extrapolação da jornada pode ser entendida como algo que pode vir a prejudicar diretamente a saúde do trabalhador.

---

12 BONAVIDES, Paulo. *Curso de Direito Constitucional*. 30. ed. São Paulo: Malheiros Editores, 2015. p. 581.

13 SARLET, Ingo Wolfgang. *A eficácia dos direitos fundamentais*: uma teoria geral do dos direitos fundamentais na perspectiva constitucional. Porto Alegre: Livraria do Advogado, 2015. p. 383.

14 BRASIL. Consolidação das Leis Trabalhista, 1943, art. 611-B (alteração trazida pela Lei nº 13.467/2017).

Nesse sentido e partindo do que segue exposto, deparamo-nos com um cenário de insegurança jurídica, no qual as inovações trazidas com a reforma trabalhista esbarram em várias questões legais, sem que ainda tivéssemos um caminho concreto a seguir, abrindo um amplo espaço para negociação da jornada 12x36, inclusive por meio de contrato individual.

Fato é que a inovação trazida com relação à jornada 12x36 acabou por ferir princípios e direitos que remetem a um ambiente capaz de influenciar na saúde e segurança dos trabalhadores. Deve, por isso, ser mais bem analisada em todos os seus aspectos e ser considerado todo o reflexo que pode ser gerado.

Com referências aos princípios, temos ainda:

> Princípios são "linhas diretrizes que informam algumas normas que inspiram direta ou indiretamente uma série de soluções, pelo que podem servir para promover e embasar a aprovação de novas normas, orientar a interpretação das existentes e resolver os casos não previstos" (RODRIGUES, p. 36).[15]

E ainda contribuindo para a discussão, temos:

> O princípio basilar da proteção é analisado por proporcionar força de lei às convenções e acordos coletivos benéficos ao trabalhador, conjuntura retirada do caput do art. 7º e inciso XXVI da Constituição Federal. Entretanto, a nova legislação reporta a predominância do negociado sobre o legislado, acentuando o princípio da intervenção mínima pelo poder judiciário ao negociado. Ademais, é negar a historicidade da importância da duração de trabalho digna, resguardando a saúde do trabalhador, legiferante do art. 7º, XIII e diretamente negar direitos sociais (BUENO, *online*, p. 9).[16]

Por isso, toda cautela é aconselhável quando estamos diante de tais direitos e de princípios tão importantes.

---

15 RODRIGUES, Américo Plá. Princípios de Direito do Trabalho. 5. ed. São Paulo: LTr, 2000.

16 BUENO, Litiane Correa. 58 Congresso de Direito do Trabalho. FLEXIBILIZAÇÃO DA JORNADA DE TRABALHO: A "REFORMA TRABALHISTA " E O AUMENTO DA CONFIGURAÇÃO DO TRABALHO ESCRAVO CONTEMPORÂNEO, LTR, 2017. Disponível em: Buenohttp://www.ltr.com.br/congressos/jornal/direito/jornal_direito.pdf Acessado em 03/12/2018;

3 Considerações antes e após a MP nº 808, de 2017

Apesar de todas as considerações legais trazidas, fato é que a reforma trouxe a possibilidade da execução de jornada 12x36 e, inclusive, a faculdade da jornada ser determinada mediante acordo individual escrito, o que remeteu o tema a diversas indagações sobre seus limites legais e sua ampliação no cenário do trabalho.

O cuidado que se deve ter sobre o tema é de extrema relevância, evitando, assim, a determinação de jornadas por contrato individual sem um limitador.

Essa preocupação pode ser inclusive percebida nos dizeres do professor e doutrinador Ney Stany Morais Maranhão sobre a generalização da exceção:

> Qualquer tentativa de implantação generalizada desse regime, para toda e qualquer categoria, à revelia das específicas condições laborais vivenciadas, ainda que fruto de negociação coletiva, decerto poderá ser objeto de sério e razoável questionamento jurídico, tendo em vista a complexa discussão que o assunto envolve na perspectiva dos direitos fundamentais, mormente quanto é direito do trabalhador a *adaptação* do tempo de trabalho e a organização do trabalho às suas capacidades físicas e mentais. (p. 69)[17]

Nesse sentido, percebemos o quão é importante uma análise detida da questão atinente à jornada 12x36, principalmente, findos os efeitos da MP nº 808, de 2017, e de volta ao contexto trazido pela Lei nº 13.467/2017.

Ainda relevante trazer o exposto no artigo 5º da Convenção nº 155 da Organização Internacional do Trabalho (OIT),[18] que expressa:

> Art. 5 – A política à qual se faz referência no artigo 4 da presente Convenção deverá levar em consideração as grandes esferas de ação que se seguem, na medida em que possam afetar a segurança e a saúde dos trabalhadores e o meio-ambiente de trabalho:
> (...)
> b) relações existentes entre os componentes materiais do trabalho e as pessoas que o executam ou supervisionam, e adaptação do maquinário, dos equipamentos, do *tempo de trabalho*, da organização do trabalho e das

---

17 MARANHÃO, Ney Stany Morais. *Lei da reforma trabalhista*: comentada artigo por artigo. JHMIZUNO, 2017. p. 69.

18 BRASIL. *Decreto nº 1.254, de 1994*. Disponível em: http://www.planalto.gov.br/ccivil_03/decreto/1990-1994/D1254.htm. Acesso em: 03 dez. 2019.

> operações e processos às capacidades físicas e mentais dos trabalhadores. (Grifos do autor)

Diante das exposições trazidas, percebe-se que os olhos devem estar sempre voltados à reflexão, evitando trazer ao ato nulidades, uma vez que há critérios necessários à implementação de novidades quando relacionadas à segurança e saúde do trabalhador, evitando excessos e prejuízos aos mesmos.

Contudo, pelos aspectos legais vinculados à jornada, o seu estabelecimento e alteração a par da inovação trazida com a reforma e que vigora em seu texto original após finda a MP nº 808, torna necessária uma análise mais aprofundada da questão, evitando que o empregado possa ser inserido em uma situação de notório prejuízo.

Importante falar ainda da autonomia do empregado nesse contexto atual, considerando sua subordinação financeira e o deficitário mercado de trabalho.

No que tange à autonomia da vontade e sua liberdade, traz o professor Adamovich:

> (...) Poderia parecer um contrassenso falar em autonomia da vontade, sabendo-se que aquela empresarial normalmente se expressa de forma institucional e se amolda aos ditames do meio social e econômico, ao passo que aquela outra do trabalhador que se resume, no plano individual, à adesão aos contratos e normas empresariais. Ainda que se possa falar em autonomia da vontade no plano coletivo, seria ingenuidade supor que nela já estariam trabalhadores e empresários em pé de igualdade e que o instrumento greve seria suficiente para armar os primeiros com o poder para impelir os últimos à negociação. (...)
> O que bem se percebe é que, no plano individual, os princípios do Direito do Trabalho atuam, primeira e justamente sobre a autonomia da vontade. Fixado o paradoxo do trabalhador livre que aceita subordinar-se, por-se às ordens do empregador, essa sua liberdade assume as vestes de regra geral e a subordinação a especificação delimitadora, de modo que é possível dizer sem temor de erro que o trabalhador é tão livre na relação de emprego quanto o permitirem as normas erigidas em proteção dessa liberdade em permanente confronto com os imperativos a liberdade de iniciativa, da economia e da produção (...). (2016, p. 59)[19]

[19] ADAMOVICH, Eduardo Henrique Raymundo Von. *O Direito do Trabalho e a Liberdade do Trabalhador*. Rio de Janeiro: Lumen Juris, 2016.

Nesse contexto, vê-se que a liberdade do trabalhador está diretamente inserida nos termos contratuais firmados e, ainda, na sua subordinação econômica, o que nos remete à certeza de que, apenas em casos excepcionais, os trabalhadores estarão diante de uma situação de verdadeira equidade e ampla liberdade negocial.

Com referência à dita igualdade entre as partes, podemos citar Bernard Edelman, que trata a igualdade como uma "ficção" ou "falsa" igualdade:

> Não sabemos nada verdadeiramente, afora as banalidades com que nos cumulam: o contrato de trabalho introduz uma "falsa" igualdade entre as partes, a "vontade" do operário é uma "ficção" trivialidades com que nos contentamos preguiçosamente por falta de ir ver na prática como as coisas se passam de fato. E nossa ignorância é tão grande que nos esquecemos de que as críticas dos programas de Gotha e de Erfurt são apenas um extraordinário desmonte de todas as ilusões jurídicas com as quais se pode satisfazer impunemente um partido social-democrata. Vejam-se todas as críticas sobre a noção de "trabalho" ou de Estado livre; elas miram as ilusões jurídicas.[20]

Com isso, diante dos dilemas aqui elencados e das contradições legais, é inevitável que se dê maior atenção ao tema, evitando a generalização de alterações contratuais voltadas à jornada de trabalho, sem os cuidados necessários para seu implemento e autorização.

Ainda resta claro que alterações voltadas à jornada de trabalho estão estritamente inseridas no contexto de saúde e segurança do emprego. Imprescindível por isso seu atendimento dentro dos rigores da lei e com atenção às especificidades de cada caso e atividade.

Esse sentido pode ser compreendido no trecho *in verbis*:

> Os direitos trabalhistas encontram-se tutelados em nossa Constituição, de forma expressa, nos arts. 6.º, 7.º, 8.º, 9.º, 10 e 11, que fazem parte do Capítulo II, intitulado "Dos Direitos Sociais". Mas além destes, encontramos também no art. 5.º e seus incisos direitos trabalhistas tutelados, sob a ótica de direitos individuais; no art. 170, o aspecto referente à valorização econômica do trabalho e no art. 193, relaciona-se o trabalho com a ordem social. Ainda sobre proteção ao trabalho podemos afirmar que o art. 1.º da Constituição também o protege, erigindo tais direitos

---

20 EDELMAN, Bernard. *A Legalização da Classe Operária*. 1. ed. São Paulo: Boitempo, 2016. p. 27.

> ao patamar de Fundamento do Estado brasileiro, personificados na cidadania, dignidade da pessoa humana e valores sociais do trabalho. Neste sentido, o direito ao trabalho e à liberdade de trabalho ocupam um lugar central nesta discussão, e podemos dizer que estes estão abrangidos por todos os dispositivos acima elencados, de modo que se fará seguir uma análise dos mesmos na Constituição apontando os fundamentos para a sua defesa (SPOTORNO, *online*).[21]

Dessa forma, temos como estrutura da legislação trabalhista os princípios das normas constitucionais que possuem o objetivo único de alcance do valor social do trabalho, da justiça social e da melhoria da condição social dos trabalhadores.

Nessa esteira:

> Art. 1º A República Federativa do Brasil, formada pela união indissolúvel dos Estados e Municípios e do Distrito Federal, constitui-se em Estado Democrático de Direito e tem como fundamentos:
> (...)
> IV – os valores sociais do trabalho e da livre iniciativa;
> Art. 3º Constituem objetivos fundamentais da República Federativa do Brasil:
> I – construir uma sociedade livre, justa e solidária;
> *Art. 7º São direitos dos trabalhadores urbanos e rurais, além de outros que visem à melhoria de sua condição social:*[22] (Grifos do autor)
> (...) as normas constitucionais que dizem respeito especificamente ao aspecto de direito ao trabalho, convém analisarmos o disposto no art. 6.º da Constituição Federal, onde é afirmado que um dos direitos sociais do Estado brasileiro é o trabalho. Impõe-se registrar que o artigo antes citado, em verdade, complementa a idéia trazida pelos princípios fundamentais anteriormente analisados (SPOTORNO, *online*).[23]

Quanto ao tema, inclusive a Associação Nacional dos Magistrados Trabalhistas também se manifestou sobre o assunto na 2ª Jornada de Direito Material e Processual do Trabalho, que aprovou alguns anunciados referentes à reforma trabalhista. Dentre estes, o Enunciado nº 12, que traz: "Tratando-se de regime de compensação de jornada, é

---

21 SPOTORNO, Daniel Araujo. A tutela constitucional ao trabalho: uma visão sistemática do órgão gestor de mão de obra do trabalhador portuário avulso. Âmbito Jurídico. Disponível em: http://www.ambito-juridico.com.br/site/index.php?n_link=revista_artigos_leitura&artigo_id=4081. Acesso em: 05 nov. 2018.

22 BRASIL. Constituição da República Federativa do Brasil, 1988, arts. 1º, 3º e 7º.

23 SPORTONO. *Op. cit.*

essencial para a sua validade a previsão em acordo coletivo ou convenção coletiva de trabalho".

Ainda sobre o aspecto protetivo do empregado, há que se observar a Convenção nº 111 da OIT, que traz:

> II – A negociação individual somente pode prevalecer sobre o instrumento coletivo se mais favorável ao trabalhador e desde que não contravenha as disposições fundamentais de proteção ao trabalho, sob pena de nulidade e de afronta ao princípio da proteção (artigo 9º da CLT c/c o artigo 166, VI, do Código Civil). (Enunciado Aglutinado no 1 da Comissão 4)[24]

Apesar de todos os apontamentos, é ainda importante também trazer a Súmula nº 444 do TST, que entendeu como válida a autorização através de norma coletiva para execução da jornada 12x36, voltada a atenção para o fato de que essa permissão está vinculada à ideia de exceção, e não regra, como já mencionado aqui.

> Jornada de trabalho. NORMA COLETIVA. LEI. Escala de 12 por 36. Validade. – Res. 185/2012, DEJT divulgado em 25, 26 e 27.09.2012 – republicada em decorrência do despacho proferido no processo TST-PA-504.280/2012.2 – DEJT divulgado em 26.11.2012.[25]

A par das regras elencadas, verdade é que não sabemos qual rumo a referida situação tomará na prática, estando todas as atenções voltadas ao STF, onde tramita a ADI nº 5.994 sobre o tema.

> O dispositivo questionado faculta às partes, mediante acordo individual escrito, convenção coletiva ou acordo coletivo de trabalho, estabelecer horário de trabalho de 12 horas seguidas por 36 horas ininterruptas de descanso, observados ou indenizados os intervalos para repouso e alimentação.
> A CNTS sustenta que, ao permitir a adoção de jornada de 12x36 por meio de acordo individual, a nova redação do artigo da CLT viola o disposto no inciso XXIII do artigo 7º da Constituição Federal, que estabelece a garantia de "duração do trabalho normal não superior a 8 horas diárias

---

24 BRASIL. *Decreto nº 104, de 1964*. Disponível em: http://www.trtsp.jus.br/geral/tribunal2/LEGIS/CLT/OIT/OIT_111.html. Acesso em: 10 dez. 2018.

25 BRASIL. Tribunal Superior do Trabalho. *Súmula* nº 444. Disponível em: http://www.tst.jus.br/sumulas. Acesso em: 02 fev. 2019.

e 44 semanais", condicionando a fixação de jornadas ininterruptas à celebração de acordo ou convenção coletiva de trabalho (STF, *online*).[26]

A referida ação direta de inconstitucionalidade proposta pela Confederação Nacional dos Trabalhadores na Saúde (CNTS) aguarda decisão do STF sobre o tema.

4 Conclusão

Diante das afirmações trazidas e, mais ainda, dos princípios norteadores do direito do trabalho, além do filtro protetivo que deve ser observado nessa relação, considerando que a equidade entre as partes (empregado x empregador) é uma excepcionalidade, importante, antes de qualquer apontamento, garantir que a questão seja tratada sem perder de vista tais aspectos.

Cumpre afirmar que, à luz das alterações trazidas com a reforma e também com o fim do efeito da MP nº 808, de 2017, o objeto do presente artigo deve ser considerado com a máxima atenção, uma vez que o tema está notoriamente ligado à saúde e segurança do empregado, o que esbarra nos direitos fundamentais dos trabalhadores, além de representar, pela ótica dos princípios norteadores dessa relação, um retrocesso social.

A atenção deve estar voltada para o fato de que o texto integral da reforma trabalhista faz parecer, pelo menos à primeira vista, que o assunto acabará tomando uma proporção bem maior que a aceitável exceção sumulada pelo TST, assumindo características generalistas e que trazem riscos ao ambiente laboral, já que o texto permite ainda a referida alteração por acordo individual.

Nesse aspecto, ou seja, mediante acordo individual, além da situação prevista ferir entendimento já aplicado pelo Tribunal Superior do Trabalho, coloca o empregado, que, em termos gerais, visivelmente não possui autonomia nem liberdade negocial, tratando de tema que atinge direitos respaldados na Carta Maior, o que remeterá fatalmente a um cenário desequilibrado.

> O art. 7º da Constituição estabelece diversos direitos aos trabalhadores e às trabalhadoras urbanos e rurais, sem prejuízo de outros, e que visem à melhoria da sua condição social, comportando verdadeira cláusula de

---

26 BRASIL. Superior Tribunal Federal. *ADI nº 5.994*. Disponível em: http://www.stf.jus.br/portal/cms/verNoticiaDetalhe.asp?idConteudo=390946. Acesso em: 03 mar. 2019.

> abertura para a incorporação de novos direitos. A dignidade da pessoa humana, que é fundamento explícito do Estado Democrático de Direito (art. 1º), traduz-se, na questão do trabalho, no direito de acesso a um trabalho decente – e não apenas o direito a ocupar-se (Nota Técnica PL nº 38/2017, *online*).[27]

Considerando a nota técnica acima citada, ainda tem-se:

> Como é certo, há limite material, inclusive ao poder de reforma constitucional, quanto aos direitos e garantias individuais, que são justamente os fundamentais (art. 60, §4º, inc. IV, da Constituição). Há se considerar, portanto, que os direitos sociais, incluindo os de conteúdo econômico-social-trabalhista, estão protegidos pelo art. 60, §4º, da Constituição, não estando disponíveis para que retrocessos normativos sejam estabelecidos segundo a discricionariedade do poder constituinte derivado. A própria abertura presente no art. 7º da Constituição, relacionada à melhoria da condição social dos trabalhadores, aponta no sentido da não-regressividade. Se há impedimento ao retrocesso por emenda constitucional, com muito mais força o limite se apresenta quando modificações forem estabelecidas através da legislação infraconstitucional (Nota Técnica PL nº 38/2017, *online*).[28]

Considerando os textos legais trazidos e as especificidades da atividade laboral, notório que deve a reforma, nesse ponto, passar por alterações. Em se tratando do art. 59-A, é clara a desconformidade do mesmo com o texto constitucional vigente, representando grave afronta legal.

Ainda sob o aspecto do art. 59-A, a 2ª Jornada de Direito Material Processual do Trabalho elencou em seu enunciado 2:

> JORNADA 12 POR 36.
> I. Tratando-se de regime de compensação de jornada, é essencial para a sua validade a previsão em acordo coletivo ou convenção coletiva de trabalho, nos termos do artigo 7º, XIII, da Constituição Federal, inclusive em relação ao comerciário, em razão de lei especial (Lei 12.790/2013).
> II. Artigo 60, parágrafo único da CLT. Dispensa de licença prévia para a realização de jornada 12x36. Matéria de saúde e segurança do trabalho.

---

27 Nota Técnica PL nº 38/2017. Reforma Trabalhista. Aspectos da Inconstitucionalidade e da Antijuricidade. Disponível em: http://www.anpt.org.br/attachments/article/3112/Nota%20T%C3%A9cnica%20Conjunta%20-%20Reforma%20Trabalhista.pdf. Acesso em: mar. 2019.

28 *Ibidem.*

Inconstitucionalidade por infração ao artigo 7º, XXII, da Constituição Federal.
III. Impossibilidade de regime "complessivo" quanto ao pagamento de feriados e prorrogação da jornada noturna, por infração ao artigo 7º, IX, da Constituição Federal.
IV. A prestação de horas extras, inclusive pela supressão do intervalo intrajornada (ainda que parcial), descaracteriza o regime de compensação de jornada 12x36, implicando o pagamento como hora extraordinária daquelas laboradas além da 8a diária, por infração ao artigo 7º, XIII e XXVI, da Constituição Federal.
(Enunciado Aglutinado na Comissão 2) (Grifos do autor)[29]

Ou seja, a execução de horas extras e, ainda, sua supressão de intervalo, ambas previstas na reforma trabalhista, descaracterizam o regime 12x36, sendo devidas as horas além da jornada legal, ou seja, da 8ª hora trabalhada.

Por todos os pontos aqui elencados, as contradições legais expressas e ainda considerando os personagens envolvidos nessa relação, em que notoriamente um dos indivíduos encontra-se limitado em seus atos, reflexo da sua subordinação capital, necessária é a intervenção do Estado para o alcance da justiça social e equilíbrio.

Fato é que, em situação de ameaça à justiça social ou desigualdade entre as partes, o socorro deve vir da lei, não devendo, jamais, esta nos faltar.

Referências

ADAMOVICH, Eduardo Henrique Raymundo Von. *O Direito do Trabalho e a Liberdade do Trabalhador*. Rio de Janeiro: Lumen Juris, 2016.

BRASIL. *Decreto nº 1.254, de 1994*. Disponível em: http://www.planalto.gov.br/ccivil_03/decreto/1990-1994/D1254.htm. Acesso em: 03 dez. 2019.

BRASIL. *Constituição da República Federativa do Brasil, 1988*. Arts. 1º, 3º e 7º.

BRASIL. *Decreto nº 104, de 1964*. Disponível em: http://www.trtsp.jus.br/geral/tribunal2/LEGIS/CLT/OIT/OIT_111.html. Acesso em: 10 dez. 2018.

BRASIL. Tribunal Superior do Trabalho. *Súmula nº 444*. Disponível em: http://www.tst.jus.br/sumulas. Acesso em: 02 fev. 2019.

BRASIL. Superior Tribunal Federal. *ADI nº 5.994*. Disponível em: http://www.stf.jus.br/portal/cms/verNoticiaDetalhe.asp?idConteudo=390946. Acesso em: 03 mar. 2019.

29 2ª Jornada de Direito Material e Processual do Trabalho. Disponível em: https://drive.google.com/file/d/1oZL9_JohYjNInVvehEzYDp-bl0fcF6i6/view. Acesso em: mar. 2019.

BRASIL. *Decreto nº 21.186/1932*. Disponível em: http://www2.camara.leg.br/legin/fed/decret/1930-1939/decreto-21186-22-marco-1932-524876-publicacaooriginal-1-pe.html. Acesso em: 07 fev. 2019.

BRASIL. *Decreto nº 21.365/1932*. Disponível em: http://www2.camara.leg.br/legin/fed/decret/1930-1939/decreto-21364-4-maio-1932-526751-publicacaooriginal-1-pe.html. Acesso em: 07 fev. 2019.

BRASIL. *Constituição da República dos Estados Unidos do Brasil, 16 de julho de 1934*. Disponível em: http://www.planalto.gov.br/ccivil_03/Constituicao/Constituicao34.htm. Acesso em: 10 jan. 2019.

BRASIL. Supremos Tribunal Federal. *ADIN nº 939-7/DF*. Disponível em: http://redir.stf.jus.br/paginadorpub/paginador.jsp?docTP=AC&docID=266590. Acesso em: 20 dez. 2018.

BRASIL. Superior Tribunal Federal. *ADIN nº 1.480, de 2001*. Disponível em: http://redir.stf.jus.br/paginadorpub/paginador.jsp?docTP=AC&docID=347083. Acesso em: 10 dez. 2018.

BRASIL, Superior Tribunal Federal, *ADIN 1675-1 de 2013*. Disponível em: http://redir.stf.jus.br/paginadorpub/paginador.jsp?docTP=AC&docID=347205. Acesso em: 02 dez. 2018.

BONAVIDES, Paulo. *Curso de Direito Constitucional*. 30. ed. São Paulo: Malheiros Editores, 2015.

BUENO, Litiane Correa. *58 Congresso de Direito do Trabalho*. Flexibilização da jornada de trabalho: a "reforma trabalhista" e o aumento da configuração do trabalho escravo contemporâneo, LTR, 2017. Disponível em: http://www.ltr.com.br/congressos/jornal/direito/jornal_direito.pdf. Acesso em: 03 dez. 2018.

EDELMAN, Bernard. *A legalização da classe operária*. 1. ed. São Paulo: Boitempo, 2016. p. 27.

FRANCO FILHO, Goergenor de Souza. *Os Direitos Trabalhistas Constitucionalizados*: 1824 a 1988 e 25 anos depois. Disponível em: http://www.lex.com.br/doutrina_25388279_DIREITOS_TRABALHISTAS_CONSTITUCIONALIZADOS_DE_1824_A_1988_E_25_ANOS_DEPOIS.aspx. Acesso em: 11 jan. 2019.

FREITAS, Eduardo. *A Industrialização Brasileira*. São Paulo. 2018. Disponível em: https://mundoeducacao.bol.uol.com.br/geografia/a-industrializacao-brasileira.htm. Acesso em: 07 jan. 2019.

LOPEZ, Manuel Carlos Palomeque. *Direito do Trabalho e Ideologia*. 5. ed. Coimbra: Almedina, 2001.

MARANHÃO, Ney Stany Morais. *Lei da reforma trabalhista*: comentada artigo por artigo. JHMIZUNO, 2017.

NOTA Técnica PL nº 38/2017. Reforma Trabalhista. Aspectos da Inconstitucionalidade e da Antijuricidade. Disponível em: http://www.anpt.org.br/attachments/article/3112/Nota%20T%C3%A9cnica%20Conjunta%20-%20Reforma%20Trabalhista.pdf. Acesso em: mar. 2019.

RODRIGUES, Américo Plá. *Princípios de Direito do Trabalho*. 5. ed. São Paulo: LTr, 2000.

SANTANA, Miriam Ilza. *Barão de Mauá*. São Paulo, 2018. Disponível em: https://www.infoescola.com/historia/barao-de-maua/. Acesso em: 26 dez. 2018.

SARLET, Ingo Wolfgang. *A eficácia dos direitos fundamentais*: uma teoria geral dos direitos fundamentais na perspectiva constitucional. Porto Alegre: Livraria do Advogado, 2015.

SPOTORNO, Daniel Araujo. A tutela constitucional ao trabalho: uma visão sistemática do órgão gestor de mão de obra do trabalhador portuário avulso. Âmbito *Jurídico*. Disponível em: http://www.ambito-juridico.com.br/site/index.php?n_link=revista_artigos_leitura&artigo_id=4081. Acesso em: 05 nov. 2018.

2ª Jornada de Direito Material e Processual do Trabalho. Disponível em: https://drive.google.com/file/d/1oZL9_JohYjNInVvehEzYDp-bl0fcF6i6/view.

Informação bibliográfica deste texto, conforme a NBR 6023:2018 da Associação Brasileira de Normas Técnicas (ABNT):

WANDERLEY, Alessandra. Jornada 12x36: alterações trazidas com a Lei nº 13.467/2017 e seus reflexos nos contratos de trabalho. *In*: TUPINAMBÁ, Carolina (Coord.). *As novas relações trabalhistas e o futuro do Direito do Trabalho*: as novidades provenientes de leis trabalhistas recentes. Belo Horizonte: Fórum, 2021. (Coleção Fórum as novas relações trabalhistas e o futuro do Direito do Trabalho. Tomo II.). p. 43-59. ISBN 978-65-5518-120-3.

OBSTÁCULOS E OBSCURIDADES NO ACESSO À JUSTIÇA DO TRABALHO APÓS O ADVENTO DA LEI Nº 13.467/2017

CARLA SENDON AMEIJEIRAS VELOSO

HECTOR LUIZ MARTINS FIGUEIRA

1 Introdução

Entrou em vigor a Lei nº 13.467, em 11 de novembro de 2017, também conhecida como reforma trabalhista, que introduziu drásticas modificações no texto da CLT. As referidas mudanças afetaram vários direitos dos trabalhadores e corroboraram para um cenário de instabilidade jurídica e esvaziamento da justiça do trabalho. Em meio a essas alterações, as que mais contribuíram para a sensação de instabilidade e evasão judiciais foram as que alteraram direitos referentes ao acesso à justiça dos trabalhadores hipossuficiente, beneficiários da justiça gratuita.

Sabe-se que o livre acesso à justiça é garantia fundamental protegida expressamente no art. 5º, XXXV, da Constituição federal de 1988. Trata-se do direito assegurado a qualquer pessoa, no exercício de sua cidadania e por meio de sua livre vontade, de ter seus conflitos apreciados pelo Poder Judiciário através de um processo justo, sem qualquer óbice. Em síntese, a doutrina contemporânea tradicional conceitua o acesso à justiça não só como direito de ingressar no sistema jurisdicional (direito de ação – perspectiva interna do processo), como também sendo a garantia de efetivação desse acesso (direito ao processo – perspectiva externa). Ressaltado que o Estado – detentor do monopólio jurisdicional – é responsável por garantir a porta de entrada do cidadão à justiça, instituindo órgãos jurisdicionais e permitindo que as pessoas tenham acesso a eles.

Perante esse contexto, o trabalho tem como finalidade responder em que proporções as mudanças trazidas pela reforma trabalhista (Lei nº 13.467/2017) afetaram o princípio do acesso à justiça dos trabalhadores hipossuficientes beneficiários da gratuidade. Observa-se que o texto da reforma acrescentou no ordenamento várias alterações que afastam a jurisdição trabalhista do trabalhador que não tem recursos financeiros para arcar com as custas e gastos oriundos do processo, vez que obriga essa classe de jurisdicionados a pagar para ter o direito à jurisdição. Para isso, foram delimitados quatro objetivos nesta pesquisa. O primeiro objetivo é analisar a efetividade da garantia do mínimo existencial aos trabalhadores detentores do benefício da gratuidade de justiça após a reforma trabalhista trazida pela Lei nº 13.467/17.

O segundo objetivo é analisar a constitucionalidade da oposição de honorários periciais e advocatícios contra os trabalhadores hipossuficientes beneficiários da justiça gratuita, prevista nos art. 790-B, *caput*, §4º e art. 791-A, §4º, da reforma. O terceiro é verificar a constitucionalidade da cobrança de custas processuais aos beneficiários de gratuidade de justiça trazida pelo art. 844, §2º, da reforma. E o quarto e último objetivo deste trabalho é identificar se houve esvaziamento dos tribunais trabalhistas após a implementação da reforma e analisar os motivos. Quanto à relevância do tema deste trabalho, é importante frisar que, historicamente, os direitos trabalhistas foram conquistados após muita luta de classes e que esses direitos visam à proteção e segurança dos trabalhadores, que são a parte hipossuficiente na relação trabalhista, em decorrência da subordinação e necessidade financeira oriundas da própria natureza do contrato de trabalho.

Assim sendo, quaisquer alterações feitas na lei trabalhista causam grande impacto e são de grande importância para toda a sociedade, ainda mais quando as mudanças trazidas afastam da apreciação do Poder Judiciário os conflitos trabalhistas por segregar o benefício da gratuidade de justiça aos trabalhadores hipossuficientes, transformando o pagamento em condição *sine qua non* para ingressar, prosseguir ou encerrar uma reclamação trabalhista. No que se refere à metodologia de pesquisa, foi utilizada pesquisa de fontes bibliográfica e documental, além de pesquisa laboratorial realizada em escritório de advocacia e fórum TRT-1. Vale salientar que este trabalho está dividido em dez capítulos que visam responder de forma didática às proposições norteadoras extraídas dos quatro objetivos.

Antes de adentrarmos propriamente ao tema, vale aduzir que os conflitos fazem parte da própria natureza humana e da vida das sociedades complexas organizadas. No Estado moderno capitalista, não é diferente. Fortes contra fracos. Interesses colidindo. Patrões e empregados. Sempre haverá uma guerra de classes acontecendo. Então, para pacificar tais conflitos, se faz necessário que as pessoas envolvidas no conflito tenham meios de exercer sua cidadania buscando a jurisdição.

Logo, na justiça do trabalho não é diferente. O trabalhador exerce seu direito à jurisdição através dos dissídios individuais – quando o próprio indivíduo provoca o Judiciário ajuizando a reclamação trabalhista – ou por meio dos dissídios coletivos – nos quais os sindicatos, representando os interesses de uma classe/categoria de trabalhadores, ajuízam a reclamação. O que se deve ter em mente é que a jurisdição é poder/dever do Estado e direito fundamental e inafastável do indivíduo no exercício de sua cidadania e que, para que o Estado exerça a jurisdição, não pode ser afastado, ou reduzido de qualquer forma, o direito de acesso à justiça de cada cidadão.

2 Perspectiva teórica do acesso à justiça brasileira

O acesso à justiça é direito fundamental trazido aos cidadãos brasileiros por meio da Constituição Federal de 1988, que, em seu art. 5º, XXXV, diz que: "A lei não excluirá da apreciação do Poder Judiciário lesão ou ameaça de direito". Esse princípio também pode ser chamado de princípio da inafastabilidade do controle jurisdicional ou princípio do direito de ação. Pensa-se que esse direito não surgiu em nosso ordenamento jurídico por acaso, sendo certo de que está defeso desde 1969 na Convenção Interamericana sobre Direitos Humanos, também conhecida como Pacto de São José da Costa Rica, que consagrou em seu art. 8º o livre acesso à justiça como direito de todo ser humano como uma garantia judicial. Assim, a contemporaneidade trabalhista vive um momento que:

> (...) a Reforma Trabalhista brasileira causou o esvaziamento do princípio da proteção e a precarização das condições de trabalho. Mesmo diante das perversas consequências das reformas trabalhistas implementadas em países como Espanha, Portugal e México, que colheram os frutos do crescimento da pobreza, do desemprego e do adoecimento entre os trabalhadores, as alterações propostas pela Lei 13.467/2017 demonstram, um ano após o início da vigência, que o parco resgate do emprego no país tem se dado, preponderantemente, sob a forma de contratações precárias (AMATRA, 2018).

Olhando para o cenário atual e pensando a partir de um contexto histórico, nota-se que houve várias mudanças teóricas na forma de definir os direitos trabalhistas e, consequentemente, o princípio do acesso à justiça. Quando mais sucateamos e esvaziamos os direitos, pior se encontra a situação dos trabalhadores que precisam da justiça do trabalho. No mais, foi deixado de lado o excesso de formalismo jurídico em detrimento da valorização do sujeito, do processo, das instituições, todos em sintonia em uma realidade social com fins de alcançar um resultado útil ao final. De acordo com o douto professor Bezerra Leite:

> Esse novo enfoque teórico do acesso à Justiça espelha, portanto, a transmudação da concepção unidimensional, calcada no formalismo jurídico, para uma concepção tridimensional do direito, que leva em consideração não apenas a norma jurídica em si, mas, também, os fatos e os valores que a permeiam (LEITE, 2018, p. 191).

Noutras palavras, no Estado Democrático de Direito o acesso à justiça deve ser encarado como "o mais básico dos direitos humanos de um sistema jurídico moderno e igualitário que pretende garantir, e não apenas proclamar os direitos de todos". Nesse sentido, é nítido que o legislador originário pretendeu salvaguardar a todos os brasileiros, bem como aos estrangeiros residentes no Brasil, o direito de submeter qualquer conflito que lhes ameace algum direito à apreciação do Poder Judiciário, com o objetivo de ter a proteção jurisdicional do Estado no mais completo exercício da cidadania humana, que é a defesa de direitos. Como bem define o professor Cândido Rangel Dinamarco:

> (...) só tem acesso à ordem jurídica justa quem recebe justiça. E receber justiça significa ser admitido em juízo, poder participar, contar com a participação adequada do juiz e, ao fim, receber um provimento jurisdicional consentâneo com os valores da sociedade. Tais são os contornos do processo justo, ou processo équo, que é composto pela

efetividade de um mínimo de garantias de meios e de resultados (DINAMARCO, 2001, p. 115).

Assim, portanto, a acepção do acesso à justiça passa a ter um significado muito mais amplo, que deve contemplar, além um processo justo – garantido pelo devido processo legal –, resultados efetivos e também a garantia de acesso a estes pelas partes, porque de nada adianta dizer que uma pessoa tem direito de buscar a jurisdição do Estado em defesa de seus direitos se essa mesma pessoa não tiver meios, condições para ter acesso à justiça, seja por limitações de ordem financeira, econômica ou até espacial (já que o Brasil é um país de dimensão continental, e muitas localidades carecem de instalações do Poder Judiciário).

Nesse aspecto, é indispensável a existência de uma porta de entrada e é igualmente necessário que exista a porta de saída, pois de nada adiantaria garantir o direito de postulação ao Estado-juiz sem o devido processo em direito, ou seja, sem processo provido de garantias processuais, tais como contraditório, ampla defesa, benefício de gratuidade de justiça, produção de provas possíveis, ciência dos atos processuais, julgamento em tempo razoável, fundamentação das decisões, julgamento justo, eficácia das decisões, entre outras, garantias sem as quais não há como se falar que o princípio do acesso à justiça foi respeitado. Importa frisar ainda que o acesso à justiça era antes visto como um direito formal de propor ou contestar a ação. Ao passo que a sociedade foi se transformando, houve a percepção de que ele não é apenas um direito social fundamental, mas o ponto seminal da doutrina processual. Conforme Cappelletti e Garth:

> A expressão "acesso à justiça" é reconhecidamente de difícil definição, mas serve para determinar duas finalidades básicas do sistema jurídico – o sistema pelo qual as pessoas podem reivindicar seus direitos e/ou resolver seus litígios sob os auspícios do Estado. Primeiro, o sistema deve ser igualmente acessível a todos; segundo ele deve produzir resultados que sejam individualmente e justos (CAPPELLETTI; GARTH, 1988, p. 8).

Não representa apenas o acesso ao Poder Judiciário gratuito, entretanto, revela-se uma garantia universal das defesas de todo e qualquer direito, independentemente da capacidade econômica do assistido. De acordo com Kazuo Watanabe (1988), os meios para possibilitar o acesso à justiça seriam: o direito à informação; direito à adequação entre a ordem jurídica e a realidade socioeconômica; direito ao acesso a uma justiça adequadamente organizada e formada, inserida na realidade social e comprometida com seus objetivos: o direito à preordenação dos instrumentos processuais capazes de promover a objetiva tutela dos direitos; e o direito à retirada dos obstáculos que se anteponham ao acesso efetivo à justiça.

O caminho trilhado pela doutrina mostra o acesso à justiça como um sistema que tem por finalidade solucionar litígios e/ou permitir às pessoas reivindicarem seus direitos. Contudo, muitas vezes, ou quase sempre, elas não possuem acesso ao sistema para reivindicar seus direitos. A fim de que haja o verdadeiro e efetivo acesso à justiça, é necessário o maior número de pessoas admitindo a demandar e a defender-se adequadamente, além de diminuir a distância entre o cidadão comum e o Poder Judiciário. Inúmeras formas devem ser pensadas para diminuir esses abismos encontrados entre jurisdicionado e Poder Judiciário; dentre eles, destacamos a necessidade do uso de uma linguagem menos formal, de modo que facilite a compreensão de todos os cidadãos.

É fundamental, portanto, que os poderes – em especial, o Judiciário – se engajem para a implantação de mecanismos eficazes e atuantes que viabilizem o acesso, tendo em vista que pesquisas empíricas demonstram a insatisfação dos usuários, alegando o não funcionamento da justiça ou sua morosidade paralisante, o que reverbera e fragiliza ainda mais a confiabilidade no acesso aos órgãos. É o caso das defensorias que não funcionam como deveriam, entre tantas outras que são mananciais de burocracias intermináveis.

O poder público deve promover políticas de aproximação do cidadão à justiça e que os serviços prestados pelo Poder Judiciário sejam aprimorados. Enquanto isso não ocorre, a iniciativa privada, os estudantes de direito e as universidades, públicas e privadas, como formas de aprimoramento, fazem o papel de interligar a população carente à justiça, com políticas voltadas para o atendimento ou levando conhecimentos sobre seus direitos.

3 Entraves na concessão da gratuidade de justiça e pagamento das custas processuais após a reforma trabalhista

O art. 5º, LXXIV, da Carta da República diz que o Estado prestará assistência judiciária gratuita aos que comprovarem insuficiência de recursos. Nesse ponto, é devida a conceituação tanto do que é justiça gratuita quanto do que vem a ser hipossuficiência financeira jurídica. Hipossuficiência é uma situação que determina a falta de suficiência para realizar ou praticar algum ato, ou seja, é uma situação de inferioridade que indica uma falta de capacidade para realizar algo. Logo, hipossuficiência financeira jurídica baseia-se na falta de recursos financeiros/econômicos para custear as despesas advindas de um processo.

Entretanto, não se deve confundir gratuidade de justiça com assistência judiciária gratuita. Gratuidade de justiça é o direito que a parte tem de não pagar taxas judiciárias, custas, emolumentos, honorários de perito, ou seja, a gratuidade de justiça incide apenas sobre os gastos processuais, e não sobre o que diz respeito às partes, como, por exemplo, a contratação de advogado particular. Já a assistência judiciária gratuita diz respeito à assistência da parte, isto é, o direito que a parte tem de ter garantida pelo Estado a constituição de um advogado de forma gratuita, bem como de ser isentada de pagar custas e despesas processuais. Logo, de acordo com a doutrina, percebe-se que assistência judiciária é gênero da qual é espécie a gratuidade de justiça.

Antes da reforma trabalhista, no que tange à gratuidade de justiça, vigorava a redação dada pela Lei nº 10.537, de 27 de agosto de 2002, que havia inserido na CLT, em seu art. 790, §3º, que se destinava o benefício da gratuidade àqueles que (a) percebessem salário igual ou inferior ao dobro do mínimo legal ou que (b) declarassem, sob as penas da lei, não estar em condição de pagar as custas do processo sem prejuízo do sustento próprio ou de sua família.

De acordo com a literalidade da nova lei, após a reforma da Lei nº 13.467/17, só foram contemplados como beneficiários da gratuidade de justiça os trabalhadores que receberem salário igual ou inferior a 40% (quarenta por cento) do limite máximo dos benefícios do Regime Geral de Previdência Social. Todavia, o legislador esqueceu-se da segunda parte do texto, que dava condições ao trabalhador de declarar sua hipossuficiência. Assim, não basta mais a mera declaração de miserabilidade pela parte ou por seus procuradores; após a reforma trabalhista, a parte terá que provar a insuficiência de recursos.

A famigerada reforma trabalhista trazida pela Lei nº 13.467/17 restringiu o acesso à justiça por parte dos trabalhadores. Observam-se no texto da reforma as seguintes mudanças: a) responsabilidade de pagamento de honorários periciais à parte sucumbente, mesmo quando esta for detentora de gratuidade de justiça (art. 790-B, *caput*, §4º); b) o pagamento de honorários advocatícios sucumbência será devido ainda que a parte vencida seja detentora de gratuidade de justiça por partes (art.791-A, §4º); c) possibilidade de condenação do beneficiário de gratuidade de justiça se faltar audiência (art. 844, §2º).

Nesse mesmo contexto, em 24 de agosto de 2017 foi instaurada a ADI nº 5.766 pelo ex-procurador-geral da República Rodrigo Janot, distribuída em 28 de agosto de 2017 sob a relatoria do ministro Roberto Barroso, na qual se questiona a constitucionalidade da expressão "ainda que beneficiário da justiça gratuita", do §2º do art. 844 e do *caput* e do §4º do art. 790-B da CLT, além da expressão "desde que não tenha obtido em juízo, ainda que em outro processo, créditos capazes de suportar a despesa", do §4º do art. 791-A, que mudou no texto da CLT. De acordo com a ADI nº 5.766, os dispositivos supracitados apresentam:

> (...) inconstitucionalidade material, por impor restrições inconstitucionais à garantia de gratuidade judiciária aos que comprovem insuficiência de recursos, na Justiça do Trabalho, em violação aos artigos. 1º, incisos III e IV; 1 3º, incisos. I e III; 2 5º, caput, incisos. XXXV e LXXIV e §2º; 3 e 7º a 9º da CRFB.

Por outro lado, a mesma Lei nº 13.467/17, que trouxe uma lista de restrições de acesso aos trabalhadores (reclamantes), teve uma preocupação muito intensa em assegurar o acesso à justiça por parte dos patrões (reclamados) em vários de seus dispositivos. São alguns deles: a) possibilidade de concessão de justiça gratuita ao reclamado (art. 790, §4º, da CLT); b) possibilidade de parcelamento dos honorários periciais (art. 790-B, §2º, da CLT); c) sucumbência recíproca (art. 791-A, §3º, da CLT); entre outros.

A partir dessas premissas descritas, permite-se aduzir que, embora exista uma série de mudanças na CLT, não se conseguiu tornar o processo trabalhista mais justo, efetivo e equilibrado. De outra banda, a reforma aumentou o desequilíbrio das relações entre empregado e empregador, originariamente já pendentes para o lado mais forte da balança, destruindo de vez a paridade de armas havida com o texto antigo da CLT, pois, como demonstrado, o poder de acesso dos mais fracos (empregados) foi diminuído, enquanto o acesso dos mais fortes (empregadores) foi ampliado. Observa-se, então, que, em muitos aspectos, como nos que tange ao acesso à justiça por parte dos trabalhadores, a lei trouxe um retrocesso. Na compreensão de Schiavi, a reforma trabalhista acabou:

> (...) criando entraves ao acesso do economicamente fraco à justiça, tais como: comprovação de insuficiência econômica para a gratuidade

judiciária, pagamento de despesas processuais, prescrição intercorrente, e limitação de responsabilidade patrimonial (SCHIAVI, 2017, p. 14).

Portanto, visualiza-se que a reforma transformou os fortes em mais fortes e os fracos em mais vulneráveis, gerando um desequilíbrio maior do que o que já existia na balança entre empregados e empregadores, o que de fato viola o princípio constitucional do livre acesso à justiça aos trabalhadores e fragiliza os direitos de cidadania no Brasil.

No que tange ao pagamento das custas processuais, nota-se que o art. 844, §2º, da CLT trouxe drástica mudança em relação ao acesso à justiça por parte do trabalhador hipossuficiente beneficiário de gratuidade de justiça. O citado artigo determina que o reclamante que não comparecer à audiência será condenado ao pagamento de custas processuais, mesmo sendo beneficiário de gratuidade de justiça.

Observa-se, ainda, que tal restrição é extensiva até mesmo para que o reclamante ajuíze nova ação (§3º), ou seja, se o trabalhador deixar de pagar as custas, fica impedido de exercer seu direito de ter acesso à jurisdição trabalhista. Essa imposição de pagamento de custas processuais pelos hipossuficientes financeiros, da forma como foi formulada pela nova lei, ignora a condição de insuficiência de recursos que justifica o próprio benefício de gratuidade de justiça, violando, assim, o único pressuposto constitucional à configuração do direito, segundo o art. 5º, LXXIV, da Constituição.

A problemática, entretanto, fundamenta-se no fato de que a sanção carece de legitimidade por dois motivos: o primeiro deles é que não há amparo no ordenamento jurídico pátrio que determine que tal conduta seja passível de sanção processual; o segundo motivo pauta-se na intensidade da punição, o que a torna desproporcional e fere a razoabilidade. Além disso, a própria reforma da Lei nº 13.467/17 incorporou ao texto da CLT dois artigos para coibir o descompromisso dos litigantes, quais sejam, os artigos 793-B9 (trata da litigância de má-fé) e o 793-C10 (identifica as sanções aplicáveis aos casos de litigância de má-fé), o que faz com que os §§2º e 3º do art. 844 sejam completamente desnecessários e até demonstrem um ensaio de uma punição *bis in idem*, o que também é vedado pelo ordenamento jurídico nacional.

O que se deve perceber é que o Brasil é um país de vasta extensão territorial e que nem sempre o transporte público é adequadamente prestado em determinadas regiões. E não se está falando apenas das zonas rurais ou de localidades de difícil acesso. Tal problema acontece até mesmo em grandes centros urbanos. Portanto, pode-se dizer que a redação do art. 844, §§2º e 3º, se demonstra inconstitucional na medida em que aniquila a garantia constitucional de assistência judiciária gratuita aos necessitados financeiramente, violando, assim, um dos direitos mais caros ao completo exercício da cidadania, que é o acesso à justiça, e, além de violar direitos fundamentais dos trabalhadores, acentua ainda mais a injustiça social, extirpando a paridade de armas conquistada pelo manto protetor da antiga lei para tornar a situação do trabalhador – que já é frágil – insuportável frente às regalias dadas aos empregadores.

Referente às custas processuais e aos honorários, cabe salientar que a grande mudança festejada pela classe dos advogados trazida pela reforma trabalhista foi a conquista do direito aos honorários advocatícios sucumbenciais. Antes, a lei trabalhista não aceitava os honorários sucumbenciais em razão do *ius postulandi*, excepcionados os casos de assistência jurídica pelos sindicatos, nas ações rescisórias ou quando o processo fosse ajuizado contra a Fazenda Pública, conforme aduziam as revogadas Súmulas nº 219 e 329, ambas do TST.

No entanto, com o advento do processo digital, que tornou obrigatório o protocolo virtual das reclamações, o advogado passou a ser peça fundamental na justiça do trabalho, e esse *ius postulandi* acabou sendo mitigado, pois, mesmo que a parte tenha a garantia legal para o exercício de se autorrepresentar em juízo, tal prática vem se demonstrando inviável no mundo real, já que a parte que postula precisa possuir um "assinador digital" (Token) e saiba operar um sistema virtual complexo como o PJE. De acordo com a doutrinadora Vólia Bonfim (2017, p. 98), a inserção dos honorários sucumbenciais ao processo do trabalho se deveu ao fato de que, com o "advento do PJE, a contratação de advogado é quase indispensável, daí a necessidade da mudança da regra". Nesse sentido, a reforma trabalhista inseriu na CLT o seguinte texto no art. 791-A:

> (...) §4º Vencido o beneficiário da justiça gratuita, *desde que não tenha obtido em juízo, ainda que em outro processo, créditos capazes de suportar a despesa*, as obrigações decorrentes de sua sucumbência ficarão sob condição suspensiva de exigibilidade e somente poderão ser executadas se, nos dois anos subsequentes ao trânsito em julgado da decisão que as certificou, o credor demonstrar que deixou de existir a situação de insuficiência de recursos que justificou a concessão de gratuidade, extinguindo-se, passado esse prazo, tais obrigações do beneficiário. (Grifos nossos)

Nota-se que a CLT passou a prever que, no prazo de dois anos, os débitos relativos aos honorários sucumbenciais de advogado poderão ser exigidos do sucumbente beneficiário de gratuidade de justiça caso ele perca a condição de hipossuficiente. Até o presente momento, não se percebe nenhuma inconstitucionalidade, visto que essa previsão de suspensão de exigibilidade se demonstra expressa no art. 98, §3º, do CPC/1517, que prevê um prazo até maior.

A dificuldade do art. 791-A, §4º, reside no fato de condicionar o pagamento desse débito aos créditos recebidos pelo beneficiário de gratuidade de justiça em qualquer outro processo. Noutras palavras, o beneficiário da gratuidade de justiça deverá pagar os honorários advocatícios com créditos que ganhou naquele ou em outro processo. Registra-se que essa norma desconsidera a condição econômica que determinou à parte a concessão da justiça gratuita e subtrai do beneficiário, para pagar despesas processuais, recursos econômicos indispensáveis à sua subsistência e à de sua família, em violação à garantia fundamental de gratuidade judiciária.

Conforme demonstrado, a expressão "desde que não tenha obtido em juízo, ainda que em outro processo, créditos capazes de suportar a despesa", inserida pelo legislador reformista no §4º do art. 791-A da CLT, também foi um dos objetos da ADI nº 5.766 – que aguarda julgamento no STF –, sob pleito de que seja retirada do texto trabalhista por violar princípios e garantias constitucionais do trabalhador.

Em resumo, ainda não há nenhuma decisão definitiva de julgamento da ADI nº 5.667 e, enquanto isso, o acesso à justiça dos trabalhadores beneficiários de gratuidade de justiça continua sendo restringido e violado, até quando o STF permitir.

4 O esvaziamento da justiça do trabalho

As alterações trazidas pela nova lei laboral reformularam sensivelmente o ordenamento jurídico trabalhista, trazendo grande instabilidade para todo o Poder Judiciário – instabilidade maior do que se viu com a entrada em vigor do novo CPC em 2015. Levando em consideração o cenário de crise política vivenciada à época da entrada em vigor da reforma, acrescida de algumas inconstitucionalidades trazidas no corpo da lei, mais o temor pelo desconhecido e o período natural de adaptação pelo qual toda a sociedade passa com a vigência de uma nova lei, notou-se um súbito esvaziamento dos tribunais do trabalho.

Primeiramente, houve um inchaço no volume de processos protocolados devido à correria dos advogados para tentar garantir a aplicação de certos direitos materiais aos seus clientes. Logo após, a realidade percebida era de queda vertiginosa na distribuição das reclamações. Na prática forense do dia a dia dos tribunais, o abarrotamento comum dos corredores das varas cedeu espaço para o vazio, e o que os olhos identificavam nos corredores e salas de audiência se projetou em números. Em análise do distribuidor do TRT-1, fica evidenciada a evasão de reclamações após a reforma trabalhista. Vale observar os dados encontrados no Portal da Transparência do TRT/RJ para confirmar nossa premissa. Ainda, de acordo com o jornal jurídico eletrônico *JOTA*:

> Entre dezembro de 2017 e setembro de 2018, houve uma diminuição de 38% no número de ações trabalhistas ajuizadas, em relação ao mesmo período do ano anterior, de acordo com dados da Corregedoria do Tribunal Superior do Trabalho (TST). Vale ressaltar que, em novembro, mês do início da vigência da nova Lei, houve um pico de novos casos recebidos na 1ª instância: foram 9,9% a mais do que em março de 2017, segundo maior mês em termos de recebimento de ações no período. Entre janeiro e setembro de 2017, as Varas do Trabalho receberam 2.013.241 reclamações trabalhistas. No mesmo período de 2018, o número caiu para 1.287.208 (JOTA, 2018).

Possivelmente, isso se deve à insegurança que a reforma perpetrou em seu texto, de que o trabalhador terá a responsabilidade de arcar com as despesas de sucumbência, previstas nos artigos 790-A, §4°, e 791-A, §4°, referentes aos honorários periciais e advocatícios da parte vencedora em caso de derrota na justiça, mesmo que a parte vencida seja beneficiária de gratuidade de justiça. Outro viés que corrobora para explicar a evasão demonstrada é a regra esboçada no art. 844, §2°, que afasta a jurisdição gratuita do trabalhador que faltar audiência, vez que o condena ao pagamento de custas processuais e vincula a nova protocolização da mesma demanda ao pagamento. Segundo Sampaio, para o *site Migalhas*, pode-se inferir que:

> O principal motivo da queda de ações na Justiça Trabalhista, segundo especialistas, é o risco trazido pela nova lei ao reclamante (pessoa que ajuizou o processo) de ter que pagar todas as custas e honorários caso o juiz não julgue procedente os seus pedidos (SAMPAIO, 2018).

Nessa linha de pensamento, percebe-se que a jurisdição trabalhista foi tão obstaculizada pela reforma que acabou sendo colocada em um patamar inalcançável para a massa trabalhadora, o que, por si só, ofende a própria essência da justiça do trabalho, que é a proteção dos direitos do trabalhador. Mas, a partir do momento em que são aplicadas tantas sanções limitadoras ao exercício do acesso à justiça ao paciente dessa jurisdição – que é o trabalhador –, retira-se da justiça do trabalho sua própria razão de ser.

5 Conclusão

O desenvolvimento do presente estudo possibilitou uma análise de como as mudanças trazidas pela reforma trabalhista atingiram os trabalhadores hipossuficientes beneficiários de gratuidade a partir do momento em que condicionam o acesso à justiça do trabalho ao pagamento de custas e honorários, demonstrando, assim, o cerceamento dos direitos do trabalhador brasileiro. Nele, foram abordados os conceitos de gratuidade de justiça e a sua utilidade para seus beneficiários. Notou-se ainda que o texto da Lei nº 13.467/2017 colide com princípios e garantias fundamentais da Constituição Federal quando prevê condenação do trabalhador ao pagamento de custas processuais, de honorários sucumbenciais e de honorários periciais, mesmo sendo beneficiário de gratuidade de justiça.

Além disso, ficou demonstrado o esvaziamento drástico da justiça do trabalho após o início da vigência da reforma trabalhista carreado pelos limitadores ao livre acesso à justiça consagrado no texto legal. Também foi analisada neste estudo a ADI nº 5.766, impetrada desde 28 de agosto de 2017 pelo à época procurador-geral da República Rodrigo Janot. E seu *status* atual, que está em vistas com o ministro Luiz Fux (desde 10.05.2018), permanece aguardando julgamento definitivo no STF até os dias atuais – observando que este ponto da pesquisa ficará pendente e que seu desfecho seria um excelente objeto de aprofundamento em uma futura pesquisa. Nesse contexto, todos os objetivos delimitados e questões norteadoras foram satisfatoriamente atingidos e devidamente respondidos.

Nesse contexto, observa-se que o texto da reforma trabalhista viola a garantia constitucional de acesso à justiça dos trabalhadores hipossuficientes, vez que os beneficiários de justiça gratuita não são mais isentados do pagamento de custas processuais e honorários periciais e advocatícios na justiça do trabalho, disposições que se revelam completamente inconstitucionais.

É inequívoca a importância do assunto para toda a sociedade brasileira; logo, torna-se necessária a revisão do texto reformista para que sejam retiradas do ordenamento a expressão "ainda que beneficiária da justiça gratuita", inserida no *caput* do §4° do art. 790-B da CLT; a expressão "desde que não tenha obtido em juízo, ainda que em outro processo, créditos capazes de suportar a despesa", no §4° do art. 791-A da CLT; e a expressão "ainda que beneficiário da justiça gratuita", no §2° do art. 844 da CLT, com a finalidade de que o direito fundamental do livre acesso à justiça seja respeitado no ordenamento trabalhista e a norma legal entre em consonância com os princípios constitucionais.

Por fim, o propósito do trabalho foi demonstrar e aclarar como a reforma trabalhista trouxe mudanças substantivas para a regulamentação do direito do trabalho laboral. Vindouras pesquisas poderão indicar com mais clareza os impactos imediatos e mediatos perpetrados da reforma. O que se pretendeu analisar foram as implicações que a reforma trouxe neste contexto de flexibilização do trabalho e de diminuição da proteção social. De acordo com a análise de muitos pesquisadores e juristas, não é uma simples reforma, mas um desmonte de direitos, pois são alterados 201 aspectos do arcabouço legal (SOUTO MAIOR; SEVERO, 2017), que modificaram elementos centrais da relação de emprego e das instituições responsáveis pela normatização e efetivação das relações de trabalho.

Referências

AMATRA, *Ministra do TST diz que a Reforma Trabalhista causou o esvaziamento do princípio da proteção.* Disponível em: http://www.amatra5.org.br/noticias/ministra-do-tst-fala-sobre-transformacoes-no-direito-do-trabalho. Acesso em: 24 jan. 2019.

BEZERRA LEITE, Carlos Henrique. *Curso de Direito Processual do Trabalho.* 16. ed. São Paulo: Saraiva, 2018.

BRASIL. *Consolidação das Leis do Trabalho* (Decreto-Lei n° 5.452, de 1° de maio de 1943, com nova redação dada pela Lei n° 13.467/2017). Brasília, DF: Congresso Nacional, 2017.

BRASIL. Constituição (1988). *Constituição da República Federativa do Brasil.* Brasília, DF: Senado Federal, 1988.

BRASIL. Supremo Tribunal Federal. *ADI n° 5.766.* Decisão do relator. Disponível em: http://portal.stf.jus.br/processos/detalhe.asp?incidente=5250582. Acesso em: 24 jan. 2019.

CASSAR, Vólia Bomfim; BORGES, Leonardo Dias. *Comentários à reforma trabalhista.* Rio de Janeiro: Ed. Forense; São Paulo: Ed. Método, 2017.

CAPPELLETTI, Mauro; GARTH, Bryant. *Acesso à Justiça.* Tradução de Ellen Gracie Northfleet. Porto Alegre: Ed. Sérgio Antonio Fabris, 1988.

DINAMARCO, Cândido Rangel. *Instituições de Direito Processual Civil*. v. I. São Paulo: Malheiros, 2001.

FREITAS, Hyndara. *Um ano após reforma, número de novas ações na Justiça do Trabalho diminui*. Disponível em: https://www.jota.info/tributos-e-empresas/trabalho/reforma-trabalhista-discute/reforma-completa-um-ano-com-menos-acoes-09112018. Acesso em: 24 jan. 2019.

SAMPAIO, Maurício. *O cenário das ações trabalhistas na nova lei do trabalho*. Disponível em: https://www.migalhas.com.br/dePeso/16,MI281809,101048-O+cenario+das+acoes+trabalhistas+na+nova+lei+do+trabalho. Acesso em: 24 jan. 2019.

SCHIAVI, Mauro. *A Reforma Trabalhista e o Processo do Trabalho*. São Paulo: Ed LTr, 2017.

SOUTO MAIOR, J.; SEVERO, V. S. *201 ataques da reforma aos trabalhadores*. 2017. Disponível em http://www.jorgesoutomaior.com/blog/os-201-ataques-da-reforma-aos-trabalhadores. Acesso em: 24 jan. 2019.

WATANABE, Kazuo. *Participação e processo*. São Paulo: Revista dos Tribunais, 1988. p. 128-135.

Informação bibliográfica deste texto, conforme a NBR 6023:2018 da Associação Brasileira de Normas Técnicas (ABNT):

VELOSO, Carla Sendon Ameijeiras; FIGUEIRA, Hector Luiz Martins. Obstáculos e obscuridades no acesso à justiça do trabalho após o advento da Lei nº 13.467/2017. *In*: TUPINAMBÁ, Carolina (Coord.). *As novas relações trabalhistas e o futuro do Direito do Trabalho*: as novidades provenientes de leis trabalhistas recentes. Belo Horizonte: Fórum, 2021. (Coleção Fórum as novas relações trabalhistas e o futuro do Direito do Trabalho. Tomo II.). p. 61-75. ISBN 978-65-5518-120-3.

UMA ANÁLISE DESPROVIDA DE IDEOLOGIA SOBRE OS PRINCIPAIS PONTOS ALTERADOS PELA REFORMA TRABALHISTA

ROBERTA DE OLIVEIRA SOUZA

1 O princípio da proteção posto em xeque

Recentemente, tive a oportunidade de ler um artigo escrito pelo magistrado Fábio Gomes, na coletânea *A reforma trabalhista: o impacto nas relações de trabalho*, sobre *o novo direito do trabalho*.

De forma sucinta, ele afirma que o princípio da proteção – como tradicionalmente idealizado – foi posto em xeque.

De par com isso, destaca os três princípios do "velho direito do trabalho" que foram revisitados com a reforma trabalhista em prol de um equilíbrio entre as forças do capital e do trabalho.

Dentre os princípios que ele intitula como pertencentes ao "velho direito do trabalho", ganham relevo os seguintes:

1. O direito do trabalho é inflexível, pois os direitos trabalhistas são indisponíveis e tutelam o hipossuficiente;
2. O Estado possui o dever de intervenção máxima;

3. O princípio da proteção é absoluto.

De outro giro, para fazer um paralelo com as repaginadas premissas do "velho direito do trabalho", Fábio Gomes aponta que, com a reforma:

1. O direito do trabalho deve ser superflexível;
2. O Estado deve intervir o mínimo possível, prevalecendo a vontade coletiva;
3. A proteção passa a ser a da autonomia do trabalhador (percebeu a sutileza?).

Segundo o autor, *a reforma trabalhista veio para proteger a autonomia do empregado*, e não para pressupor a torto e a direito a sua hipossuficiência generalizada.

Nessa linha de raciocínio, prossegue afirmando que "o artigo 468 da CLT é um imperativo categórico do 'velho direito do trabalho' por refletir a *abstração irreal da hipossuficiência e a absolutização acrítica da indisponibilidade*".[1]

Nessa perspectiva, com a Lei nº 13.467/2017 a liberdade e a responsabilidade se tornam o "binômio do novo direito do trabalho", implementando formas de coibir as aventuras judiciais e o abuso do direito de ação.

Todavia, a fetichização da autonomia da vontade – como ocorre, por exemplo, com o art. 444, parágrafo único, da CLT e para parcela da doutrina para todas as demais relações de emprego – acaba por desproteger o trabalhador hipossuficiente, que, devido à subordinação jurídica, jamais será livre.

Nesse sentido, pontifica Reginaldo Melhado[2] que:

> Se a constituição não estivesse desfigurada pela doutrina da precariedade absoluta do trabalho, se a relação de emprego fosse efetivamente protegida, por meio da edição da Lei Complementar prometida no inciso I do art. 7º da Carta, com tutela real do emprego contra a despedida arbitrária ou sem justa causa, até caberia discutir em que medida a ampliação do espaço da autonomia da vontade do trabalhador pode

---

[1] TUPINAMBÁ, Carolina; GOMES, Fábio Rodrigues. *A reforma trabalhista*: o impacto nas relações de trabalho. 1. ed. Belo Horizonte: Editora Fórum, 2018. p. 161-210.

[2] MELHADO, Reginaldo. Trabalhador pseudossuficiente: a hipossuficiência do conceito da autonomia da vontade na reforma trabalhista. p. 133. *In*: SOUTO MAIOR, Jorge Luiz; SEVERO, Valdete Souto (Coord.). *Resistência aportes teóricos contra o retrocesso trabalhista*. São Paulo: Expressão Popular, 2017.

> ser tomada como legítima na transação acerca de direitos assegurados por disposições de ordem pública. Enquanto não se tornar efetivo esse mandamento constitucional, com estatura de alicerce dos direitos fundamentais do trabalhador, todavia, o alargamento da autonomia da vontade não passará de um argumento cínico e artificioso para intensificar a exploração da mão de obra. Nas condições atuais, não há que se cogitar de qualquer equilíbrio entre patrão e empregado – mesmo o de maior qualificação – para essas transações.

Evidencia-se, portanto, o embate de posicionamentos doutrinários sobre a mesma legislação.

Nessa seara, é exemplo da imposição de limites às demandas aventureiras a estipulação de pagamento de custas para o reclamante que não comparece, injustificadamente, à audiência. Afinal, toda a máquina pública do Judiciário é movimentada para atendê-lo, não sendo razoável que o seu descompromisso ou esquecimento seja bancado por toda a sociedade. Assim, se o autor não justificar a ausência no prazo de 15 dias, o pagamento das custas será condição para a propositura de nova demanda.

Por outro lado, apesar de a própria justificativa do PL nº 6.787/2016 confirmar que o disposto no art. 844, §2º, da CLT assumiria o aspecto de sanção processual de natureza punitiva ao comportamento negligente do demandante a fim de desestimular a litigância descompromissada, fato é que, como sanção, a medida não se legitima, por aniquilar a garantia constitucional de acesso à justiça de forma gratuita, nos termos do art. 5º, LXXIV, além de normas internacionais que assumem o caráter de supralegalidade, tais como a Convenção Americana de Direitos Humanos (artigo 8º, item 1), o Pacto Internacional sobre Direitos Civis e Políticos (art. 14) e a Declaração Universal de Direitos Humanos (artigos 8 e 10), bem como dos artigos 1º, III e IV, 3º, I a III, 5º, *caput* e incisos XXXV e LXXIV e §§2º, 7º e 9º da Constituição da República, argumentos aduzidos na ação direita de inconstitucionalidade registrada sob o nº 5.766, proposta pelo procurador-geral da República.

Outrossim, quando se argumenta que há grande litigiosidade na justiça do trabalho e uma dantesca quantidade de processos, é preciso destacar que, segundo estudo realizado pelo CNJ, publicado como o estudo *Justiça em Números 2016*, em 2015 os juizados especiais estaduais e federais reuniram 6.360.854 novos casos, enquanto a justiça do trabalho reuniu apenas 3.401.510 novas demandas. Por isso, resta a dúvida: será esse o melhor caminho para estimular as partes a adotarem um comportamento leal no processo? Quais as verdadeiras intenções do legislador?

Mais adiante, quanto aos honorários advocatícios sucumbenciais, a reforma estabeleceu normativa própria na CLT, acrescentando mais um risco para aquele que postula sem responsabilidade.

Contudo, é claro que existem algumas inconsistências na lei, limitações ao acesso à justiça que, conforme exposto na ADI nº 5.766, devem ser corrigidas naquilo que ultrapassam a razoabilidade e tornam o processo do trabalho mais rígido do que o CPC (art. 98, *caput*), violando a isonomia, a paridade de armas, o devido processo legal, a ampla defesa, o acesso à ordem jurídica justa e a proporcionalidade.

O principal problema do art. 791-A, §4º, da CLT, com redação dada à reforma, consiste no fato de condicionar a suspensão de exigibilidade dos honorários advocatícios sucumbenciais à inexistência de crédito trabalhista capaz de suportar a despesa, contraditoriamente mais restritivo do que o processo civil, que dispõe que a obrigação de custear honorários ficará sob condição suspensiva até que "a condição de insuficiência" de recursos do beneficiário da gratuidade de justiça haja sido modificada – e tudo isso dentro de um prazo que, no CPC, é de 5 anos e, no processo do trabalho, é de 2 anos.

Por isso, desconsiderar a condição econômica do trabalhador que obteve a garantia de gratuidade de justiça sem levar em consideração a sua condição econômica em detrimento do que ele eventualmente aferirá – seja no próprio processo, seja em outro – subtrai da parte recursos econômicos indispensáveis à sua subsistência e da sua família.

Mais além, com a reforma, a gratuidade de justiça será concedida apenas para os que comprovarem a insuficiência de recursos, salvo aqueles que percebam menos de 40% do limite máximo dos benefícios previdenciários, o que gira em torno de dois mil e duzentos reais.

Entretanto, restrições ao acesso à justiça violam "o direito a ter direitos" de todos os seres humanos, o mais básico e essencial deles consistindo no acesso à ordem jurídica justa – enquanto garantia institucional –, pois, sem o controle jurisdicional, "todos os agravos às liberdades permanecem no limbo político e jurídico das impunidades (...) a liberdade sem a garantia do pleno exercício é falaciosa (...) e gera o acomodamento estéril e desesperança na resistência justa e necessária", sublinha Cármen Lúcia.[3]

Diante do exposto, surge a incerteza: será que a adaptação, nos termos em que realizada, é mesmo a chave do sucesso evolucionário?

---

3 ROCHA, Cármen Lúcia Antunes. O direito constitucional à jurisdição. *In*: TEXEIRA, Sálvio Figueiredo (coord.). *As garantias do cidadão na Justiça*. São Paulo: Saraiva, 1993. p. 42-43. (Citação feita na ADI nº 5.766).

O "novo direito do trabalho" será capaz de criar nas partes uma consciência de lealdade, boa-fé e responsabilidade na postulação?

Essas são algumas indagações que só serão respondidas com o tempo e com a consolidação da jurisprudência. Desse modo, o escopo deste artigo é apresentar visões críticas e antagônicas sobre a reforma trabalhista, apontando, de um lado, os seus defensores e, do outro, a resistência, com visões singulares de grandes pensadores do direito do trabalho, sejam juízes, procuradores ou advogados, acerca das alterações perpetradas pela Lei nº 13.467/2017.

2 Desenvolvimento

2.1 A substituição da teoria objetiva da vontade pela subjetiva

Pondera Adamovich, professor da Universidade do Estado do Rio de Janeiro – universidade onde me graduei e onde aprendi o significado do trabalho enquanto expressão da personalidade do trabalhador e fonte de sua dignidade –, referindo-se a Alain Supiot, que "o direito do trabalho deixou de ser um bloco monolítico de uma identidade profissional para dar lugar a vários estatutos jurídicos diversos" – dentre eles o trabalho intermitente, a regulamentação do teletrabalho, a nova forma de dispensa (o distrato) e a negociação entre o empregado hipersuficiente e o empregador.

Nesse contexto, explicando a normativa pertinente ao autônomo, prevista no art. 442-B da CLT, que dispõe que "a contratação do autônomo, *cumpridas por este* todas as formalidades legais, afasta a qualidade de empregado", destaca Adamovich que o legislador parece ter deixado o cumprimento das formalidades legais como uma *incumbência exclusiva do trabalhador autônomo*.

Segundo a redação indicada, se as formalidades não forem cumpridas (exclusivamente) pelo trabalhador, prevalecerá a vontade pactuada. Contudo, o ordenamento jurídico nacional não tutela a fraude e, como o artigo 9º da CLT restou inalterado pela Lei nº 13.467/2017, não é preciso sequer recorrer à Constituição para interpretar de maneira adequada o dispositivo *supra*, bastando a aplicação do art. 9º da Consolidação.

De par com isso, sinaliza o professor e magistrado que "antes da reforma adotávamos a teoria objetiva da vontade e não a subjetiva". Assim, "com o art. 442-B parece que a vontade subjetiva do trabalhador de constituir vínculo autônomo (ou como pessoa jurídica) é apto a afastar o art. 3º da CLT e o reconhecimento da relação de emprego". Note-se que "houve mudança do vetor da teoria da vontade objetiva para a subjetiva". Contudo, deve-se analisar o caso concreto para verificar se houve genuína autonomia no momento de manifestação da vontade. "A exclusão da natureza empregatícia há de dar-se no interesse do trabalhador autônomo, melhorando sua condição de vida, respeitado o art. 7º da Constituição."

Nesse diapasão, "ser autônomo não significa ter jornada infinita" e tampouco haverá "irresponsabilidade da contratante pela saúde e segurança desse trabalhador, sob pena de configurar-se abuso de direito, apto a ensejar indenização".

Ressalto, ainda, em capítulo que escrevi na coletânea *Desafios da reforma trabalhista*, que boa parte do que a reforma preconiza sofre da síndrome da inefetividade. Isso porque, em relação ao autônomo, por exemplo, se estiver presente a subordinação jurídica, restará caracterizado o vínculo de emprego.

Contudo, o ordenamento jurídico deve ser interpretado de forma sistemática, de modo que anda de mãos dadas a "boa-fé com os contratos" e, se a vontade dos contratantes foi direcionada no sentido de, livremente, celebrar um contrato de prestação de serviços através de uma pessoa jurídica, percebendo, ambas as partes, benefícios, especialmente tributários, benefícios estes que foram fruto de uma negociação livre, com plena autonomia da vontade das partes celebrantes, não assiste razão eventual pleito judicial formulado para aniquilar o pacto legitimamente acordado quando o empregado capaz, consciente e bem remunerado decidiu que não queria mais o que foi pactuado.

A resposta para essa querela se resume, por óbvio, na máxima segundo a qual a ninguém é dado se beneficiar da própria torpeza. É nesse sentido, portanto, a conclusão exarada pelo magistrado Fábio Gomes quando afirma que o princípio da proteção trazido com a reforma trabalhista é o da "proteção da autonomia" da vontade, isto é, deve-se verificar em concreto se houve genuína manifestação de vontade livre, sem vícios do consentimento, e, se for esse o caso, deve-se prestigiar o que foi definido e acordado pelas partes.

Logo, o Estado-Juiz só deve intervir quando a hipossuficiência, analisada no caso concreto, for tal que inviabilize a manifestação de vontade livre, sendo esta a conclusão extraída da parcela doutrinária que defende a edificação do novo direito do trabalho.

2.2 A equiparação das dispensas individuais às coletivas: que discurso adotar?

Embora não exista no ordenamento nacional norma que estabeleça a conceituação da despedida coletiva, esta deve ser interpretada em consonância com os ditames constitucionais.

No que tange à conceituação precisa do instituto, o direito comparado nos socorre com conceitos mais claros sobre a dispensa coletiva. Nesse sentido, o art. 51 do Código Espanhol e o art. 359, §1°, do Código de Trabalho Português podem ser utilizados como fonte interpretativa do direito nacional, nos termos do art. 8°, §1°, da CLT, com redação dada pela reforma.

Desse modo, pode ser considerado "despedimento coletivo a cessação de contratos de trabalho promovida pelo empregador e operada simultânea ou sucessivamente no período de 3 meses, abrangendo, pelo menos, de 2 a 5 trabalhadores, conforme se trate de microempresa ou pequena empresa, por um lado, ou de média ou grande empresa, por outro, sempre que aquela ocorrência se fundamente em encerramento de uma ou várias secções ou estrutura equivalente ou redução do número de trabalhadores determinada por motivos de mercado, estruturais ou tecnológicos".

Evidencia-se, portanto, que deve haver um motivo comum que fuja da subjetividade em relação a cada empregado, sob pena de confundir-se com o conceito de dispensas plúrimas.

Outrossim, haverá redução permanente dos quadros de empregados dentro de certo lapso temporal.

Desta feita, uma vez conceituado o instituto, cabe ressaltar que as relações entre particulares devem ser pautadas pela boa-fé e pela função social dos contratos, havendo abuso do direito de dispensar quando ele não é exercido em conjunto com a sua finalidade social.

Nesse contexto, insta ressaltar que, em Portugal, o empregador que pretenda proceder a um despedimento coletivo deverá comunicar essa intenção, por escrito, à comissão de trabalhadores ou, na sua falta, à comissão intersindical ou às comissões sindicais da empresa representativas dos trabalhadores a abranger, devendo o ministério responsável intervir nas negociações a fim de promover a regularidade procedimental e a conciliação de interesses das partes.

De outro giro, no Brasil, até a entrada em vigor da reforma trabalhista, embora não houvesse vedação expressa no sentido de proibição das dispensas coletivas sem prévia negociação sindical, essa era e continua sendo uma decorrência dos artigos 1°, III e IV, 3°, 170 e

193 da Magna Carta, pois os princípios constitucionais, que possuem natureza jurídica de norma, devem servir de comando propositor e diretriz-mestra na interpretação das leis, dentre elas, a Lei nº 13.467, de 13 de julho de 2017.

A mesma conclusão seria gerada pelas Convenções nº 11, 87, 98, 135, 141 e 151 da OIT, que não permitem o manejo unilateral e potestativo das dispensas em massa pelo empregador, como sublinha Enoque Ribeiro dos Santos[4] na obra *A reforma trabalhista: o impacto nas relações de trabalho*. De par com isso, cita a Diretiva nº 85/98/CE, do Conselho da União Europeia, que impõe aos empresários um procedimento jurídico para o despedimento.

Porém, parcela da doutrina diria que são posicionamentos como esse, que interpretam a nova legislação com fulcro exclusivamente na "principiologia constitucional, que seguirão sofrendo represálias e poderão fomentar ainda mais o *animus* de extinção do Judiciário desta Especializada pelo Congresso Nacional e pelo Executivo".

Exemplo disso dentro do próprio Judiciário foi a decisão exarada em sede de correição parcial, no dia 5 de janeiro de 2018, quando foi cassada a decisão monocrática que indeferia a liminar pleiteada, mantendo os efeitos da tutela de urgência antecipada deferida nos autos de uma ação civil pública que havia determinado a suspensão de todas as dispensas sem justo motivo dos professores de uma renomada universidade.

Nesse sentido, Ives Gandra Martins Filho asseverou que:

> "*In casu*", para impedir a utilização, pelo empregador, do direito protestativo de dispensa sem justa causa, a autoridade coatora e a autoridade requerida, *contra expresso texto de lei*, exigiram o que a lei expressamente dispensa, que é a intermediação negocial do sindicato de classe para as demissões ditas de massa.
> Com efeito, o *art. 477-A da CLT*, bem como decisão do *Pleno do TST* (cfr. TST-RO-10782-38.2015.5.03.0000, Red. Min. *Maria Cristina Peduzzi*, julgado em 18/12/17), *vieram a superar a orientação da SDC do TST*, que exigia a negociação coletiva prévia à demissão em massa.
> (...) Assim, impedir instituição de ensino de realizar demissões nas janelas de julho e dezembro, louvando-se exclusivamente no fato do numero de demissões realizadas, *ao arrepio da lei e do princípio da legalidade*, recomenda a intervenção da Corregedoria-Geral da Justiça do Trabalho,

---

4 SANTOS, Enoque Ribeiro dos. A dispensa coletiva na Lei nº 13.467/2017 da reforma trabalhista. *In*: *A Reforma trabalhista*: o impacto nas relações de trabalho. 1. ed. Belo Horizonte: Editora Fórum, p. 137-145.

ocasionalmente exercida pela *Presidência do TST*, para *restabelecer o império da lei e impedir o dano irreparável* que sofrerá a entidade de ensino, cerceada no gerenciamento de seus recursos humanos, financeiros e orçamentários, comprometendo planejamento de aulas, programas pedagógicos e sua situação econômica[5] (...).

Posto isso, espero que esses argumentos possam democratizar os prós e contras da interpretação judicial ativista em um confronto com o legislador. Afinal, *o discurso aqui é um, e lá é outro*.

2.3 Direito intertemporal

2.3.1 Iniciais líquidas

Segundo Edilton Meireles,[6] desembargador do TRT da 5ª Região, *pedido certo* é aquele no qual se indica com precisão o direito pleiteado – aviso prévio, por exemplo. Já o *pedido determinado* é aquele no qual se define a quantidade ou a qualidade da prestação ou obrigação exigida. É o caso de apontar o valor do aviso prévio postulado ou o modelo da coisa devida, como determinado celular ou computador cujas especificações são indicadas no intuito de *individualizar a coisa*.

Assim, segundo o autor, a reforma trabalhista foi redundante ao acrescentar no §1° do art. 840 da CLT a disposição no sentido de que a inicial deve conter a indicação de seu valor. Para o desembargador do TRT da Bahia, portanto, os pedidos devem ser líquidos, com a indicação da devida planilha, o que implica repercussões na contestação, que deverá impugnar não apenas os fatos, mas, de igual forma, os valores, por aplicação analógica do art. 897, §1°, da CLT, sob pena de presunção de veracidade dos valores previstos na exordial.

Afinal, se a sentença deve ser líquida, não faz sentido que o réu, seja na contestação, seja no recurso, não delimite, justificadamente, as matérias e os valores impugnados, bem como as qualidades dos objetos postulados, se for o caso, devendo, sempre, a sua contestação ou recurso vir acompanhado de demonstrativo de cálculos.[7]

---

5 Correição Parcial ou Reclamação Correicional (88) nº 1000393-87.2017.5.00.0000.

6 MEIRELES, Edilton. Artigo publicado na *Revista dos Tribunais*, v. 985, fls. 133-148 sob o título *Pedido líquido, contestação e antecipação da produção das provas no processo do trabalho*. São Paulo: Ed. RT, novembro de 2017.

7 MEIRELES, Edilton. Artigo publicado na *Revista dos Tribunais*, v. 985, fls. 133-148 sob o título *Pedido líquido, contestação e antecipação da produção das provas no processo do trabalho*. São Paulo: Ed. RT, novembro de 2017.

Aduz que, mesmo para os pleitos sem conteúdo econômico – como os declaratórios –, faz-se necessário que o autor indique o valor do pedido nos termos do art. 292, §§1° e 2°, do CPC/2015. Dessa forma, no caso de pedido de reconhecimento de vínculo, por exemplo, o *valor a ser indicado* será o do contrato, o qual, por ser, em regra, indeterminado, limita-se, conforme a regra processual insculpida no art. 292, §2°, do CPC/2015, a uma *anualidade*.

Entretanto, a questão não é pacífica, e há vozes na doutrina que sinalizam que o valor apontado para cada pedido deve corresponder a uma mera estimativa, sob pena de afronta ao acesso à justiça do trabalhador hipossuficiente. De outro giro, prossegue Meireles para dispor que a sentença, igualmente, deverá ser líquida, ainda que o pedido seja genérico, por aplicação analógica do art. 491 do CPC/2015, em relação às prestações já vencidas e em relação àquelas que, desde logo, podem ser definidas para serem satisfeitas no vincendo. Não obstante, poderá ser ilíquida quando não for possível determinar o montante devido de modo definitivo – como ocorre com relação a despesas médicas decorrentes de acidente de trabalho cujas lesões não se consolidaram – ou quando a apuração do valor devido depender da produção de prova de realização demorada ou excessivamente dispendiosa, assim reconhecida na sentença.

Ainda segundo o escólio do insigne desembargador, a ação de produção antecipada de provas ganha especial relevo como instrumento útil para que o interessado na propositura de ação de cobrança, prestação pecuniária ou obrigação de fazer, não fazer ou de dar coisa, *tenha substrato probatório suficiente*, quer para ajuizar eventual reclamação trabalhista com mais segurança, quer para *evitar o seu ajuizamento* em virtude da grande possibilidade de celebração de acordo extrajudicial.

No entanto, é claro que a simples produção antecipada não assegura o acolhimento do pleito na ação principal, porquanto o reclamado poderá produzir prova no curso da ação principal, o que pode conduzir à improcedência da demanda – haja vista inexistir contestação na ação antecipada de produção de provas.

Quanto ao *critério intertemporal* de aplicação da nova regra, insculpida no art. 840, §1°, da CLT, com redação dada pela Lei n° 13.467/2017, defendo que, se a ação foi ajuizada antes de 11 de novembro de 2017, é desarrazoado extinguir a ação sem resolução de mérito, porquanto, na data da distribuição, a exordial se encontrava apta, preenchendo todos os requisitos à época exigidos.

Porém, caso o magistrado não entenda dessa forma, deverá, pelo princípio da cooperação, no mínimo, garantir prazo para a emenda, apesar do silêncio do legislador, por se tratar de requisito novo, inexistente quando da distribuição.

2.3.2 Execução de ofício

Aplica-se à hipótese do art. 878 da CLT, com redação dada pela reforma, a teoria do isolamento dos atos processuais, de modo que parte da execução poderá ter sido iniciada de ofício pelo magistrado, e a outra parte, por sua vez, poderá depender da iniciativa da parte – quando assistida por advogado. Entretanto, há vozes na doutrina que sustentam que, uma vez iniciada de ofício a execução, dessa forma deve prosseguir até o final, ainda que nessa trajetória tenha entrado em vigor a reforma trabalhista.

2.3.3 Regras para interposição de recursos

O recurso deve ser interposto conforme as regras em vigor no momento da publicação da sentença. Nesse sentido, pode ser aplicado, por analogia, o raciocínio pacificado pelo STJ nos Enunciados Administrativos nº 2 a 4, a seguir transcritos:

> *Enunciado administrativo nº 2*
> Aos recursos interpostos com fundamento no CPC/1973 (relativos a decisões publicadas até 17 de março de 2016) devem ser exigidos os requisitos de admissibilidade na forma nele prevista, com as interpretações dadas, até então, pela jurisprudência do Superior Tribunal de Justiça.
>
> *Enunciado administrativo nº 3*
> Aos recursos interpostos com fundamento no CPC/2015 (relativos a decisões publicadas a partir de 18 de março de 2016) serão exigidos os requisitos de admissibilidade recursal na forma do novo CPC.
>
> *Enunciado administrativo nº 4*
> Nos feitos de competência civil originária e recursal do STJ, os atos processuais que vierem a ser praticados por julgadores, partes, Ministério Público, procuradores, serventuários e auxiliares da Justiça a partir de 18 de março de 2016, deverão observar os novos procedimentos trazidos pelo CPC/2015, sem prejuízo do disposto em legislação processual especial.

2.3.4 Honorários sucumbenciais: STJ x Segunda Jornada de Direito Material e Processual do Trabalho

Outro tema que gera grande perplexidade na seara trabalhista são os critérios intertemporais de aplicação dos honorários sucumbenciais, novidade implementada pela reforma trabalhista ao processo do trabalho, tendo inserido na CLT o art. 791-A.

O STJ, pautado na doutrina de Araken de Assis e de Chiovenda, manifestou-se no sentido de que o direito aos honorários sucumbenciais surge com a sentença em face da natureza jurídica híbrida que o instituto ostenta.

Em sentido contrário, todavia, foi editado o Enunciado nº 98 da Segunda Jornada de Direito Material e Processual do Trabalho, prescrevendo que os honorários de sucumbência não são inaplicáveis aos processos em curso, haja vista a garantia da não surpresa e o princípio da causalidade, porquanto as partes auferem os riscos que irão correr na demanda quando da sua propositura.[8]

Desse modo, para as ações ajuizadas após a entrada em vigor da reforma, não restam dúvidas quanto à aplicabilidade do novo instituto, ressalvado o disposto na ADI registrada sob o nº 5.766 – quanto à condenação do beneficiário da gratuidade no seu pagamento.

A controvérsia reside, portanto, em saber se a parte que ajuizou demanda trabalhista antes de 11.11.2017 poderá vir a ser condenada a título de honorários sucumbenciais.

Posto isso, acompanho a insigne desembargadora Vólia Bomfim quando afirma que, se acolhida a tese do STJ, deve ser dada oportunidade à parte para adequar seus pedidos,[9] sob pena de surpreendê-la e violar um princípio processual constitucional.

2.4 O fim da compulsoriedade da contribuição sindical por lei ordinária

A contribuição sindical compulsória possui natureza tributária, podendo ser alterada por lei ordinária, consoante regra geral insculpida

---

[8] SOUZA, Roberta de Oliveira. *Os honorários sucumbenciais na reforma trabalhista e sua aplicação conforme o direito intertemporal. Em avaliação para compor o livro das Oficinas do I Congresso Internacional de Direito do Trabalho e da Seguridade Social.*

[9] BOMFIM, Vólia. *Processo do Trabalho*: estudos dos principais artigos alterados ou acrescidos pela Lei 13.467/17. 8º Fórum de Gestão Judiciária: A Reforma Trabalhista e o Impacto na Jurisdição, p. 153.

no art. 97 do CTN. Por isso, sua modificação via lei ordinária não revela inconstitucionalidade formal, por vício no processo legislativo, por inexistir afronta direta aos arts. 146, I, 149 e 150, §6º, da Constituição da República.

Sem embargo, apesar de inexistir inconstitucionalidade formal, existem argumentos que nos levam à conclusão de haver inconstitucionalidade material.

A título ilustrativo, na ADI nº 5.859, a primeira ajuizada por uma confederação patronal (CNTur), enunciou-se a inconstitucionalidade material da modificação pelo fato de o fim da compulsoriedade da contribuição sindical violar não só isonomia tributária (art. 150, II, da CF), mas também por promover o enriquecimento ilícito daqueles que seriam beneficiados sem contribuírem.

Note-se que, apesar da referida ação direta de inconstitucionalidade apresentar argumentos por parte de entidade patronal, a mesma *ratio* pode ser utilizada em relação aos empregados que só poderão ser descontados caso manifestem expressamente a sua concordância.

Além disso, é flagrante o fato de o corte da compulsoriedade das contribuições sindicais refletir no desmonte do sistema sindical brasileiro. Afinal, tal verba é imprescindível para a subsistência do sistema sindical brasileiro, malgrado a adesão sindical com o respectivo pagamento da contribuição mereça ocorrer pelo fato de as entidades sindicais realizarem sua função precípua com competência, o que nem sempre ocorre, como se observa na realidade nacional, que apresenta mais de 15 mil[10] sindicatos, a maioria pouco representativa.

De outro giro, tornar a contribuição sindical facultativa sem, ao mesmo tempo, estipular que somente serão beneficiados por suas conquistas os empregados contribuintes é privilegiar o enriquecimento sem causa e desvalorizar a atuação dessas entidades. Isso sem contar com a forma com que se dará o atendimento ao artigo 18 da Lei nº 5.584/70 e ao artigo 5º, LXXIV, da Constituição no que tange à assistência judiciária gratuita aos necessitados. Será necessário ampliar o quadro de defensores? Quais os custos dessa medida? Enquanto isso, quem será responsável por atender às demandas dos trabalhadores hipossuficientes?

Como se não bastasse, para tornar ainda mais complexo esse panorama, adveio a Medida Provisória nº 873, em 1º de março de 2019, que foi elaborada para reforçar a facultatividade e a voluntariedade da

---

[10] Disponível em: https://oglobo.globo.com/economia/com-mais-de-250-novos-sindicatos-por-ano-brasil-ja-tem-mais-de-15-mil-entidades-8237463.

contribuição sindical, impondo requisitos de ordem prática para garantir que a contribuição somente seja cobrada quando houver autorização inequívoca por parte do empregado ou empregador e sempre mediante boleto, o qual somente será enviado à sede da empresa ou à residência do empregado caso estes assim o requisitem, o que impede a prática do desconto em folha.

A urgência da edição da referida medida provisória residiu no fato de que, em março, ocorria, como regra, o desconto em folha da contribuição sindical dos empregados e, desde a entrada em vigor da reforma trabalhista, em 11 de novembro de 2017, havia divergência hermenêutica sobre a possibilidade de autorização sindical desse desconto.

Pugnando pela possibilidade, o Ministério Público do Trabalho, por meio da Nota Técnica nº 1, de 27 de abril de 2018, da Coordenadoria Nacional de Promoção da Liberdade Sindical, mais conhecida como CONALIS, autorizava o desconto individual da contribuição sindical mediante determinação assemblear.

Significa dizer que, para o MPT, a autorização prévia e expressa para o desconto em folha da contribuição sindical deveria ser extraída em assembleia, considerando-se a obrigação atribuída ao sindicato de fazer a defesa dos direitos e interesses individuais e coletivos da categoria e para estabelecer em negociação coletiva condições de trabalho em nome de toda a categoria.

Nada obstante, a referida MP ainda não foi convertida em lei, podendo, ainda, perder eficácia por decurso do prazo, tema que será pauta para os próximos capítulos da história.

3 Conclusão

À guisa de conclusão, ressalto que a Lei nº 13.467/2017 arquitetou notória desconstrução do direito material do trabalho com a concomitante inefetivação do direito processual, indicando um caminho de restrição aos avanços civilizatórios e à regulamentação dos direitos fundamentais, seja quando limitou o acesso à justiça, seja quando maximizou os riscos do ajuizamento da demanda, seja quando precarizou o contrato existencial de trabalho com a implementação de formas "flexíveis" de contratação e dispensa, seja quando retirou a fonte de custeio dos entes sindicais e, na contramão, lhes atribuiu poderes para renunciar direitos indisponíveis, consagrando na CLT o princípio da intervenção mínima do judiciário trabalhista sobre a autonomia coletiva da vontade.

Nada obstante, é preciso descortinar o mito de que todo trabalhador, independentemente de quem seja, é hipossuficiente e incapaz de negociar, por si só, com o empregador, embora essa seja, de verdade, a regra geral. O temor reverencial existe. A maioria dos empregados é, de fato, hipossuficiente e não manifesta livremente sua vontade, mas é no caso concreto que o magistrado conseguirá avaliar essa hipossuficiência e perceber se o que está sendo postulado é fruto de uma mudança de opinião, por parte do empregado, de algum ajuste que havia livremente formulado ou, se, ao contrário, é resultado de eventual vício do consentimento. A presunção, sem embargo, ainda deve pender para a hipossuficiência do trabalhador, sob pena de transformação do judiciário trabalhista em um verdadeiro triturador da classe operária.

De outro giro, é fato que a intenção do legislador foi de transformar a liberdade e a responsabilidade no "binômio do novo direito do trabalho", implementando formas de coibir as aventuras judiciais e o abuso do direito de ação, seja através do compromisso de comparecimento da parte à audiência, sob pena de ser condenada ao pagamento de custas – caso não justifique a ausência no prazo legal (embora concorde que essa alteração viole o acesso à justiça e afronte a isonomia, a paridade de armas e a proporcionalidade, por ser mais severa do que a norma processual civil) – seja por meio do arbitramento honorários sucumbenciais e periciais – ressalvada a inconstitucionalidade da sua cobrança face ao beneficiário da justiça gratuita –, seja com a implementação da necessidade de comprovação da gratuidade de justiça para os que percebem mais do que 40% do limite dos benefícios da Previdência Social.

No entanto, o dever do magistrado é aplicar as leis, sempre, por óbvio, conforme a Constituição e respeitada a separação de poderes. Porém, não vejo como a utilização de princípios constitucionais para invalidar sistematicamente a Lei nº 13.467/2017 auxilia o judiciário trabalhista, porquanto apenas se incitará a antipatia, a animosidade e a aversão do Congresso por esta especializada, pois o discurso utilizado no Planalto não é o discurso moral e jurídico que utilizamos enquanto juristas. Trata-se do discurso político.

Assim, ao longo do texto procurei esclarecer diversas mudanças orquestradas pela reforma trabalhista, dentre elas as questões pertinentes às dispensas em massa, às contribuições sindicais, às regras intertemporais sobre liquidação das iniciais, honorários sucumbências, custas, execução de ofício, entre outras, tudo com um único e singular objetivo: esclarecer os posicionamentos e as vozes doutrinárias sobre temas de grande impacto na seara trabalhista e propor soluções democráticas para o debate, sem nunca impor as minhas convicções pessoais e estando sempre aberta a mudar as minhas próprias concepções.

Referências

CALAMANDREI, Piero. *Eles, os juízes, vistos por um advogado*. Tradução Eduardo Brandão. São Paulo: Martins Fontes, 1995.

CÂMARA, Alexandre Freitas. *O Novo Processo Civil Brasileiro*. São Paulo: Atlas, 2015.

DALLEGRAVE NETO, José Affonso. *Aplicação imediata dos honorários de sucumbência recíproca no processo trabalhista*.

DINAMARCO, Cândido Rangel. *Instituições de direito processual civil*. v. I. 6. ed. rev. e atual. São Paulo: Malheiros, 2009. p. 103-104.

DELGADO, Maurício Godinho; DELGADO, Gabriela Neves. *A Reforma Trabalhista no Brasil com os comentários à Lei 13.467/2017*. Editora LTr, out. 2017.

FELICIANO, Guilherme Guimarães. *Por um processo realmente efetivo*: tutela processual de direitos humanos fundamentais e inflexões no "Due Process of law". São Paulo: LTr, 2016.

GUIMARÃES, Ricardo Pereira de Freitas; MARTINEZ, Luciano. *Desafios da Reforma Trabalhista de acordo com a MP 808/2017 e com a Lei 13.509/2017 impresso em dezembro de 2017*. 1. ed. Editora Revista dos Tribunais, p. 137-148 (Luciane Cardoso Barzotto) e p. 149-155 (Juliana Cruz).

MELO, Raimundo Simão de; ROCHA, Cláudio Jannoti. *Constitucionalismo, Trabalho, Seguridade Social e as Reformas Trabalhista e Previdenciária*. I Congresso Internacional de Direito do Trabalho e da Seguridade Social. Editora LTr, 2017.

REVISTA DOS TRIBUNAIS, v. 985. São Paulo: Ed. RT, novembro de 2017.

SCHIAVI, Mauro. *Manual de Direito Processual do Trabalho*. 11. ed. LTr: 2016.

SOUTO MAIOR, Jorge Luiz; SEVERO, Valdere Souto. *Resistência*: aportes teóricos contra o retrocesso trabalhista. 1. ed. São Paulo: Editora Expressão Popular, 2017.

TUPINAMBÁ, Carolina; GOMES, Fábio Rodrigues. *A reforma trabalhista*: o impacto nas relações de trabalho. 1. ed. Belo Horizonte: Editora Fórum, 2018.

Informação bibliográfica deste texto, conforme a NBR 6023:2018 da Associação Brasileira de Normas Técnicas (ABNT):

SOUZA, Roberta de Oliveira. Uma análise desprovida de ideologia sobre os principais pontos alterados pela reforma trabalhista. *In*: TUPINAMBÁ, Carolina (Coord.). *As novas relações trabalhistas e o futuro do Direito do Trabalho*: as novidades provenientes de leis trabalhistas recentes. Belo Horizonte: Fórum, 2021. (Coleção Fórum as novas relações trabalhistas e o futuro do Direito do Trabalho. Tomo II.). p. 77-92. ISBN 978-65-5518-120-3.

A TECNOLOGIA, O TELETRABALHO E A REFORMA TRABALHISTA

JOUBERTO DE QUADROS PESSOA CAVALCANTE

FRANCISCO FERREIRA JORGE NETO

1 Introdução

Nestas últimas décadas, a tecnologia e seus frutos (automação, robôs, internet, computadores, *softwares*, celulares etc.) mudaram significativamente as relações sociais e os meios de produção de bens e serviços.

Por conta disso, deixando de lado os fetiches que as inovações tecnológicas trazem, é necessário aprofundar as discussões sobre sua utilização nas relações sociais e na economia, seja como forma de ampliar conhecimento humano, seja como instrumento de dominação pelos países que alcançaram um nível de desenvolvimento científico ou por alguns grupos sociais.[1]

---

1 CAVALCANTE, Jouberto de Quadros Pessoa. *A proteção jurídica do emprego frente às inovações tecnológicas*: uma proposta sistêmica. Tese de Doutoramento defendida perante a Faculdade de Direito da Universidade de São Paulo, 2017.

Além disso, as inovações tecnológicas implementadas nas relações de trabalho alteraram significativamente o modo de produção. Com isso, entre outras diversas questões, o empregado não precisa estar mais fisicamente na empresa e pode prestar seus serviços de outro local. É o denominado "teletrabalho".

2 Conceitos de tecnologia e de telemática

Do ponto de vista etimológico, o termo "tecnologia" tem origem no grego *tekhnología*, com sentido de tratado ou dissertação sobre uma arte, exposição de regras de uma arte, formado a partir do radical grego *tekhno* (arte, artesanato, indústria e ciência) e o radical *logía* (de *logos* = linguagem, proposição).

Na língua portuguesa, o vocábulo "tecnologia" significa:

> 1. Teoria geral e/ou estado sistemático sobre técnicas, processos, métodos, meios e instrumentos de um ou mais ofícios ou domínios da atividade humana (p. ex. indústria, ciência etc.) (o estado da t. é fundamental na informática). 2. p.met. técnica ou conjunto de técnicas de um domínio particular (a. t. nutricional). 3. p.ext. qualquer técnica moderna e complexa.[2]

O termo "tecnologia" também pode ser visto como "conjunto de conhecimentos, especialmente princípios científicos, que se aplicam a um determinado ramo de atividade".[3]

Em italiano, o termo tem significado mais objetivo: "1. Estudo da técnica e aplicação. 2. Estudo dos processos e equipamentos necessários para a transformação de matéria-prima para um produto industrial".[4] No francês, o vocábulo "*technologie*" expressa: "Estudo de técnicas, ferramentas, máquinas etc.".[5]

Para o filósofo Álvaro Vieira Pinto, em sua obra *O conceito da tecnologia*, valendo-se do método marxista materialista dialético, mesclando elementos de economia, política, cultura, sociologia e

---

2 HOUAISS, Antônio; VILLAR, Mauro de Salles; FRANCO, Francisco Manoel de Mello. *Dicionário Houaiss da língua portuguesa*. Rio de Janeiro: Objetiva, 2004. p. 2.683.

3 FERREIRA, Aurélio Buarque de Holanda. *Novo dicionário da língua portuguesa*. 2. ed. Rio de Janeiro: Nova Fronteira, 1986. p. 1.656.

4 ZINGARELLI, Nicola. *Vocabolario della lingua Italiana*. 12. ed. Bolonha: Zanichelli, 1999. p. 1.854.

5 CALAN, Didier de *et al. Le Robert ilustre & dixel*. Paris: Le Robert, 2013. p. 1.856.

hermenêutica filosófica, tecnologia é vista como a "ciência da técnica",[6] a qual surge do processo evolutivo da humanidade como exigência social de produção da época.[7] Ou seja, "os homens nada criam, nada inventam nem fabricam que não seja expressão das suas necessidades, tendo de resolver as contradições com a realidade".[8]

Assim, deve ser denominada "tecnologia" a ciência que abrange e explora a técnica, a qual, por sua vez, "configura um dado da realidade objetiva, um produto da percepção humana que retorna ao mundo em forma de ação, materializado em instrumentos e máquinas, e entregue à transmissão cultural (...)". A tecnologia resulta em "um conjunto de formulações teóricas, recheadas de complexo e rico conteúdo epistemológico".[9]

O termo "teletrabalho" também é denominado *telecommuting*, trabalho remoto, trabalho a distância, *e-workplace*. Na Itália, tem a denominação *telelavoro*; na França, adota-se o termo *teletravail*, enquanto, nos Estados Unidos e na Alemanha, respectivamente, é chamado de *teleworking* e *telearbait*.

Enquanto o vocábulo "telemática" compreende:

> Direito de informática. 1. Tecnologia que abrange o fax, que transmite imagens por via telefônica; o modem, que requer modulação, ao converter a informação digital que sai de um computador em sinais que viajam pela linha telefônica, e demodulação, ao realizar processo inverso quando esses sinais chegarem ao outro computador. Pelo modem (modulation e demodulation) podem conectar computadores distantes por uma linha telefônica; o videotexto, que possibilita consultar dados (como, por exemplo, horário e preço de passagens; acesso à conta bancária; encomenda de produtos etc.) por linha telefônica, televisor equipado com um decodificador apropriado ou por placa de microcircuitos instalada no computador. 2. Procedimento da elaboração das informações a distância e movimento de circulação automática dos dados informativos, que ocorrem no diálogo com os calculadores eletrônicos, utilizando os terminais inteligentes, capazes de receber e transmitir (Frosini).[10]

---

6 PINTO, Álvaro Vieira. *O conceito de tecnologia*. v. 1. Rio de Janeiro: Contraponto, 2005. p. 220.

7 PINTO, Álvaro Vieira. *Ob. cit.*, p. 72, 241 e 284.

8 PINTO, Álvaro Vieira. *Ob. cit.*, p. 49.

9 PINTO, Álvaro Vieira. *Ob. cit.*, p. 221.

10 DINIZ, Maria Helena. *Dicionário jurídico*. v. 4. São Paulo: Saraiva, 1998. p. 506.

3 O fenômeno do teletrabalho

Em relatório sobre a situação do teletrabalho na União Europeia (1998), a Comissão Europeia traz a informação de que as melhores estimativas indicariam o total de 4 milhões de trabalhadores exercendo alguma espécie de teletrabalho, o que corresponderia a 2,5% da força de trabalho europeia. Esse número representaria o dobro da quantidade verificada no ano de 1996.

Segundo a Fundação Europeia para Melhoria das Condições de Vida e de Trabalho (EUROFOUND), o teletrabalho é um fenômeno que está a crescer em todos os Estados-Membros da União Europeia. A percentagem média de trabalhadores envolvidos no teletrabalho nos 27 Estados-Membros da UE aumentou de cerca de 5% em 2000 para 7% em 2005. Alguns países apresentam taxas de crescimento consideravelmente superiores, sendo mais na República Tcheca e na Dinamarca, países onde cerca de um em sete trabalhadores está regularmente envolvido em teletrabalho.

No 1º Foro sobre Teletrabalho (2008), realizado pelo *Centro Interamericano para el Desarrollo del Conocimiento en la Formación Profesional* da Organização Internacional do Trabalho (CINTERFOR) em Buenos Aires, destacou-se a necessidade de se buscarem novas e eficazes respostas: (a) liberalização do comércio e dos mercados de capitais; (b) programas de ajuste estrutural e a integração econômica; (c) as novas tecnologias e as importantes trocas que têm tido lugar na organização do trabalho; (d) o trabalho em domicílio e o teletrabalho.

A partir de dados gerais sobre o acesso dos brasileiros a computadores e à internet levantados por diferentes pesquisas de diferentes instituições (PNAD/IBGE, TIC Domicílios, TIC Empresas, Painel IBOPE/NetRatings), a Sociedade Brasileira de Teletrabalho e Teleatividades (SOBRATT) tem realizado alguns cruzamentos que permitem fazer uma estimativa também genérica de que o Brasil conta com aproximadamente dez milhões e seiscentos mil teletrabalhadores em 2008.

Em maio de 2011, realizou-se o I Seminário de Teletrabalho na Cidade de São Paulo, no qual órgãos da prefeitura e da Federação das Indústrias de São Paulo (FIESP) discutiram o teletrabalho e a empregabilidade de pessoas com deficiência física ou mental.

Também tramitam no Congresso Nacional projetos de lei sobre o tema, sendo que, além de disciplinarem a matéria, um deles prevê uma reserva de 20% dos postos de trabalho na modalidade em domicílio ou teletrabalho aos portadores de deficiência.[11]

---

[11] A deputada federal Manuela d'Ávila propôs reserva de vagas para deficientes. A Comissão de Trabalho, de Administração e Serviço Público aprovou o Projeto de Lei nº 4.505/08 (em

Atualmente, a presença do trabalhador não é mais tão necessária nos locais físicos onde se tenha o estabelecimento da empresa, com a presença do empregador ou de seus prepostos a dirigir a prestação pessoal dos serviços.

Esse fenômeno decorre das inovações tecnológicas e da expansão econômica mundial:

> Que provocaram a descentralização do trabalho, a propagação e modernização do trabalho a distância, que deixou de ser apenas o trabalho em domicílio tradicional, a fiscalização do serviço sem a presença física do fiscal, a flexibilização das jornadas, a preponderância da atividade intelectual sobre a manual, a ponto de considerar-se que as sociedades atuais não são mais terciárias (comércio) e sim quaternárias (informações/telecomunicações). O trabalho a distância é o gênero que compreende várias espécies, uma delas o teletrabalho. Outras modalidades de trabalho a distância podem ser mencionadas, como o trabalho em domicílio tradicional e aquele desenvolvido fora do centro de produção mediante o uso de instrumentos também tradicionais como o telefone, o bip, o rádio etc.[12]

Na visão de Domenico de Masi,[13] o teletrabalho é "um trabalho realizado longe dos escritórios empresariais e dos colegas de trabalho, com comunicação independente com a sede central do trabalho e com outras sedes, através de um uso intensivo das tecnologias da comunicação e da informação, mas que não são necessariamente sempre de natureza informática".

O teletrabalho para a OIT, é o "*trabajo a distância (incluido el trabajo a domicílio) efectuado con auxilio de medios de telecomunicación y/o de una computadora*".

É o "*trabajo efectuado en un lugar donde, apartado de las oficinas centrales o de los talleres de producción, el trabajador no mantiene contacto*

19 de maio de 2010), do deputado Luiz Paulo Vellozo Lucas (PSDB-ES), que regulamenta o trabalho a distância. A proposta define teletrabalho como toda forma de trabalho que envolve um empregador ou um cliente e um empregado ou trabalhador autônomo e é realizado regularmente a distância, em mais de 40% do tempo, por meio de tecnologias de informática e de telecomunicações.
O projeto foi aprovado com duas emendas apresentadas pela relatora, deputada Manuela d'Ávila (PCdoB-RS). Uma delas reserva 20% dos postos de trabalho na modalidade em domicílio ou teletrabalho aos portadores de deficiência. A outra alteração garante ao teletrabalhador direitos que visem à melhoria de sua condição social, além dos que já estão enumerados no projeto.

12 SILVA, Luiz de Pinho Pedreira. O teletrabalho. *Revista LTr*, v. 64, n. 5, p. 583.

13 MASI, Domenico de. *Ócio criativo*. São Paulo: Sextante, 2000. p. 204.

personal alguno con sus colegas, pero está en condiciones de comunicar con ellos por medio de las nuevas tecnologías".[14]

Para o Conselho Europeu, teletrabalho é uma forma de organizar e/ou executar o trabalho usando tecnologia da informação como parte de uma relação contratual ou empregatícia, em que o trabalho, que também poderia ser realizado nas instalações do empregador, é efetuado fora de seu local regular (*Accord-cadre sur le télétravail*, de 2002).

Nas palavras de Luiz de Pinho Pedreira Silva,[15] teletrabalho é "a atividade do trabalhador desenvolvida total ou parcialmente em locais distantes da rede principal da empresa, de forma telemática. Total ou parcialmente, porque há teletrabalho exercido em parte na sede da empresa e em parte em locais dela distantes".

Assim, os elementos característicos do teletrabalho são: (a) atividade realizada a distância, ou seja, fora dos limites de onde os seus resultados são almejados; (b) as ordens são dadas por quem não tem condições de controlá-las fisicamente, e o controle é ocasionado pelos resultados das tarefas executadas; (c) as tarefas são executadas por intermédio de computadores ou de outros equipamentos de informática e telecomunicações.

4 Vantagens e desvantagens econômicas e jurídicas

Do ponto de vista econômico e jurídico, o teletrabalho apresenta algumas vantagens e desvantagens.

Do lado do empregador, o fenômeno do teletrabalho tem as seguintes vantagens: economia de espaço nas fábricas e escritórios, de energia elétrica, de intervalos de jornada, aumento da produtividade, surgimento de novos produtos, internacionalização e descentralização da produção.

Em suma, é uma forma de redução dos custos e aumento da produtividade.

Por outro lado, o teletrabalho pode representar um perigo considerável quanto à segurança de informações e dados. Não é possível ao empregador resguardar o acesso a informações que estejam em outros locais fora da empresa. Isso poderá representar um acesso não autorizado aos segredos técnicos, comerciais e industriais do empregador e de clientes.

---

14 MARTINO, Vittorio Di; WIRTH, Linda. Teletrabajo: un nuevo modo de trabajo y de vida. *Revista Internacional del Trabajo*, v. 109, n. 4, 1990.

15 SILVA, Luiz de Pinho Pedreira. *Ob. cit.*, p. 584.

Quanto aos teletrabalhadores, o fato de laborar em sua residência poderá representar uma maior disponibilidade de tempo para os seus familiares, racionalização das suas atividades profissionais, como também uma forma de redução de gastos com transporte, alimentação e perda de tempo nos seus deslocamentos, notadamente nos grandes centros urbanos, com a inclusão de trabalhadores com deficiência.

Em contrapartida, o teletrabalho pode implicar na redução de direitos trabalhistas, com a existência de relações autônomas ou de relações precárias de trabalho e sua informalização, com a ampliação dos obstáculos para aplicação e fiscalização da legislação trabalhista e de acordos e convenções coletivas de trabalho e, ainda, uma confusão das despesas pessoais do empregado com os custos para a realização do trabalho, além dos problemas de meio ambiente inadequado, com prejuízos à saúde do trabalhador.

Do ponto de vista profissional, poderá reduzir a troca de informações e experiências entre colegas de trabalho, com prejuízo de novas oportunidades profissionais.

Até mesmo para a prestação jurisdicional adequada poderá haver obstáculos, por problemas de competência territorial, principalmente no teletrabalho transnacional, e quanto à produção probatória no curso da instrução judicial.

5 Modalidades

As modalidades de teletrabalho podem ser agrupadas por vários critérios (classificação).

Em relação ao critério locativo, tem-se o teletrabalho em domicílio, teletrabalho em telecentros, teletrabalho nômade e teletrabalho transnacional.

O trabalho em domicílio corresponde ao trabalho tradicional realizado em domicílio do empregado ou em qualquer outro local por ele escolhido.

Já o teletrabalho realizado em telecentros (centro satélite ou centro local de telesserviço) é uma forma de organização das atividades em um espaço devidamente preparado para o desempenho do teletrabalho, que podem ou não pertencer à empresa.

No trabalho nômade – também conhecido como móvel –, o teletrabalhador não tem local fixo para a prestação dos serviços, o que pode se verificar, *e.g.*, com o trabalhador externo.

Tem-se ainda o teletrabalho transnacional, o qual é realizado em partes por trabalhadores situados em países distintos, com trocas de informações e elaboração de projetos em conjunto.

Em relação ao critério temporal, pode ser permanente, quando o tempo de trabalho fora de empresa exceda a 90% do tempo trabalhado. Por sua vez, o alternado é aquele em que se consome 90% da carga horária no mesmo local. E ainda o suplementar ocorre quando o teletrabalho é frequente, mas não diário, sendo pelo menos uma vez por semana (dia completo).

Pelo critério comunicativo, tem-se o teletrabalho *off-line* (desconectado) ou *on-line* (conectado).

6 Natureza jurídica

Em tese, certas características do teletrabalho:

> Como a desconcentração, a flexibilidade de horário, a ausência física do empregador ou seu representante para a fiscalização e a de consistir em contabilidade, consultas, traduções etc., não integrando a atividade principal da empresa, têm levado alguns a pensar que ele configura sempre trabalho autônomo.[16]

Contudo, como destaca Pinho Pedreira,[17] o teletrabalho:

> Não imprime, por si mesmo, o selo da autonomia à relação jurídica entre o teletrabalhador e aquele a quem este presta serviços. Adverte, a propósito, Jean-Emmanuel Ray: "O teletrabalho é modalidade de organização da atividade e não um estatuto particular". E Rosario Gallardo Moya completa, referindo-se aos teletrabalhadores: "(...) a qualificação jurídica desses trabalhadores não é única, mas dependerá do modo como se leve a cabo a prestação, isto é, do seu conteúdo obrigacional. Em caráter geral pode-se afirmar que o vínculo entre o que presta um serviço de teletrabalho e o que o recebe tanto poderá ser de natureza comercial, quanto civil ou trabalhista".

A natureza jurídica da relação depende do complexo fático que envolve as partes em uma situação de teletrabalho (princípio da primazia da realidade).

---

16 SILVA, Luiz de Pinho Pedreira. *Ob. cit.*, p. 584.

17 SILVA, Luiz de Pinho Pedreira. *Ob. cit.*, p. 584.

O teletrabalho é mais uma forma de organização da atividade do empresário, com algumas particularidades, do que, necessariamente, um "novo tipo de trabalho", com uma autorregulamentação.

A economia apresenta uma série de mecanismos jurídicos que são adotados para a tomada do teletrabalho, como, por exemplo, terceirização dos serviços de transmissão de dados, prestação de serviços por trabalhadores autônomos etc.

Em qualquer das suas modalidades, o teletrabalho poderá ser prestado de forma autônoma ou subordinado (relação de emprego). O que irá dizer se o trabalho é subordinado ou não é a visualização em concreto de como os serviços são prestados, adotando-se o princípio da primazia da realidade.

Serão averiguadas as condições concretas de execução da prestação dos serviços, constatando-se, pelas suas peculiaridades, se há ou não a presença de controle, direção e fiscalização quanto ao trabalho prestado.

No teletrabalho:

> A subordinação acaba ficando mitigada. Em alguns casos, poderá se verificar muito mais autonomia do que subordinação. São diluídas as ordens de serviço. Um executivo pode não ter a quem dar ordens de serviço, pois não há escritório, trabalho interno, subordinados etc. O trabalhador não terá exatamente jornada de trabalho, pois não se sabe a hora que começa e a que termina de prestar serviços, salvo se houver controle específico nesse sentido. Acaba criando a nova tecnologia uma nova forma de subordinação, pois o empregado pode até não ficar subordinado diretamente ao empregador, mas indiretamente. Passa a existir uma telessubordinação ou parassubordinação, como já se verifica na Itália em relação a trabalhadores autônomos. Na telessubordinação, há subordinação a distância, uma subordinação mais tênue do que a normal. Entretanto, o empregado pode ter o controle de sua atividade por intermédio do próprio computador, pelo número de toques, por produção, por relatórios, pelo horário da entrega dos relatórios ou do serviço etc. Se houver uma ligação on-line do empregado com o computador central da empresa, o empregador poderá fiscalizar o empregado. O trabalhador prestaria serviços como se estivesse dentro da empresa. A autonomia do trabalhador poderá ser medida pelo fato de que o empregador é que dele depende tecnicamente e não o contrário, porque só o trabalhador é que sabe como se faz o programa do computador. Muitas vezes é uma pessoa altamente especializada.[18]

---

[18] MARTINS, Sergio Pinto. Teletrabalho. *Repertório IOB – Trabalhista e Previdenciário*, n. 18, 2001, p. 352.

No âmbito da OIT, a Convenção nº 177 (1996) trata do "trabalho em domicílio", assim considerando a figura do trabalhador em domicílio aquele que trabalha: (a) em seu domicílio ou em outros locais que escolha, distintos dos locais de trabalho do empregador; (b) em troca de uma remuneração; (c) com o fim de elaborar um produto ou prestar um serviço conforme as especificações do empregador, independentemente de quem proporcione o equipamento, os materiais e outros elementos utilizados por ele, a menos que essa pessoa tenha um grau de autonomia e de independência econômica necessário para ser considerado trabalhador autônomo em virtude da legislação nacional ou de decisões judiciais (art. 1º).

Segundo a própria OIT, uma pessoa que tenha a condição de assalariado não se considerará trabalhador em domicílio para efeitos da Convenção nº 177 pelo mero fato de realizar ocasionalmente seu trabalho como assalariado em seu domicílio em vez de realizá-lo em seu lugar de trabalho habitual.

Os Estados-Membros que ratificarem a Convenção nº 177 devem promover a igualdade de tratamento entre os trabalhadores domésticos e assalariados, tendo em conta as características do trabalho em domicílio, buscando: (a) o direito dos trabalhadores em domicílio para estabelecer ou participar de organizações de sua escolha e participar de suas atividades; (b) proteção contra a discriminação; (c) proteção da segurança e saúde no trabalho; (d) remuneração; (e) proteção da seguridade social; (e) acesso à formação; (f) idade mínima para admissão no emprego; (g) proteção à maternidade.

No Brasil, com a Lei nº 12.551/11, a CLT passou a prever que não haverá distinção entre o trabalho realizado no estabelecimento do empregador, o executado no domicílio do empregado e o realizado a distância, desde que estejam caracterizados os pressupostos da relação de emprego, sendo que os meios telemáticos e informatizados de comando, controle e supervisão se equiparam, para fins de subordinação jurídica, aos meios pessoais e diretos de comando, controle e supervisão do trabalho alheio (art. 6º da CLT).

Considera-se trabalhador em domicílio a pessoa que presta os serviços na sua habitação ou em oficina de família, por conta de empregador que o remunera, tendo direito, pelo menos, a um salário mínimo mensal (art. 83 da CLT).

A jurisprudência de nossos tribunais tem equiparado o teletrabalhador à figura do trabalhador em domicílio.[19]

---

[19] TST – 6ª T. – AIRR 62.141-19.2003.5.10.0011 – Rel. Min. Mauricio Godinho Delgado – *DJ* 16.04.2010.

Considerando o princípio constitucional da eficiência administrativa, a produtividade dos órgãos do Judiciário do Trabalho de 1º e 2ª graus vincula-se à otimização do tempo de trabalho e à melhoria da qualidade de vida de seus servidores, e a implantação do Processo Judicial Eletrônico no Judiciário do Trabalho permitirá o acesso, a qualquer tempo e lugar, a todos os sistemas necessários à instrução, acompanhamento, manutenção e conclusão dos procedimentos judiciários no âmbito desta justiça especializada, que instituiu a realização de teletrabalho no âmbito da Justiça de Trabalho inicialmente pela Resolução nº 109/12 (atualmente, disciplinado pela Resolução nº 151/15, do Conselho Superior da Justiça do Trabalho – CSJT).

A Resolução CSJT nº 151 considera teletrabalho a modalidade de trabalho realizado fora das dependências dos órgãos da Justiça do Trabalho de 1º e 2º graus, com a utilização de recursos tecnológicos (art. 2º).

A implementação tem por objetivo aumentar, em termos quantitativos e sem prejuízo da qualidade, a produtividade dos trabalhos realizados e, ainda, (a) promover meios para atrair, motivar e comprometer os servidores com os objetivos da instituição; (b) economizar tempo e custo de deslocamento dos servidores até o local de trabalho; (c) contribuir para a melhoria de programas socioambientais dos tribunais regionais do trabalho visando à sustentabilidade solidária do planeta, com a diminuição de poluentes na atmosfera e a redução no consumo de água, esgoto, energia elétrica, papel e de outros bens e serviços disponibilizados nos órgãos do Judiciário do Trabalho de 1º e 2º graus; (d) ampliar a possibilidade de trabalho aos servidores com dificuldade de deslocamento; (e) possibilitar a melhoria da qualidade de vida dos servidores (art. 4º).

7 Aspectos jurídicos do teletrabalho e a reforma trabalhista

Com a Lei nº 13.467, de 14 de julho de 2017,[20] também conhecida como a "reforma trabalhista", a CLT passou a disciplinar o teletrabalho de forma específica (art. 75-A e seguintes).

TRT – 3ª R. – RO 435/2010-016-03-00.3 – Rel. Milton V. Thibau de Almeida – *DJe* 18.10.2010 – p. 49.

TRT – 3ª R. – 3 T. – RO 0423-2009-042-03-00-1 RO – Rel. Milton V. Thibau de Almeida – *DJe* 08.02.2010.

20 A Lei nº 13.467 foi publicada no DOU em 14 de julho de 2017, com *vacatio legis* de 120 dias. Com isso, entrará em vigor no dia 11 de novembro de 2017.

7.1 Morfologia do contrato de trabalho e do teletrabalho

Do ponto de vista morfológico do contrato de trabalho, a contratação poderá ser por escrito ou verbal ou até mesmo de forma tácita, como também determinada ou indeterminada ou, ainda, para prestação do trabalho intermitente (art. 443 da CLT, Lei nº 13.467).

Na CLT, o teletrabalho caracteriza-se pela prestação de serviços preponderantemente fora das dependências do empregador, com a utilização de tecnologias de informação e de comunicação que, por sua natureza, não se constituam como trabalho externo. O comparecimento do empregado ao estabelecimento empresarial para a realização de atividades específicas não descaracteriza o regime de teletrabalho.

Seguramente, existem modelos híbridos, ou seja, contratos de trabalho em que a prestação de serviços ocorre exclusivamente fora da empresa e também, em outros dias ou parte da jornada de trabalho, dentro da empresa de forma habitual.

A prestação de serviços na modalidade de teletrabalho é cláusula expressa do contrato de trabalho e, portanto, deverá ser por escrito, com as especificações de quais atividades serão realizadas pelo empregado.

O legislador autorizou, por mútuo acordo entre as partes, em aditivo contratual, a alteração entre regime presencial e de teletrabalho.

7.2 O negociado sobre o legislado

Uma das temáticas centrais da "reforma trabalhista" diz respeito ao "negociado sobre o legislado", de modo que os instrumentos normativos têm prevalência sobre a lei e sobre o regulamento de empresa nas questões envolvendo o teletrabalho (art. 611-A, VI e VIII, da CLT). Além disso, em caso de conflito entre os instrumentos normativos existentes, o acordo coletivo se sobrepõe às convenções coletivas de trabalho (art. 620).

Com isso, tem-se uma hierarquia de normas no direito do trabalho e a mitigação do princípio da norma mais favorável.

7.3 Cláusulas contratuais específicas

No teletrabalho, o contrato de trabalho possui peculiaridades e, por conta disso, pode ter cláusulas específicas, as quais devem ser expressas, decorrentes do "tipo de informação" a que o empregado tem acesso, tais como:

(a) cláusula de não concorrência durante um certo tempo, mediante o pagamento de uma indenização; (b) cláusula de exclusividade, para não divulgar dados de interesse do empregador. Pessoas não autorizadas não poderiam ter acesso a dados, incluindo, por exemplo, a esposa do empregado e seus filhos etc.; (c) cláusula de utilização pessoal e exclusivamente em serviço do material do empregador, como para proteção a disquetes, da memória do computador etc.[21]

Por conta do acesso às diversas informações do empregador e de clientes, é importante que o empregado seja orientado quanto aos limites da divulgação de tais informações a terceiros, de modo a se evitarem transtornos com terceiros e a violação de segredos da empresa.

7.4 Aquisição e manutenção de equipamentos e da infraestrutura

Na relação de emprego, o risco da atividade econômica é do empregador (art. 2º da CLT). Por conta disso, a aquisição de equipamentos (*hardwares* e *softwares*), bem como as despesas de sua manutenção, é de responsabilidade exclusiva do empregador. Com as alterações da CLT, o legislador prevê que tais despesas, inclusive as despesas de infraestrutura (mobiliário, espaço físico, energia elétrica, rede de *internet* etc.), e seu reembolso serão previstos de forma escrita no contrato (art. 75-D) ou em aditivo.

A exigência de cláusula escrita não altera a responsabilidade do empregador por todas as despesas decorrentes da prestação de serviços e, muito menos, transfere os custos da produção ao empregado.

Certamente, não se tratando de bens e utilidades decorrentes do contrato de trabalho, mas, sim, de equipamentos necessários à execução das tarefas diárias, tais equipamentos não possuem natureza salarial (art. 75-D, parágrafo único, e art. 458, §2º, I).

Também é importante orientar o empregado quanto à sua responsabilidade pelos danos materiais que possa causar ao empregador pelo uso inadequado e falta de manutenção dos equipamentos.

Sobre tal questão, o direito português prevê expressamente a responsabilidade do empregador pela instalação, manutenção e pagamento das despesas inerentes à prestação de serviços (art. 168º, I, do Código do Trabalho Português). Por sua vez, cabe ao empregado

---

[21] MARTINS, Sergio Pinto. *Ob. cit.*, p. 351.

seguir as orientações do empregador quanto ao uso dos equipamentos (art. 168°, II e III).

7.5 Reversibilidade das cláusulas de prestação do trabalho em teletrabalho

Na legislação trabalhista, toda e qualquer alteração contratual, para ser válida, necessita da concordância expressa do trabalhador, além de ser benéfica ao mesmo, sob pena de ser tida como nula (art. 468, CLT, princípio da inalterabilidade "lesiva" ao empregado). Trata-se de um desdobramento do próprio princípio protetor (art. 9°).

Como assevera Pinho Pedreira,[22] a "transferência do trabalho para sua casa ultrapassa os limites do poder de direção, e, portanto poderá ser efetuada com a modificação das cláusulas do contrato de trabalho, o que depende do consentimento de ambas as partes".

Para evitar eventual nulidade quanto à transferência do local de trabalho, as partes, de antemão, no ato da contratação, podem estabelecer a cláusula da reversibilidade, ou seja, "que permite ao empregado designado para o teletrabalho, assim como ao empregador, exigir o retorno ao trabalho interno se a experiência houver sido frustrante".[23]

Com a Lei n° 13.467, por ato unilateral do empregador e por meio de aditivo contratual, é possível alterar do regime de teletrabalho para o presencial, desde que observado o prazo de transição mínimo de quinze dias (art. 75-C, §2°, da CLT).

Trata-se de uma hipótese de *jus variandi* autorizada por lei, a qual, contudo, não é absoluta, devendo ser apreciada em face do caso concreto como forma de evitar o abuso de direito do empregador (art. 187 do CC), valorizando-se a real intenção do empregador com a alteração e as possíveis consequências desta para a vida pessoal e profissional do trabalhador.

7.6 Jornada de trabalho

Do ponto de vista prático, como ocorre na configuração do trabalho em domicílio, também será difícil a constatação da jornada suplementar no teletrabalho.

---

22 SILVA, Luiz de Pinho Pedreira. *Ob. cit.*, p. 586.

23 SILVA, Luiz de Pinho Pedreira. *Ob. cit.*, p. 586.

A dificuldade repousa no fato de que o empregado não está vinculado fisicamente ao controle por parte do empregador ou de um preposto.

O trabalho realizado pelo teletrabalhador é externo; logo, em tese, de acordo com o art. 62, I, da CLT, não terá direito à percepção das horas extras.

Dentro dessa lógica, a Lei nº 13.467 passou a prever expressamente que os empregados em regime de teletrabalho não possuem direito ao recebimento de horas extras (art. 62, III).

Em nota técnica, algumas associações[24] ligadas à proteção dos direitos trabalhistas se manifestaram sobre esse ponto da "reforma trabalhista":

> Da mesma forma, o teletrabalho, que poderia representar, no mundo tecnológico de hoje, uma modalidade de trabalho atrativa e interessante para o trabalhador, tal como colocada, se apresenta como mais um instrumento de flexibilização da relação de trabalho sem contrapartida, de transferência do risco da atividade para o trabalhador, e em síntese, de retirada e sonegação de direitos (...).
> Sabemos que, atualmente, pelos meios telemáticos disponíveis, é plenamente possível ao empregador controlar a jornada e a produtividade de um trabalhador que labore em sua casa ou fora do ambiente da empresa. Com essa malfadada exceção, a esses trabalhadores poderá ser exigido o trabalho além das 8 horas diárias, 44 semanais, além do trabalho em domingos e feriados, sem contar a perda do direito à adicional noturno, já que não possuem controle de jornada.

Porém, a existência ou não de jornada suplementar para o teletrabalhador haverá de ser constatada em função do caso concreto (princípio da primazia da realidade), analisando-se: a carga diária de tarefas; o tempo para a realização de cada tarefa; o prazo estipulado para a entrega da tarefa; o número de toques; programas de controle de acesso e de jornada de trabalho, etc.

Somente em face das peculiaridades de cada situação é que se pode dizer se o teletrabalhador possui ou não um controle indireto sobre a sua prestação diária dos serviços e, consequentemente, deverá ser remunerado pela jornada extraordinária realizada.

---

24 Associação Nacional dos Procuradores do Trabalho (ANPT), Associação Nacional dos Magistrados da Justiça do Trabalho (ANAMATRA), Associação Brasileira dos Advogados Trabalhistas (ABRAT), Sindicato Nacional dos Auditores Fiscais do Trabalho (SINAIT), Associação Latino-Americana de Advogados Laboralistas (ALAL), Associação Latino-americana de Juízes do Trabalho (ALJT) e Associação Luso-Brasileira de Juristas do Trabalho (JUTRA).

7.7 Saúde do trabalhador e intervalo especial

Dentro da lógica protetiva do direito do trabalho, o empregador é responsável pelo ambiente de trabalho, bem como pela orientação, fornecimento e fiscalização do uso de equipamentos de proteção (art. 2º da CLT).

No caso do teletrabalho, o empregador deve orientar os empregados, de maneira expressa e extensiva, quanto à prevenção de doenças e acidentes de trabalho, mediante termo de instruções e de responsabilidade assinado pelo empregado (art. 75-E da CLT).

A interpretação literal do art. 75-E da CLT pode levar à afirmação de que o empregador deixou de ter a responsabilidade quanto ao meio ambiente do trabalho e à observância das normas de medicina e segurança do trabalho quando as atividades são realizadas a distância no formato do teletrabalho; contudo, o referido dispositivo legal há de ser interpretado em sistemática com o art. 157, I e II, da CLT.

Vale dizer, é ônus do empregador proporcionar boas condições de trabalho, seja do ponto de vista físico e moral. Nesse sentido, tem o Código do Trabalho de Portugal (art. 169):

> Artigo 169º – Igualdade de tratamento de trabalhador em regime de teletrabalho
> 1 – O trabalhador em regime de teletrabalho tem os mesmos direitos e deveres dos demais trabalhadores, nomeadamente no que se refere a formação e promoção ou carreira profissionais, limites do período normal de trabalho e outras condições de trabalho, segurança e saúde no trabalho e reparação de danos emergentes de acidente de trabalho ou doença profissional.
> 2 – No âmbito da formação profissional, o empregador deve proporcionar ao trabalhador, em caso de necessidade, formação adequada sobre a utilização de tecnologias de informação e de comunicação inerentes ao exercício da respectiva actividade.
> 3 – O empregador deve evitar o isolamento do trabalhador, nomeadamente através de contactos regulares com a empresa e os demais trabalhadores.

O referido dispositivo legal português é complementado pelo art. 170 do mesmo diploma legal, o qual prevê expressamente:

> Artigo 170º – Privacidade de trabalhador em regime de teletrabalho
> 1 – O empregador deve respeitar a privacidade do trabalhador e os tempos de descanso e de repouso da família deste, bem como proporcionar-lhe boas condições de trabalho, tanto do ponto de vista físico como psíquico.

2 – Sempre que o teletrabalho seja realizado no domicílio do trabalhador, a visita ao local de trabalho só deve ter por objeto o controlo da atividade laboral, bem como dos instrumentos de trabalho e apenas pode ser efetuada entre as 9 e as 19 horas, com a assistência do trabalhador ou de pessoa por ele designada.

3 – Constitui contraordenação grave a violação do disposto neste artigo.

Em muitos casos, o empregador possui ferramentas que permitem o monitoramento eletrônico das funções do trabalhador, de modo que poderá fiscalizar o cumprimento das orientações preventivas, sendo que sua omissão ou negligência implicará em sua responsabilização trabalhista e civil.

Sem dúvidas, outras questões relevantes dizem respeito ao mobiliário fornecido pelo empregador e à concessão de intervalos.

Como ocorre com a atividade do digitador, o teletrabalho também possui similaridades com os serviços de mecanografia.

Nos serviços permanentes de mecanografia (datilografia, escrituração ou cálculo), a cada período de 90 minutos de trabalho consecutivo, o empregado tem direito a um repouso de 10 minutos não deduzidos da duração normal do trabalho (art. 72).

Esse intervalo reputa-se interrupção do contrato individual de trabalho. Por outro lado, é importante mencionar que ele também não é absorvido pelo intervalo intrajornada.

A jurisprudência considera que o art. 72 é exemplificativo e não taxativo. Portanto, tem concedido o intervalo de 10 minutos a cada 90 trabalhado para profissões que desempenham funções semelhantes às profissões ali mencionadas.

Os digitadores, por aplicação analógica do art. 72, equiparam-se aos trabalhadores nos serviços de mecanografia (datilografia, escrituração ou cálculo), razão pela qual têm direito a intervalos de descanso de 10 minutos a cada 90 minutos de trabalho consecutivo (Súmula nº 346 do TST).

O Ministério do Trabalho, por intermédio da Portaria nº 3.435, alterou a NR nº 17 da Portaria nº 3.214, que trata da ergonomia, fixando um intervalo, a não ser descontado da jornada de trabalho, para os digitadores de 10 minutos para cada 50 trabalhados (NR nº 17.7.4, *d*).

Nas atividades de processamento de dados, a Portaria nº 3.741 determinou a observância de um intervalo remunerado de 10 minutos a cada 50 trabalhados, excetuando hipótese de acordo ou convenção coletiva de trabalho.

Esses dois intervalos também são tidos como interrupções do contrato individual de trabalho. Se não são concedidos, devem ser pleiteados como horas extras.

Informação bibliográfica deste texto, conforme a NBR 6023:2018 da Associação Brasileira de Normas Técnicas (ABNT):

CAVALCANTE, Jouberto de Quadros Pessoa; JORGE NETO, Francisco Ferreira. A tecnologia, o teletrabalho e a reforma trabalhista. *In*: TUPINAMBÁ, Carolina (Coord.). *As novas relações trabalhistas e o futuro do Direito do Trabalho*: as novidades provenientes de leis trabalhistas recentes. Belo Horizonte: Fórum, 2021. (Coleção Fórum as novas relações trabalhistas e o futuro do Direito do Trabalho. Tomo II.). p. 93-110. ISBN 978-65-5518-120-3.

EL MODO PRODUCTIVO BAJO PLATAFORMAS DIGITALES Y TRABAJO DEPENDIENTE

FRANCISCO J. TAPIA GUERRERO

CARMEN ELENA DOMÍNGUEZ SOTO

1 La organización del trabajo mediante plataformas y la aplicación de las normas del trabajo por cuenta ajena bajo dependencia o subordinación

Probablemente lo que más llama la atención de los recientes cambios provocados por la disrupción tecnológica es el efecto que provoca en el modo productivo. De una parte, es posible observar una separación entre quien organiza el servicio y quien lo ejecuta, mediados esencialmente a través de la utilización de algoritmos; de la otra, una entre quien presta o ejecuta el servicio y su destinatario. Se produce entonces la ruptura del modelo clásico que expresa una nueva forma de organización del modo productivo en el que la dependencia y jerarquía se produce en las plataformas, mediante la gestión de los datos de la actividad de los trabajadores.[1]

En clave jurídica, ¿qué significa en perspectiva de aplicación de las normas que regulan el trabajo dependiente o subordinado, y consecuentemente afecto a la tutela normativa propia del trabajador dependiente?

Objeto de amplio y aún abierto debate ha sido la calificación jurídica de este tipo de trabajadores. Como ha ocurrido antes, especialmente tratándose de aquellas modificaciones que han expresado rupturas del modo productivo por la aparición de figuras atípicas marcadas más bien por las nuevas formas de organización de la economía, especialmente desde fines de la década de los setenta y comienzos de los ochenta, en el siglo pasado, no ha sido la legislación la que ha dado las respuestas primeras a estas interrogantes, sino la jurisprudencia.[2] Ello a diferencia de procesos que antes que un componente organizativo, ha tenido un sello más bien marcado por la ideología, como lo ha sido, especialmente en América Latina, los procesos de flexibilización normativa que han sustraído del ámbito de aplicación de las normas laborales determinados negocios jurídicos radicadas hasta entonces en esa sede[3] en los que ha sido la ley la que ha establecido la no laboralidad de las relaciones de trabajo.

2 Tendencias legislativas: la regulación comercial o el silencio

Las escasas respuestas legislativas que han enfrentado el desafío de regular los mercados de plataformas, han, en general, optado por entender que entre el trabajador y las empresas digitales, se da una relación de naturaleza comercial similar a la existente entre los taxis y sus pasajeros. A modo ilustrativo, en el caso de las plataformas de servicios de transporte terrestre privado de pasajeros, la normativa ha pretendido reglar la actividad comercial, de tal forma de evitar la competencia desleal con otros sistemas de transporte terrestre privado de pasajeros, dar protección civil a los conductores y pasajeros, ordenar el aporte impositivo de esta actividad y, en general, evitar externalidades

---

[1] MALO, Miguel Ángel (2018), p. 155.

[2] Lo mismo se ha producido después, con otros procesos organizativos rupturistas del modelo clásico como lo ha sido la configuración de los grupos de empresa.

[3] Entre otros, el caso chileno con la legislación impuesta en los años setenta, especialmente a fines de la misma.

negativas por un uso indiscriminado de esta actividad. No se ha pronunciado expresamente respecto a la calificación jurídica del vínculo entre los conductores y las empresas de plataformas, sin perjuicio de lo cual, han asimilado la condición de trabajo de los primeros, a aquellos conductores que prestan servicios como taxis, y en consecuencia, como trabajadores independientes. Así por ejemplo, en Latinoamérica, las regulaciones de Sao Paulo,[4] Ciudad de México[5] o el estado mexicano de Jalisco y Montevideo,[6] y en España, el Real Decreto-ley 13/2018, han optado por reconocer la naturaleza no laboral de estas actividades, pero dotar a los trabajadores y clientes, de ciertos estándares mínimos de seguridad para desempeñar correctamente la actividad en orden al bien común.

3 Tendencias jurisprudenciales y decisiones encontradas

Como se ha señalado, los tribunales de diversos países se han pronunciado respecto de si ha existido o no relación laboral en el caso del trabajo prestado en plataformas tecnológicas. De una revisión de dichos pronunciamientos es posible entender que en la mayoría de los casos se han declarado aplicables las normas laborales y no aquellas propias del derecho común, aunque no necesariamente los fundamentos de la decisión coinciden. Lo mismo ocurre en aquellos casos en los que se ha desestimado la demanda.

Revisando las líneas de tendencia jurisprudencial, aparece como interesante contrastar dos fallos con decisiones encontradas, provenientes de una misma sede judicial y referidos a una misma empresa, en el que, en lo sustancial, se trata de declarar si ha existido o no relación laboral, y si el despido que se ha producido respecto del actor, ha vulnerado sus derechos fundamentales, tema éste que no se considerará al efecto del análisis jurisprudencial que sigue.

En cada uno de estos procesos, los actores han prestado sus servicios personales a una empresa que, a través de las aplicaciones por medio de móviles, los vincula a los clientes que requieren de

4 Ley municipal de Sao Paulo núm. 16.335 y decreto municipal núm. 59.681 de mayo de 2016.

5 Reglamento de la ley de movilidad del distrito federal de la Ciudad de México, de 15 de septiembre de 2017. En http://www.paot.org.mx/centro/reglamentos/df/pdf/2017/REGLAMENTO%20DE%20LA%20LEY%20DE%20MOVILIDAD%20DEL%20DISTRITO%20FEDERAL.pdf.

6 Decreto departamental de Montevideo, núm. 2016-98-02-000831, de transporte de pasajeros mediado por plataformas. En http://www.montevideo.gub.uy/sites/default/files/biblioteca/decretotransporteonerosodepasajerosmediadoporplataformaselectronicas.pdf.

la recogida y entrega de productos a terceros. En ambos juicios, la demandada es una misma empresa, de modo que, desde lo fáctico es posible establecer las similitudes que se producen, salvo las diferencias habidas con respecto a las condiciones en las que se produce el término de los servicios. Existen otras diferencias de las que se toma nota, pero que son colaterales, en tanto el análisis se sitúa en el problema jurídico relevante, cual es, la existencia o no de relación laboral.

Se trata de los fallos de instancia dictados por el Juzgado en lo Social de Madrid, en sus secciones 39 y 33. El primero de ésos, sentencia 284/2018 de 3 de septiembre de 2018, que desestima la demanda; el segundo, sentencia 53/19 de 11 de febrero de 2019, que la acoge.

4 Modelo de negocios y servicios prestados

La estructura formal de ambos fallos es la misma, desde los enunciados fácticos de las partes, pasando a los hechos que se estiman como probados como antecedentes de los razonamientos decisorios y justificativas de las sentencias que hace el tribunal y que les llevan a desestimar o a acoger la demanda.

La descripción que se hace del modelo de negocios es la misma. La demandada es una empresa tecnológica que desarrolla su giro a través de plataformas tecnológicas que ofrece actuando como comisionistas de aquellas otras cuyos productos son requeridos por los clientes finales, la adquisición y entrega o simple entrega de aquellos, para lo cual dispone de una plantilla de repartidores que lo efectivizan utilizando medios propios (móviles y vehículos).

El repartidor ha pactado con la empresa previamente una franja horaria en la que compromete su disponibilidad al servicio, para lo cual cuenta con dos modalidades de ejecución, una de asignación automática a través de un algoritmo, que le permite rechazarlo, otra en la que es el repartidor quien solicita un determinado servicio de compra y traslado que es requerido por el cliente. Dichos servicios se retribuían de acuerdo a unas tarifas prefijadas por tarea que consideraban asimismo distancias y períodos de espera, que eran pagadas por aquél y respecto de las cuales la empresa deducía una parte a título de comisión por la intermediación realizada entre el repartidor y el cliente.

5 Concurrencia de los elementos esenciales de la relación de trabajo

A partir del estatuto laboral aplicable, el tribunal asume el contenido normativo y jurisprudencial en cada caso, definido por la prestación voluntaria de los servicios personales retribuidos, bajo dependencia y ajenidad, en el marco de las circunstancias concretas en las que se ha desenvuelto la relación jurídica sometida a la decisión, notas que permiten diferenciarle de las figuras contractuales sometidas al imperio del derecho común. De este modo, serán la dependencia y la ajenidad en tanto conceptos jurídicos, determinantes en la decisión de la normativa aplicable, a través de los indicios que permiten identificarles y que marquen la condición de trabajador y empleador, o de contratantes sujetos a un estatuto de carácter civil, en su caso.

En ambos fallos se hace referencia a los indicios de dependencia y ajenidad.

Sin embargo, el punto de partida registra diferencias que de alguna manera serán determinantes en la decisión.

De una parte, el fallo que deniega la existencia de relación del trabajo hace consideraciones relativas a la existencia de dos contratos suscritos en forma libre y voluntaria por el demandante, uno de ellos como trabajador autónomo, el otro como trabajador autónomo dependiente, sin que conste que su contenido difiera de su ejecución o en otras palabras, sin que haya existido una diferencia entre la realidad material y la realidad formal, lo que considera como un elemento que desfavorece los postulados de la demanda, concluyendo que la voluntad expresada en los contratos debe considerarse como un punto de partida para su examen. Aunque no se expresa de ese modo, pareciera que el razonamiento se apoya en la teoría del acto propio, puesto que es posible advertir un cierto tono de reproche en cuanto a que ha sido el trabajador quien ha consentido en prestar sus servicios en la forma que contractualmente se ha pactado.

De otra, el fallo que acoge la demanda razona en cuanto a las transformaciones que han introducido las tecnologías de la información y comunicación en la sociedad y en las relaciones laborales, alterando las formas clásicas del modo de producir, irrumpiendo las plataformas tecnológicas en la prestación de los servicios o de bienes, con sensibles ahorros de costos y colocando en relación directa a la oferta y la demanda, o por medio de una persona que aparece como necesaria para que el servicio se produzca, esto es, que en esos casos se requiere de un eslabón adicional.

Así, es posible advertir en uno de los fallos, un punto de partida anclado en el contrato mismo como antecedente de la manifestación de voluntad de las partes que concurren a formarlo, bajo una concepción más bien estática que revisa, antes que nada, su coherencia formal, esto es, la correspondencia entre lo convenido y su ejecución. En el otro fallo, se mueve más allá del contrato mismo, para entenderlo en una concepción dinámica que asume los nuevos datos fácticos que se presentan agregados y que hacen necesaria una revisión o revaloración de los indicios clásicos.

6 Los indicios de autonomía del prestador del servicio en el razonamiento judicial que desestima la demanda

Ambas sentencias con los hechos probados, se abocan al análisis de los indicios de dependencia y ajenidad que han quedado establecidos.

El fallo que desestima la demanda razona sobre la base de tres consideraciones principales que le llevan a desestimar la demanda. La primera, es el grado de autonomía que las partes han convenido en los contratos celebrados, en cuanto le correspondía determinar el cuándo y el cómo prestar sus servicios, y también el dónde, desde que ha estado en la posibilidad de desistirse de hacer un servicio, y que el juez califica como de auto organización, lo que llevado al plano de las instituciones jurídico laborales, se alejan de una situación de dependencia, desde que la generalidad de las relaciones laborales requieren que el trabajo se enmarque en una determinada jornada de trabajo. Por el contrario, en la especie, el prestador de los servicios determinaba el segmento horario en que lo haría, la ruta que escogería para ejecutar el encargo, sin que, además, estuviere afecto a un determinado número de traslados.

Un segundo elemento determinante en la decisión que rechaza la demanda dice relación con lo que el tribunal estima como inexistencia de facultades disciplinarias de la demandada, cuestión ésta propia del ejercicio del poder de dirección del empleador, como consecuencia de la auto organización del prestador de servicios sin que además pueda sancionársele cuando rechaza o abandona un pedido, reconociéndose sólo un caso de penalización, cuando el repartidor no está disponible en la franja horario que ha fijado, y que incide en una menor puntuación en el sistema de calificación utilizado, que se utiliza para regular las preferencias en la distribución de los encargos.

El tercer elemento ha sido la asignación del riesgo que asume el repartidor, desde que aporta las herramientas de trabajo, percibe la retribución que hace el cliente con la sola deducción de la comisión que corresponde a la demandada, y queda sujeto a la evaluación que este haga. Analiza además el modelo de negocios de la demandada que consiste básicamente en intermediar los servicios, pero al tiempo en que percibe esa comisión, su fuente principal de ingresos proviene de un tercero que son los acuerdos comerciales con los establecimientos de comercio que aportan los bienes que los clientes requieren.

Finalmente, estima que los hechos probados conducen a aplicar las normas del trabajador económicamente dependiente, que en consecuencia le llevan a desestimar la demanda.

7 Los indicios de dependencia y ajenidad del prestador del servicio en el razonamiento judicial que acoge la demanda

El fallo estimatorio también declara como hechos probados, parte importante de aquellos a que se ha hecho referencia en el párrafo precedente, pero calificándolos de manera distinta.

Cuestiona desde el principio la participación del repartidor en la formación del contrato, esto es, que las condiciones de empleo se encuentran predeterminadas, desde que la oferta de empleo y el contrato mismo obedece a la sola voluntad del oferente, correspondiéndole al repartidor aceptarla o en su caso, rechazarla, lo que demostraría una desigualdad inicial, y que se mantiene desde que la retribución por los servicios, también le corresponderá al contratante, quien la fijará de acuerdo a la distancia y tiempo del servicio solicitado o si no fuere posible, lo hará en forma aproximada. La retribución no ha quedado establecida en el contrato mismo.

Un segundo elemento es la asignación del servicio, que queda entregada a la aplicación del reparto a menor costo mediante la solución que plantea el algoritmo, de acuerdo a los parámetros establecidos, entre otros criterios, de eficacia, pedidos anteriores y valoración de los clientes y para lo cual cuenta con un elenco de repartidores que supone cobertura de las demandas de servicios en función de las nuevas formas de organización del trabajo, que en la especie se expresan en servicios de transporte de bienes de consumo que requieren de la colaboración de un alto número de transportistas, los que desarrollan las micro tareas que se les encomiendan en los períodos de disponibilidad laboral, que en consecuencia activan la relación contractualmente el proveedor del servicio y el repartidor.

8 El balanceo entre los indicios de autonomía y los de dependencia en el fallo que acoge la demanda[7]

El razonamiento del tribunal parte reconociendo la concurrencia tanto de indicios de laboralidad como de autonomía o de no laboralidad, pero analizadas en perspectiva de las nuevas formas de organización del trabajo, estima que las parcelas de libertad del repartidor, que indicarían que no existe relación laboral, pierden su peso indiciario al no encontrarse el repartidor en la posibilidad de condicionar el desarrollo de la actividad empresarial ni poder realizar su tarea desvinculado de la plataforma digital, lo que le conecta con otra nota de calificación de relación laboral como es la ajenidad. Agrega que el trabajo del repartidor sólo tiene sentido en el marco de la actividad empresarial del proveedor, que se activa desde que se le encarga la micro tarea y la acepta, correspondiéndole a éste tanto el riesgo como los frutos del negocio, desde que es éste el intermediario imprescindible entre el repartidor y su destinatario final.

A diferencia del fallo desestimatorio que considera que no existe propiamente una organización en la que pueda reconocerse el prestador de servicios, en el fallo que acoge la demanda, se integran los distintos elementos que constituyen la base de la relación jurídica que se traba, tanto en sus componentes internos como externos.

9 La dependencia o subordinación del trabajador, un concepto jurídico flexible.

Desde la identificación de la subordinación y dependencia, por la doctrina italiana,[8] como el elemento tipificante y diferenciador del contrato de trabajo respecto al contrato de arrendamiento de servicios personales, se caracterizó a este tipo jurídico como elástico[9] y, en tal sentido, capaz y naturalmente dispuesto a adaptarse a los cambios que las formas de producir provoquen en las relaciones de trabajo.

En los fallos comentados, se advierte el desafío que proponen la irrupción de la tecnología y el desarrollo de plataformas tecnológicas,

---

7 Después se han dictado a la fecha dos sentencias en ese mismo tribunal que siguen estos razonamientos: en los autos 944-18, la sentencia 128/19 de 3 de abril de 2019 y en los autos 946/18, la sentencia 134/19, ambos de la sección primera.

8 BARASSI, Ludovico (1953): Tratado de Derecho del Trabajo, (Buenos Aires, Editorial Alfa).

9 PÉREZ DE LOS COBOS, Francisco (1993): El Trabajo subordinado como tipo contractual. En Documentación Laboral, nº 39.

a la naturaleza elástica de este tipo jurídico, el que en definitiva omite en su práctica gran parte de los indicios que tradicionalmente lo han llenado de contenido, obligando al tribunal que acoge a la demanda, a avanzar hacia un análisis distinto.

10 Antes que la dependencia, el modelo organizativo

Como se ha señalado, el fallo desestimatorio se ha sostenido en la externalidad del prestador de servicios en cuanto a su inserción en la organización, puesto que aquél más bien estaría en relación directa con el cliente, limitándose a recibir el encargo y ejecutarlo por su cuenta y riesgo.

Sin embargo, se hace necesario ante todo, prestar atención a las ventajas que el modelo productivo bajo plataformas le otorga a su titular, en las palabras de Ginés i Fabrellas, la optimización mejora la intermediación entre la oferta y la demanda de bienes y servicios, la reducción de los costos de transacción, y la mejor gestión de los tiempos de trabajo y eliminación de los períodos inactivos o improductivos.[10]

El proveedor que decide, organiza e implementa el negocio, se rige entonces por el modelo de negocios que le permita obtener las mayores ventajas posibles, contando desde luego con los medios que se lo permiten, sin que sea necesario sujetarse al modelo clásico de plantilla laboral. Es así que define su modelo de negocios y, en consecuencia, su organización, a partir de la externalización de la prestación del servicio mismo a través de trabajadores que no pertenecen a su plantilla de acuerdo al modelo clásico de contratación laboral. Ello será determinante en los contratos que se celebren con los repartidores, desde que el formulario de condiciones de trabajo viene ya dado desde la definición del negocio, sin que por ello deba entenderse que, por lo mismo, la relación que se trabe, carezca de laboralidad.

Lo relevante en este punto, es que el modelo de negocios corresponde a una definición que corresponde al organizador, al proveedor, es anterior al acuerdo de prestación de servicios con los repartidores, no teniendo éstos el control ni la definición de su actividad.

---

[10] GINÉS Y FABRELLAS, Anna. Crowdsourcing sites y nuevas formas de trabajo. En, Revista Derecho Social y Empresa. N° 6, diciembre 2016.

11 Los indicios de dependencia varían conforme a la organización del modo productivo

El fallo estimatorio –como se ha señalado– considera los elementos de autonomía y de dependencia del trabajador, pesando los indicios y concluyendo que la relación habida entre las partes, es de carácter laboral, colocando el énfasis en que los espacios de libertad que se reconocen al repartidor no obstan a la condición de subordinado del mismo. El razonamiento del sentenciador se articula sobre la base de que los mismos no son de por sí contradictorios, sino se inscriben en un marco en el que no obstante su concurrencia, es posible cargar la decisión hacia la laboralidad de la relación.

Ello es concordante con el análisis al que necesariamente deben llevar las pruebas, de modo que razona y justifica la decisión sobre la base del peso de los indicios, mirados en su conjunto, agregando las particularidades que presente la nueva forma organizativa del modelo de negocios.

En efecto, la doctrina ya ha hecho referencia a que no es determinante *per se,* la existencia de parcelas de libertad del trabajador en el marco de las relaciones de trabajo.[11]

De hecho, es posible entender que las instituciones del derecho del trabajo no necesariamente deben entenderse en forma rígida, o si se quiere, desde un punto de vista formal que no admiten, desde la regulación disciplinaria, una manifestación flexible que no por ello desvirtúan su naturaleza jurídica.

Las diversas manifestaciones del pacto de jornada de trabajo así lo demuestran, cuando es posible reconocer laboralidad aun cuando el trabajador no se encuentre afecto a una determinada, o bien cuando se trata de una de carácter parcial, e incluso, cuando se trata de trabajo eventual o esporádico. Lo mismo respecto de la retribución que percibe el prestador del servicio, desde que se sostiene en la circunstancia que sea el cliente quien lo cumple. Se trata de las condiciones en las que se ha pactado el servicio, en definitiva, de la organización que se ha definido desde el modelo productivo conforme a la decisión del titular de la organización y de los recursos tecnológicos.

---

[11] TODOLÍ SIGNES, Adrián. El impacto de la "Uber Economy" en las relaciones laborales: los efectos de las plataformas virtuales en el contrato de trabajo. En, IIUS Labor.3/2015

12 La relación de trabajo y las nuevas formas de organización productiva.

Aun cuando se ha reconocido que la controversia producida emana de que probablemente, el nuevo modo productivo no encaja directamente en los elementos clásicos de determinación de un trabajador dependiente, queda en todo caso planteada el respaldo que en perspectiva de la legislación internacional, encuentra la relación de trabajo, como fundamento básico de los derechos de los trabajadores.

El fallo estimatorio cita diversas sentencias nacionales dictadas en causas relativas a plataformas digitales, como también documentos o instrumentos emanados de organizaciones internacionales, entre éstos, la Recomendación 198 de 2006, de la Organización Internacional del Trabajo.

Útil resulta entonces recordar las consideraciones que se hacen en su preámbulo, especialmente tratándose de casos en los que existen dificultades que suponen determinar la existencia de una relación de trabajo cuando no resultan claros los derechos y obligaciones respectivos de las partes interesadas; las situaciones en las cuales los acuerdos contractuales pueden tener como consecuencia privar a los trabajadores de la protección a que tienen derecho; y, que la protección debería ser accesible a todos, especialmente a los trabajadores vulnerables, entre otros.

Lo cierto es que la mencionada recomendación, al invitar a la formulación de una política nacional de protección de la relación de trabajo, coloca entre sus objetivos la lucha contra las relaciones de trabajo encubiertas, en el contexto, por ejemplo, de acuerdos contractuales que ocultan la verdadera situación jurídica, entendiéndose que existe una relación de trabajo encubierta cuando un empleador considera a un empleado como si no lo fuese, de una manera que oculta su verdadera condición jurídica, y que pueden producirse situaciones en las cuales los acuerdos contractuales dan lugar a que los trabajadores se vean privados de la protección a que tienen derecho.

Es así como luego de los elementos con que debe dictarse una política nacional para la determinación de la relación de trabajo, dispone que la legislación u otros medios, deberían contener los indicios específicos que permitan reconocerla, tales como:

> (a) el hecho de que el trabajo se realiza según las instrucciones y bajo el control de otra persona; que el mismo implica la integración del trabajador en la organización de la empresa; que es efectuado única o

> principalmente en beneficio de otra persona; que debe ser ejecutado personalmente por el trabajador, dentro de un horario determinado, o en el lugar indicado o aceptado por quien solicita el trabajo; que el trabajo es de cierta duración y tiene cierta continuidad, o requiere la disponibilidad del trabajador, que implica el suministro de herramientas, materiales y maquinarias por parte de la persona que requiere el trabajo, y
> (b) el hecho de que se paga una remuneración periódica al trabajador; de que dicha remuneración constituye la única o la principal fuente de ingresos del trabajador; de que incluye pagos en especie tales como alimentación, vivienda, transporte, u otros; de que se reconocen derechos como el descanso semanal y las vacaciones anuales; de que la parte que solicita el trabajo paga los viajes que ha de emprender el trabajador para ejecutar su trabajo; el hecho de que no existen riesgos financieros para el trabajador.

Asimismo, no es irrelevante lo dispuesto en otra recomendación, la número 204 sobre la transición de la economía informal a la economía formal, de 2015, que entiende que la economía informal hace referencia a todas las actividades económicas desarrolladas por los trabajadores y las unidades económicas que –en la legislación o en la práctica– están insuficientemente cubiertas por sistemas formales o no lo están en absoluto, y que la recomendación se aplica a todos los trabajadores y todas las unidades económicas de la economía informal, incluyendo las empresas, los empresarios y los hogares, y en particular a quienes poseen y explotan unidades económicas en la economía informal, los trabajadores familiares auxiliares, independientemente de si trabajan en unidades económicas de la economía formal o de la economía informal, los trabajadores asalariados con empleos informales que trabajan en empresas formales o en unidades económicas de la economía informal, o bien para ellas, incluyendo, entre otros, a los que están en situación de subcontratación o que trabajan en cadenas de suministro, o en hogares como trabajadores domésticos remunerados, y los trabajadores cuyas relaciones de trabajo no están reconocidas o reguladas.

De este modo, es objeto de regulación, las empresas de la economía formal que cuenta con trabajadores informales, esto es, cuando se trata de trabajadores que se encuentra sujetos a relaciones no reguladas, por lo que, en ese caso, existe de acuerdo a la recomendación, la necesidad de prevenir y sancionar la conducta de evitar o abandonar deliberadamente la economía formal con el fin de evadir el pago de impuestos y el cumplimiento de la legislación social y laboral.

Bibliografía

BARASSI, Ludovico (1953): Tratado de Derecho del Trabajo, (Buenos Aires, Editorial Alfa).

GINÉS Y FABRELLAS, Anna (2016): Crowdsourcing sites y nuevas formas de trabajo. En, Revista Derecho Social y Empresa. Nº 6, diciembre.

MALO, Miguel Angel (2018): "*Nuevas formas de empleo: del empleo atípico a las plataformas digitales*", Revista Papeles de Economía española, nº156: Los problemas del mercado del trabajo y las reformas pendientes, p. 146-158. En https://www.funcas.es/publicaciones_new/Sumario.aspx?IdRef=1-01156.

PÉREZ DE LOS COBOS, Francisco (1993): *El Trabajo subordinado como tipo contractual*. En Documentación Laboral, nº 39.

TODOLÍ SIGNES, Adrián. El impacto de la "*Uber Economy*" en las relaciones laborales: los efectos de las plataformas virtuales en el contrato de trabajo. En, IIUS Labor.3/2015.

Normas citadas

Decreto municipal de Sao Paulo, núm. 58.595 de 4 de enero de 2019. Consultado Consultado en http://documentacao.saopaulo.sp.leg.br/iah/fulltext/decretos/D58595.pdf.

Decreto departamental de Montevideo, núm. 2016-98-02-000831, de transporte de pasajeros mediado por plataformas. Consultado en http://www.montevideo.gub.uy/sites/default/files/biblioteca/decretotransporteonerosodepasajerosmediadoporplataformaselectronicas.pdf.

Ley municipal de Sao Paulo, núm. 16.345 del 4 de enero de 2016. Consultada en http://documentacao.saopaulo.sp.leg.br/iah/fulltext/leis/L16345.pdf.

Real Decreto-ley núm 13/2018, de 28 de septiembre, por el que se modifica la Ley 16/1987, de 30 de julio, de Ordenación de los Transportes Terrestres, en materia de arrendamiento de vehículos con conductor, España. Consultado en https://www.boe.es/boe/dias/2018/09/29/pdfs/BOE-A-2018-13179.pdf.

Recomendación núm. 198, sobre la relación de trabajo, 2006. Consultada en https://www.ilo.org/dyn/normlex/es/f?p=NORMLEXPUB:55:0::NO::P55_TYPE,P55_LANG,P55_DOCUMENT,P55_NODE:REC,es,R198,%2FDocument.

Reglamento de la ley de movilidad del distrito federal de la Ciudad de México, de 15 de septiembre de 2017. Consultado en http://www.paot.org.mx/centro/reglamentos/df/pdf/2017/REGLAMENTO%20DE%20LA%20LEY%20DE%20MOVILIDAD%20DEL%20DISTRITO%20FEDERAL.pdf.

Informação bibliográfica deste texto, conforme a NBR 6023:2018 da Associação Brasileira de Normas Técnicas (ABNT):

GUERRERO, Francisco J. Tapia; SOTO, Carmen Elena Domínguez. El modo productivo bajo plataformas digitales y trabajo dependiente. *In*: TUPINAMBÁ, Carolina (Coord.). *As novas relações trabalhistas e o futuro do Direito do Trabalho*: as novidades provenientes de leis trabalhistas recentes. Belo Horizonte: Fórum, 2021. (Coleção Fórum as novas relações trabalhistas e o futuro do Direito do Trabalho. Tomo II.). p. 111-123. ISBN 978-65-5518-120-3.

A EVOLUÇÃO DO DIREITO DO TRABALHO E A JURISPRUDÊNCIA

JOSÉ ALBERTO COUTO MACIEL

O mundo está em constante evolução e uma das características principais dessas alterações dela decorrentes é a velocidade eletrônica, que faz com que o progresso que acontecia em anos aconteça em meses e, em muitos casos, até em dias.

O corpo humano, contraditoriamente ao que se vê com o passar da idade, se regenera em seus órgãos e se inova, sendo que o homem envelhece não pela idade, mas mais pelo descuido.

Também as situações decorrentes do direito do trabalho se inovam e passam a não ser as mesmas em decorrência de toda essa rapidez da evolução tecnológica, possibilitando, inclusive, a globalização desenfreada que propriamente enfraquece o direito com o ingresso da comercialização e da indústria internacional, reduzindo nossa produção e, em consequência, o emprego, além de ser o trabalhador, em diversos setores, substituído pelo avanço da eletrônica.

É um mundo do trabalho novo e que rapidamente vai sendo alterado.

Antes se dizia que o poder normativo da Justiça do Trabalho legislava no vácuo da lei, porque o Congresso Nacional não acompanhava a evolução social. Hoje, o poder normativo quase não mais existe, e o vácuo legal tem de ser substituído por uma legislação nova, que possibilite a maior negociação entre as partes, reduza as limitações sindicais, crie uma possibilidade maior de soluções diretamente entre empregados e empregador e propicie e incentive a arbitragem, a mediação e a conciliação.

Yone Frediani, em artigo publicado há algum tempo na *Revista Magister de Direito do Trabalho*, já evidenciava esse entendimento quando dizia:

> O mundo mudou e o Brasil evoluiu, destacando-se como potência econômica, porém, continua à margem das inovações que se apresentam no campo da legislação trabalhista, porque insiste em continuar atado a um modelo de relações entre empregado e empregador dos anos 1950. A consequência desse modelo obsoleto e da inércia do Legislativo, permitiu o avanço da jurisprudência sobre um espaço originalmente pertencente aos representantes escolhidos pelo voto direito para a Câmara dos Deputados Federal e Senadores. O Judiciário especializado não vê com bons olhos a prestação de serviços por meio de outras formas contratuais fora da relação de emprego. A busca da garantia por meio do reconhecimento da relação de emprego é irreal e ilusória. O desafio atual projeta a multiplicação de trabalhadores jurídica e legitimamente autônomos, aos quais, certamente, não poderão ser aplicadas as regras de proteção contidas na CLT.

Em um breve histórico, na época do rádio iniciava-se a proteção ao empregado como um hipossuficiente que era, dando-lhe garantias na lei, sempre ampliadas por magistrados que viviam em um país no qual existiam dois polos diversos: o econômico, que detinha o capital, e o representado pelo trabalho do empregado, ainda com vícios do tempo da escravidão, mas que precisava da legislação do Estado e dos juízes para a garantia de alguns direitos, mesmo que poucos.

Surgiu a fase da televisão e, por muito tempo, a proteção continuou a mesma e a relação de emprego em quase nada mudou.

Vieram as conquistas eletrônicas e o mundo inteiro ficou diferente. Aquela noção de país, vinculado a uma nacionalidade forte, a noção existente de imprensa, dando notícias sobre os fatos locais, os acontecimentos internacionais, cujo alcance mundial demorava algum tempo, a política dos coronéis dos Estados que pouco chegava à capital federal e muito menos ao conhecimento do povo, tudo isso foi se transformando, em progressão geométrica, num acontecimento quase que momentâneo, e o que era notícia de jornais, rádios e televisões passou a ser de conhecimento imediato da população mediante as redes sociais.

Exemplificando, surgiram os *crowdsourcings*. E o que seria isto em termos de trabalho?

Trata-se da contratação, pela internet, de trabalhos realizados em pequenas tarefas, quase na forma de pesquisa. Os interessados – milhares ou multidões, daí a palavra *crowd*) mandam suas respostas ou sugestões, que, se aproveitadas, são pagas pelos contratantes.

No Brasil, para evitar problemas com o fisco, os pagamentos são pequenos, situando-se abaixo da faixa da isenção tributária. Trata-se, evidentemente, de uma forma excepcional de trabalho, mas serve para ilustrar o contraste existente entre a velocidade e a diversidade das mudanças no mercado de trabalho e a lentidão na percepção e na evolução do direito a ele relativo.

Há outros exemplos, como na construção civil. Empresas de engenharia contratam empresas fornecedoras de mão de obra para organizar o *pool* de trabalhadores especializados (pedreiros, azulejistas, marceneiros, encanadores, etc.). O trabalho deles demora algumas semanas, empregos de curta duração e de conhecimento geral, originando um arranjo coletivo para garantir o trabalho, posteriormente, para outro empregador.

O foco de proteção ao emprego do trabalhador é diferente do tradicional. Enquanto a regulação tradicional procura proteger o vínculo, a proteção, nesses casos, é de garantir o mercado para a existência de novos trabalhos, pois o vínculo quase não existe.

Surgiu a ideia do *flexicurity*, adotada em alguns países europeus como uma tentativa de mudar o foco da regulação do trabalho, diminuindo as garantias de emprego e aumentando a proteção no mercado de trabalho.

Assim, para os trabalhadores desligados de seus antigos empregos, esses países procuram reforçar a proteção aos desempregados, concedendo benefícios do seguro-desemprego mais longos e generosos e, ao mesmo tempo, oferecendo programas de treinamento e reciclagem com o objetivo de aumentar as chances de obter nova colocação no mercado de trabalho.

É claro que sempre vão existir nas empresas trabalhos de vínculos decorrentes da especialização e, nesses casos, devem as empresas e sindicatos se socorrerem para a proteção ao trabalho, de autocomposição e acordos coletivos, mas a regra geral será a dos empregos de curta duração, exigindo novos tipos de tutela.

Na esteira dessa evolução social e em decorrência de uma jurisprudência dos tribunais trabalhistas que engessava cada vez mais a relação de trabalho, invertendo o progresso do trabalho em favor de uma defesa ao empregado mais férrea do que a de tempos atrás, entrou em vigor nova lei trabalhista, a de número 13.467, de 13 de julho de 2017, com o objetivo de atualizar a relação de trabalho no país.

A referida lei trouxe inovações relevantes na relação entre as partes e reformulou muito a jurisprudência protetora, a qual, pelos entraves que vem trazendo ao crescimento do lado patronal e o enorme desemprego existente, tem colocado em risco a própria existência dessa justiça especializada. Alterou na lei questões relativas à jornada de trabalho, admitiu trabalho em regime de tempo parcial, flexionou quanto a banco de horas e, o que considero relevante, regulamentou novos trabalhos, como o teletrabalho, o trabalho intermitente, diferenciações como autônomo e outras criações.

Possibilita a lei nova a extinção do contrato por acordo, com maior flexibilização, e admite a força do negociado sobre o legislado em determinadas situações que especifica.

Também trata da responsabilidade por dano processual, custas e honorários pela parte vencida, acordo extrajudicial e demais questões que serão interpretadas por uma nova jurisprudência em todos os tribunais do país.

No Brasil, entretanto, a jurisprudência, como dito, tem procurado dar mais ênfase à tutela na manutenção do emprego, insistindo na proteção ao vínculo, de forma improdutiva, como improdutiva é toda a proteção demasiada que não aprecia o mercado de trabalho como um todo.

Em recente decisão, por exemplo, entendeu o STF que a despedida dos empregados de empresas vinculadas ao governo – nesse caso, foi num processo dos Correios – teria de ser precedida das razões da rescisão contratual, ou seja, ninguém poderá ser demitido sem os fundamentos pelos quais decorreu a demissão.

Diz a Suprema Corte que não se trata de estabilidade, garantia no emprego, mas, sim, de obrigatoriedade de ser conhecido o motivo da rescisão contratual.

Ora, se sou obrigado a dizer o motivo da rescisão, certamente que os tribunais poderão apreciar esse motivo e, se acharem que não é justo o motivo, a consequência será a reintegração, como já vem fazendo o TST, inclusive ampliando essa garantia, em alguns casos, para as demais empresas.

É evidente que eu não poderei dizer "demiti sem justa causa porque não quero mais o trabalho desse empregado", pois seria o mesmo de não justificar a rescisão, que é, aliás, o que possibilita nossa Constituição.

O cenário futuro terá a maioria das relações de emprego com base no conhecimento geral, podendo-se concluir que empregos eventuais e vínculos de curta duração deverão ser predominantes, não podendo o direito do trabalho continuar dando ênfase à proteção do vínculo de emprego, tratando de situações efetivamente provisórias.

Sugere a doutrina outras proteções ao trabalhador, não necessariamente ligadas ao vínculo, dentre elas, a aproximação entre o direito do trabalho e a seguridade social. A proteção da saúde, da segurança e das condições de trabalho, bem como garantias no desemprego e cursos de readaptação e especialização, seria essencial, focos novos do direito do trabalho, garantias que possam ser ofertadas pela via da negociação coletiva.

O Brasil, como os demais países, não é mais o mesmo, pois o mundo agora é realmente globalizado, mas o que fizemos em termos de legislação, de modificações doutrinárias e jurisprudenciais em torno do trabalhador brasileiro?

Entrou em vigência a referida Lei nº 13.467/2017, com diversas inovações que estão sendo apreciadas ainda pelas instâncias inferiores.

Espera-se que os tribunais, após um enorme retrocesso na jurisprudência, transformando, inclusive, direitos legalmente regulamentados, em proteções ao trabalhador acima do legislado, mediante súmulas que se sobrepõem às normas legais existentes, alterem esse entendimento jurisprudencial, interpretando a nova lei de acordo com seu espírito de mudanças, pois tanto é possível atualizar o direito em decorrência da evolução social como retroagir sua interpretação, mantendo uma proteção que não deveria ser mais existente porque não se coaduna com o progresso, a não ser naquelas hipóteses em que a lei se excedeu e merece a devida correção.

Num rápido retrospecto, em 2003 foi cancelado o Enunciado nº 310, que limitava a atuação do sindicato na qualidade de substituto processual, admitindo-se essa substituição até no direito individual.

No mesmo ano foi feita uma revisão de todos os enunciados, mantidos todos os que eram favoráveis aos trabalhadores e cancelando-se mais da metade dos que a eles não interessavam.

Evoluiu o TST nessa proteção, inclusive na garantia subsidiária dos entes públicos nos casos de terceirização, o que foi cancelado pelo STF, transformando-se os enunciados em súmulas no ano de 2005.

Em maio de 2011, foram criadas mais quatro súmulas e revisadas mais de dez, todas em favor dos trabalhadores, independentemente da existência de precedentes, ou seja, passou o tribunal a legislar e de uma forma mais severa do que a própria lei, o que continuou se fazendo até os dias atuais.

É que, contra a lei, cabe a possível declaração judicial de inconstitucionalidade, o que é incabível nos casos de súmulas, porque não são consideradas normas para que possam ser canceladas judicialmente, tendo, porém, na prática, mais força do que a própria lei.

Atualmente, com as dificuldades da admissão de recursos de revistas, decorrente da nova lei em vigor sobre a matéria, com os processos repetitivos, súmulas, repercussões gerais e jurisprudência que possibilita julgamentos monocráticos, quase todos os recursos para o Tribunal Superior do Trabalho relativos às empresas não são admitidos e, caso sejam, não são conhecidos, pouco sobrando para a Seção de Dissídios Individuais julgar, porque só cabível embargos por divergência, outra limitação que surgiu nessa ânsia de limitação dos processos nessa corte superior.

Pior ainda, na nova Lei nº 13.467/2017, que evoluiu em vários aspectos de criação de formas contratuais, dando também força ao negociado e alterando posições jurisprudenciais, manteve-se e regulamentou-se a transcendência exigida no recurso de revista, possibilitando que, subjetivamente, o relator não conheça do recurso por entender que não haja indicadores, dentre eles econômicos, políticos, sociais ou jurídicos, o que transforma a apreciação da revista muito mais restrita do que com as restrições já existentes, além de que, se não for admitida e subir, mediante agravo de instrumento, do despacho do relator da falta de transcendência, não cabe mais nenhum recurso, ou seja, o recurso para um órgão colegiado de terceira instância está sendo decidido monocraticamente e de forma subjetiva.

E mais, a possibilidade de se ver apreciado o recurso pelo Supremo Tribunal Federal torna-se quase que propriamente nula. É que a orientação é a de não admitir recursos extraordinários, como pode se verificar estatisticamente, sendo que o entendimento do ministro vice-presidente, em matéria de despachos, é no sentido de não admitir o recurso extraordinário pela matéria nele contida, mas, sim, sobre a tese em discussão, quando então suspende os demais sobre a mesma tese, entendimento esse válido em razão também dos processos repetitivos e da repercussão geral existente ou não no STF.

Assim, os agravos que não trouxerem teses que, ao ver do TST, não possuam questão constitucional de repercussão geral não são também admitidos para a Suprema Corte, embora devesse ela decidir sobre o provimento dos mesmos, mas são enviados ao órgão especial do TST, que os fulmina, a todos, sem mais nenhum recurso.

O que temos em razão dessa política é um direito do trabalho criado pelos tribunais regionais, pois, na verdade e na prática, são eles que estão unificando a jurisprudência no país.

Então se faz necessário pensar: se o homem não alterou essa estrutura arcaica do trabalhador não foi também porque ele próprio não alterou sua estrutura? Ou, melhor dizendo, o homem político – e aqui digo político no sentido de possuir poderes públicos – teria interesse na evolução da camada humana mais pobre e inferior culturalmente da sociedade para que tal volume de pessoas adquirisse certa autonomia profissional? Parece ser um raciocínio um tanto quanto triste, mas é algo que se apresenta como decorrente de um passado não muito distante e ainda, de certa forma, existente da forma com que se elegem e se nomeiam muitos dos que estão no poder.

Em uma democracia em que depende o cargo de poder de eleição, na qual o voto é obrigatório, integrando os entes superiores dos Poderes Executivo e Legislativo, e na qual o Judiciário é formado por cargos decorrentes de exigentes concursos, mas também composto, em suas camadas mais elevadas, de cargos preenchidos algumas vezes com o beneplácito dos mais poderosos, interessa, mesmo aos homens do poder, que o trabalhador tenha maior dignidade própria, e não decorrente de benesses concedidas, desviadas dos recursos dos demais integrantes do Estado que pagam impostos? Há interesse em acabar mesmo com o hipossuficiente, ou melhor, é ampliar a ele pequenos benefícios legais ou jurisprudenciais, com aquela consciência de ter ajudado o menos afortunado?

Apenas para refletir, quanto à Bolsa Família, auxílio-alimentação, auxílio-transporte e outros benefícios – ressalvando, evidentemente, que é melhor concedê-los do que nada –, não é interessante para o poder constituído que essas pessoas recebam tais vantagens e a elas sejam garantidos pequenos benefícios na Justiça do Trabalho sem outros direitos mais dignos a serem concedidos? Está o magistrado concedendo garantias para os tipos de trabalho que se alteram com uma incrível velocidade decorrente das diferentes formas de emprego existentes ou quer manter o trabalhador naquela figura do subordinado que é defendido pelo poderoso?

Por que seria interessante para o governante dar meios e modos para que os trabalhadores evoluam da situação calamitosa em que se encontram, em sua maioria, se poderão eles melhorar seu índice cultural e melhor votar, afastando do poder quem os explora?

Lembro – e faz muitos anos, quando assessorava o ministro do Trabalho Arnaldo Prieto – ter participado de uma comissão de inquérito para averiguar cursos profissionais no Nordeste que deveriam ser concedidos pelas delegacias regionais do trabalho com verbas a elas enviadas.

Esses cursos eram comprovados com a assinatura de centenas de trabalhadores ou desempregados que procuravam emprego. O dinheiro era enviado para as delegacias, que tinham seu plano de trabalho e professores.

Mas o que acontecia? Os interessados que eram chamados nas delegacias assinavam a inscrição e diversas presenças e recebiam um pequeno valor, e o curso fantasma, posteriormente, proporcionava até diploma, sendo que os valores ficavam com aqueles que dirigiam os interesses governamentais.

Foram muitos milhões, e as autoridades receberam, deram alguma gorjeta, ficaram bem de vida e com a garantia de votos em uma próxima eleição. Efetivamente não havia interesse desses dirigentes em que o trabalhador melhorasse culturalmente, porque perderiam o poder e terminariam presos, como com alguns aconteceu no final de nosso inquérito.

Essas são apenas algumas reflexões para se ter uma noção maior do que está acontecendo no país com o emprego.

Sinto dizer, mas parece-me uma verdade. Não há interesse em melhorar a vida digna do trabalhador, e a Justiça do Trabalho, que tem realmente esse interesse, é enganada por benesses a ele concedidas pelo governo mediante normas legisladas ou decretadas, ampliando essas defesas de 1943 como se estivesse garantindo o "coitadinho" contra os abusos do "patrão", sem perceber que, numa época na qual vivemos, tudo evolui, menos o homem e sua ganância de poder. É interessante e mexe com o ego conceder benefícios para o empregado de empresas que, caso não existam, não lhe dão emprego, como se estivéssemos ainda naquela fase de tirar dinheiro do rico e dar para o pobre, sendo essa a função da justiça.

Parece-me, entretanto, que a revolução industrial e tecnológica, como se vê no dia a dia, mal está começando e tudo indica que os trabalhos, como os da atualidade, serão raros em pouco tempo.

As empresas virtuais, o teletrabalho, a terceirização, os sistemas eletrônicos que substituem de forma melhor o trabalhador, tudo isto é uma realidade que se amplia com uma rapidez que nós não conseguimos evitar nem acompanhar. Mas parece-me que não aceitar essa evolução, na prática, é o mesmo que não aceitar a Uber, mantendo os táxis tradicionais, porque é mais fácil manter o tradicional do que aceitar a evolução.

O trabalhador, de forma amadora e querendo ser eficaz ao empresário, dizia a ele antigamente: "Deixa que eu faço este trabalho em casa". Hoje, esse trabalho em casa está se transformando em um novo tipo de trabalho, o qual transforma a subordinação em parassubordinação, a jornada de trabalho em tarefas ou em confiança existente entre as partes, e a pessoalidade deixa de ser um elemento primordial ao contrato.

Conforme trecho de artigo citado no *Valor Econômico*, a OIT entende que o declínio do contrato de trabalho com duração indeterminada e a polarização da mão de obra são duas tendências importantes que começam a marcar o mundo do trabalho nos países desenvolvidos e devem se propagar nos emergentes.

> Conforme constata a OIT, várias experiências vêm sendo estudadas para atenuar os efeitos negativos dessa desregulação decorrente desses novos tipos de trabalho que vêm sendo exigidos. A Itália adotou mais de quarenta tipos de contratos de trabalho para garantir um mínimo de proteção ao trabalho. A Austrália criou novas formas de seguro social, não mais vinculados ao emprego. A Alemanha criou novas formas de barganha coletiva e o Japão adotou modos de resolução de disputa, de forma individual e não mais coletiva.

Mas o direito do trabalho no Brasil tem de avançar para dar ao trabalhador direitos a garantir seus empregos futuros, substituição de "bolsas" protecionistas por bolsas de estudos, seguros decorrentes de demissões tecnológicas, cursos dentro das empresas de eletrônica e conhecimento que proporcione aos empregados aprofundados estudos do que será a empresa em breve futuro e o que poderá ele fazer para manter um trabalho nessa nova época de tecnologia.

Vejo, após cinquenta anos defendendo processos na Justiça do Trabalho, magistrados obrigando as empresas a garantir para o futuro, em acordos e convenções coletivas, benefícios concedidos por determinado período, dependendo da situação das partes naquele espaço de tempo, e lembro daquilo que Sussekind chamava de proteção que desprotege.

Em quase todas as reclamações trabalhistas, mesmo naquelas em que o empregado pede um benefício que, se não pago, já tem a penalidade própria, se pede hoje, como rotina, um dano moral qualquer, porque sempre sabe o trabalhador, ou seu advogado, que algum valor vai receber dentro dessa fábrica de danos morais.

Sabe-se que o empregado, até os dias atuais, reclama na Justiça do Trabalho sem pagar custas, nem depósitos, nem honorários advocatícios, ou seja, pode reclamar o que quiser, sem qualquer razão, que nada gastará, enquanto que se põe a culpa no grande volume de causas somente no empregador que não quita devidamente os contratos. Certo que a nova lei alterou esse entendimento da gratuidade do empregado, mas será que a jurisprudência o manterá?

Mas, por outro lado e contra o empregado, a Justiça do Trabalho, que lhe é tão afeta, batalha em favor dos acordos judiciais nos quais se amplia a estatística de decisões do julgador, mas também nos quais o empregado sempre perde, porque, realizado o acordo, receberá nunca igual ou mais do que lhe é devido. Evidentemente que, se ações reais forem interpostas, o acordo será reduzido a proporções válidas e não como simples benesses de quem pediu mais porque a justiça lhe era gratuita.

É certo que a defesa do trabalhador, através de seu princípio protetor, deve ser observada pela Justiça do Trabalho, mas é necessário que se apreciem as condições de evolução do empregado a uma parassubordinação ou a uma autonomia do trabalho em certas categorias de trabalhadores que executam seus serviços, mais por tarefas, ou com maiores conhecimentos do que o próprio empregador, por conta e risco próprios.

Conforme o saudoso professor Amauri Mascaro Nascimento demonstrava, faz algum tempo, o autônomo hoje não é mais apenas o autônomo clássico, o profissional liberal, o médico, o advogado, o engenheiro, o arquiteto, o dentista, a pedóloga e tantos que exerçam uma atividade econômica por conta própria porque os sistemas de produção de bens, de serviços, de produção de informações e o avanço da tecnologia criaram novas realidades com reflexos amplos, inclusive sobre as formas pelas quais o trabalho é prestado (LTr 72/2008, nº 09).

É preciso que, na própria subordinação, criem os tribunais, mesmo através dos dissídios coletivos, acordos e convenções, meios e modos de ser o trabalhador elevado a uma categoria com maior dignidade e possibilidades de evolução ao invés de lhe dar migalhas de benefícios, com o que é enganado por "estar ganhando mais".

O direito do trabalho não mais somente cuida dos conflitos entre empregados e empregadores, mas, após a Emenda Constitucional nº 45/2004, teve sua competência ampliada para apreciar todos os conflitos decorrentes da relação de trabalho, o que significa dizer que o constituinte demonstrou, nessa alteração, o que o mundo vem demonstrando com a desenvoltura da globalização e com a evolução do homem que também se globaliza: o trabalhador que interessa ao direito do trabalho não é mais somente o hipossuficiente, que se quer cada vez menos, mas aquele que evolui, com dignidade, com a evolução do próprio mundo social.

Essas forças da globalização, tecnologia, transição demográfica e mudanças climáticas tendem cada vez mais, e com uma velocidade incrível, a alterar o que de estável há no direito do trabalho, na Justiça do Trabalho e na legislação trabalhista.

O mundo não é mais o mesmo e, amanhã, não será mais o mesmo de agora.

Estamos no limiar de uma nova forma de trabalho que transforma dia a dia, e transformará de forma impensável, as relações de trabalho no nosso mundo e, em especial, no Brasil.

Não adianta mais querer ser o herói dos hipossuficientes, mas adianta, sim, tirá-los da hipossuficiência.

Como afirma a Dra. Yone Frediani, em trabalho já citado:

> Importante é enfatizar que a busca da garantia por meio do reconhecimento da relação de emprego é irreal e ilusória, visto que o empregado, ao chegar ao fim de sua vida produtiva, aposenta-se e, em 90% dos casos concretos, necessita permanecer no mercado de trabalho porque os rendimentos que obtém da previdência social afrontam a dignidade da pessoa humana, já que não permitem ou garante a manutenção de suas necessidades básicas descritas no artigo 7º da Constituição Federal anteriormente apontadas.
>
> Assim sendo, o desafio atual irreversível e inevitável projeta a multiplicação de trabalhadores jurídica e legitimamente autônomos, aos quais, certamente, não poderão ser aplicadas as regras de proteção contidas na CLT, já que destinadas, tão somente, aos trabalhadores que mantém contrato de trabalho, não sendo demais se repetir que a valorização do trabalho prevista constitucionalmente independe de sua execução de forma subordinada ou autônoma.

É preciso promover uma grande revolução no direito do trabalho e na Justiça do Trabalho para que se adaptem ao novo mundo a que estamos ingressando, pois, se a tecnologia vem em favor de todos, o novo modo jurídico de ver esse progresso poderá vir a transformar para melhor a vida do trabalhador e a convivência dele com o progresso econômico das empresas no país.

Certamente que o trabalhador deve ser cada vez mais protegido contra o poder da economia que se desenvolve em decorrência da globalização e que traz, em seu desenvolvimento, um dos problemas mais graves para os empregados, que é o desemprego. Mas essa proteção deve decorrer da lei, objetivando, inclusive, uma parceria maior com a empresa, pois ambos são parceiros do sucesso social.

Vê-se hoje no Brasil que, com toda a proteção judicial ao trabalhador e com as obrigações fiscais ampliadas contra as empresas, transformam-se empregadores em pessoas jurídicas falidas, e o fechamento de empresas comerciais e industriais tem como pior consequência o desemprego, que cada vez mais aumenta.

Enfim, em nome do crescimento da economia moderna, buscam os governos resultados contábeis, independentemente da possibilidade de vida das pessoas que perdem seu trabalho, sendo excluídas desse mundo como se nada fossem.

O crescimento da economia, que se insere globalizada nos países do terceiro mundo, traz, como consequência inevitável, o fechamento de muitas empresas e a demissão de grande massa de trabalhadores, a qual é ampliada pelos impostos cobrados do governo e pelo aumento da carga de obrigações sociais, benefícios que são concedidos como um remédio para os empregados antes da demissão dos mesmos.

É evidente que os tribunais têm de combater a exploração do homem pelo homem em nome do capital, mas não pode, em nome dessa proteção, gerar o desemprego.

Dentro dessa realidade em que vivemos, mediante esses novos tipos de trabalho ocasionais, sem subordinação, e essa possibilidade do aumento da demissão, precisa o magistrado defender regras novas de adaptação do direito do trabalho a uma nova realidade, especialmente a defesa do empregado enquanto no desemprego, formas de readaptação, seguros e garantias novas de trabalho que possibilitem a sobrevivência da empresa, fonte do trabalho de todos.

Resumindo, diria aos integrantes dos poderes desta República: "Parem de deixar os trabalhadores pobres mais pobres, mais hipossuficientes, mais dependentes". O mundo já passou dessa fase. É preciso mudar a forma de tratar a relação de emprego porque tudo muda e, como dizia Einstein, "se quiseres mudar as coisas, não repita o passado".

Informação bibliográfica deste texto, conforme a NBR 6023:2018 da Associação Brasileira de Normas Técnicas (ABNT):

MACIEL, José Alberto Couto. A evolução do direito do trabalho e a jurisprudência. *In*: TUPINAMBÁ, Carolina (Coord.). *As novas relações trabalhistas e o futuro do Direito do Trabalho*: as novidades provenientes de leis trabalhistas recentes. Belo Horizonte: Fórum, 2021. (Coleção Fórum as novas relações trabalhistas e o futuro do Direito do Trabalho. Tomo II.). p. 125-137. ISBN 978-65-5518-120-3.

IMPACTOS DA POLÍTICA ECONÔMICA NAS RELAÇÕES DE TRABALHO NO BRASIL: MITOS SOBRE A FLEXIBILIZAÇÃO DA LEGISLAÇÃO TRABALHISTA E EXTINÇÃO DA ESTRUTURA INSTITUCIONAL PROTETIVA DO DIREITO DO TRABALHO

LUCIANA PAULA CONFORTI

1 Introdução

A partir de 12 de maio de 2016, teve início o governo Michel Temer e, em 2018, foi eleito como presidente da República Jair Messias Bolsonaro.

O estudo não objetiva a discussão dos fatos políticos que levaram Michel Temer a assumir o governo brasileiro, tampouco a eleição do atual presidente da República.

O principal foco do artigo é a análise dos argumentos econômicos difundidos pelos governos citados para justificar propostas de reformas sociais e da legislação trabalhista.

Embora em seu discurso de posse Michel Temer tenha afirmado que era "urgente pacificar a nação e unificar o país", segundo o economista Márcio Pochmann, desde o primeiro mês do seu governo, Michel Temer apresentou planos capazes de ampliar a histórica divisão social do Brasil, iniciando fase de privatizações e pagamento da dívida pública, somados a cortes na saúde, educação e previdência, com reflexos políticos imprevisíveis, devido aos prejuízos às camadas inferiores da população, dependentes de políticas públicas. O autor destaca que o governo Temer foi o primeiro, desde o fim da ditadura militar, a abandonar qualquer tentativa de conciliação de classes no país. Até nas gestões conservadoras de Fernando Collor (1990-1992) e de Fernando Henrique Cardoso (1995-2002), diz, havia representantes de trabalhadores no ministério, algo inexistente no referido governo.[1]

Notícias da época corroboraram as afirmações do autor. Na manhã do dia 12 de abril de 2017, foi divulgado parecer ao então PL nº 6.787/2016, conhecido como "reforma trabalhista". O citado projeto de lei foi apresentado no início do ano de 2017 pelo Poder Executivo com o objetivo de "modernizar" a legislação trabalhista; no entanto, especialistas avaliaram a proposta legislativa como grande retrocesso,[2] já que contemplava, desde a origem, modificações extremamente prejudiciais aos trabalhadores. Como exemplos, podem ser citados: o trabalho intermitente, que permite que o empregado fique à disposição do empregador, porém, com o recebimento somente das horas efetivamente trabalhadas; a ampliação do trabalho a tempo parcial, permitindo contratar por meio período, com o pagamento de salários inferiores ao mínimo legal; o trabalho "autônomo exclusivo", com o incentivo à pejotização[3] e à terceirização irrestrita de atividades, para além das hipóteses tratadas na Lei nº 13.429/2017, sancionada em 31 de março de 2017 (antigo PL nº 4.302/1998), que alterou a Lei nº 6.019, de 1974, que trata do trabalho temporário em empresas urbanas e dispõe sobre as relações de trabalho nas empresas de prestação de serviços a terceiros.

---

1 POCHMANN, Márcio. *Plano Temer aprofunda desigualdades*. Disponível em: http://www.cartacapital.com.br/politica/plano-temer-aprofunda-desigualdades. Acesso em: 02 jun. 2019.

2 TRINDADE, Rodrigo; COLUSSI, Luiz Antonio. *Desmonte do Direito do Trabalho*: reforma trabalhista é avaliada como grande retrocesso. Disponível em: http://www.amatra4.org.br/publicacoes/artigos/1238-parecer-final-reforma-trabalhista. Acesso em: 12 abr. 2017.

3 Sobre o tema, confira-se CONFORTI, Luciana Paula. A relação de emprego e o trabalho autônomo: análise da "Reforma Trabalhista" frente à Constituição de 1988 e às Convenções Internacionais do Trabalho. *In*: *A Reforma Trabalhista (Lei nº 13.467/2017) na visão dos Magistrados do Trabalho, Procuradores do Trabalho e Advogados Trabalhistas*. Belo Horizonte: RTM, 2019. p. 91-98.

A partir do governo de Michel Temer, também voltaram à cena discursos e ações em prol da extinção da Justiça do Trabalho, como o corte do orçamento para 2016, em 50% nas dotações para o custeio e de 90% nos gastos destinados a investimentos, o que se revelou discriminatório e atentatório do Estado Democrático de Direito, com o objetivo de desmonte da justiça trabalhista.[4]

Diante de tal contexto, o novo capítulo da história do Brasil passou a ser escrito com a mesma introdução da década de 1990, quando ficou demonstrado que a flexibilização do mercado de trabalho não traz empregabilidade ou o crescimento econômico do país.

Sobre tal aspecto, importante citar o ano de 1998. Na época, o Brasil atingiu elevadíssimo índice de desemprego,[5] vivenciou explosão no ajuizamento de ações trabalhistas[6] e havia propostas precarizantes em relação aos direitos dos trabalhadores, inclusive emenda constitucional para a extinção da Justiça do Trabalho.[7]

No citado governo, também houve a aprovação da Emenda Constitucional nº 241/2016 (PEC nº 55 no Senado), medida que aponta para o esgotamento dos recursos financeiros em 2020, impondo deficitário funcionamento à Fiscalização do Trabalho, ao Judiciário trabalhista e ao Ministério Público do Trabalho, além de outros órgãos e entidades públicas,[8] inclusive na área da saúde e educação, trazendo verdadeiro caos social.

A partir do governo de Jair Messias Bolsonaro, alterações legislativas reducionistas e a política econômica neoliberal passaram a ser aprofundadas desde o primeiro dia do mandato. O novo governo assumiu com promessas de melhorar a economia, os índices de emprego, mas também de romper com o passado, trazendo "modernização" para o país.

---

4 Disponível em: http://cartamaior.com.br/?/Editoria/Principios-Fundamentais/Contra-o-desmonte-da-Justica-do-Trabalho-e-dos-Direitos-Trabalhistas/40/35639. Acesso em: 08 ago. 2016.

5 *O desemprego aumentou 38% de 1994 a 1998*. Disponível em: http://www1.folha.uol.com.br/fsp/dinheiro/fi31019919.htm. Acesso em: 08 ago. 2016.

6 *2 milhões de novos processos foram ajuizados*. Disponível em: http://www.josepastore.com.br/artigos/rt/rt_056.htm. Acesso em: 08 ago. 2016.

7 Disponível em: http://www.conjur.com.br/1998-dez-14/propostas_preveem_extincao_justica_trabalhista. Acesso em: 08 ago. 2016.

8 Disponível em: https://www.correiobraziliense.com.br/app/noticia/economia/2019/03/10/internas_economia,741986/justica-do-trabalho-tem-ajuda-de-r-1-bi-da-uniao-para-nao-estourar.shtml. Acesso em: 25 maio 2019.

2 Efeitos da política econômica e da "reforma trabalhista" sobre o mercado de trabalho brasileiro

Apesar das promessas de "modernização" das relações de trabalho, segundo dados divulgados oficialmente, houve o aprofundamento das desigualdades sociais,[9] desvalorização do trabalho humano e maior vulnerabilidade dos trabalhadores devido à deliberada tentativa de descaracterização do caráter protetivo do direito do trabalho, com afronta à Constituição e violação a convenções internacionais do trabalho.

O texto original da proposta de "reforma trabalhista" encaminhada pelo governo previa a alteração de apenas sete artigos da Consolidação das Leis do Trabalho (CLT), mas a lei aprovada, em regime de urgência, promoveu a mudança e inclusão de dispositivos, representando mais 200 mudanças (com diversos pontos sobre jornada de trabalho e salário) em 117 artigos da legislação trabalhista alterados, sem a adequada interlocução com os atores sociais e promoção de autêntico diálogo tripartite.

As promessas de que a "reforma trabalhista" traria o aquecimento do mercado de trabalho ainda não se concretizaram. Pelo contrário, os reflexos da precarização do mercado trabalho nacional já podem ser computados. Pouco tempo após o início da vigência das alterações na CLT, ocorreram demissões em massa de trabalhadores,[10] e o índice de desemprego não diminuiu de forma significativa, já que ainda atinge cerca de 13,4 milhões de pessoas.[11]

Quanto ao tema "geração de empregos", embora algumas vagas no mercado formal de trabalho tenham sido criadas no mês de abril de 2019, importante destacar que as estatísticas divulgadas também

---

9 Segundo pesquisadores da UNICAMP, a "reforma trabalhista" aumentou a desigualdade social e tem impactado de maneira mais relevante em setores marcados por baixos salários e alta rotatividade, como o comércio. Disponível em: https://www.valor.com.br/brasil/5617411/reforma-trabalhista-aumentou-desigualdade-dizem-pesquisadores. Acesso em: 24 ago. 2018.

10 Como a demissão de 1.200 professores da Universidade Estácio de Sá para a criação de um cadastro de reserva e contratação como intermitentes. Disponível em: https://www1.folha.uol.com.br/mercado/2017/12/1940980-estacio-de-sa-demite-12-mil-professores-apos-reforma-trabalhista.shtml. Acesso em: 24 ago. 2018.

11 Desemprego sobe para 12,7% em março e atinge 13,4 milhões de brasileiros. Trata-se da maior taxa desde o trimestre terminado em maio de 2018. Segundo o IBGE, número de subutilizados atingiu o recorde de 28,3 milhões de pessoas. Disponível em: https://g1.globo.com/economia/noticia/2019/04/30/desemprego-sobe-para-127percent-em-marco-diz-ibge.ghtml. Acesso em: 25 maio 2019.

contemplam vagas de trabalho intermitente e de trabalho a tempo parcial.[12]

No trabalho intermitente, o trabalhador ganhará de acordo com o número de horas trabalhadas, e as férias, o 13º salário e o FGTS serão pagos com base nos valores recebidos. O aviso prévio e a multa do FGTS serão pagos pela metade, e o trabalhador, mesmo que dispensado sem justa causa, não fará jus ao recebimento do seguro-desemprego. No caso de o trabalhador receber menos de um salário mínimo por mês, deverá complementar os valores recolhidos à Previdência Social. Nessa modalidade de contrato de trabalho, o trabalhador pode deixar de ser convocado o mês todo (contrato zero hora). Estudo aponta os prejuízos advindos de tal tipo de contratação no Reino Unido, onde passou a ser utilizado em larga escala, como o recebimento de salários 7% menores do que os demais trabalhadores, desproteção social e imprevisibilidade das contratações.[13]

A "reforma trabalhista", igualmente, ampliou a possibilidade de trabalho a tempo parcial, aumentando de 25 para 30 horas semanais, sem a possibilidade de horas extras; porém, nos contratos de até 26 horas semanais, poderão ser realizadas mais seis horas extras (com o adicional de 50% e possibilidade de compensação), e os salários são calculados de forma proporcional ao número de horas contratadas (art. 58-A da CLT), o que também impacta no 13º salário, nas férias e no FGTS, além das contribuições previdenciárias, que deverão ser igualmente complementadas pelo trabalhador caso receba salário inferior ao mínimo.[14]

A extrema pobreza entre os brasileiros aumentou de 25,7% para 26,5% entre 2016 e 2017, como aponta levantamento realizado a partir

---

12 A economia brasileira gerou 129.601 empregos com carteira assinada em abril de 2019, de acordo com números do Cadastro Geral de Empregados e Desempregados (Caged) divulgados nesta sexta-feira (24.05.2019) pelo Ministério da Economia. Nesse número, houve a criação de 5.422 vagas de trabalho intermitente e 2.827 na modalidade de trabalho parcial. Disponível em: https://g1.globo.com/economia/noticia/2019/05/24/brasil-cria-129-mil-vagas-de-emprego-formal-no-melhor-mes-de-abril-em-6-anos.ghtml. Acesso em: 25 maio 2019.

13 Estudo apresentado por Marcelo Zero. Disponível em: https://www.josepimentel.com.br/sites/default/files/notas-tecnicas/alguns-dados-sobre-o-trabalho-intermitente-no-reino-unido.pdf. Acesso em: 26 maio 2019.

14 A medida foi apontada como prejudicial pelo Ministério Público do Trabalho, já que, além de tradicionalmente gerar ganhos inferiores ao salário mínimo, pode desestimular a contratação com jornada de 44 horas e pagamento de salário mínimo, o que já foi verificado na Europa, segundo estudo da OIT de 2015. Disponível em: http://www.prt22.mpt.mp.br/2-uncategorised/289-reforma-trabalhista. Acesso em: 26 maio 2019.

da Pesquisa Nacional por Amostra de Domicílios (PNAD), do IBGE, tendo como causas o desemprego e o aumento da informalidade.[15]

O ministro da Economia, Paulo Guedes, defende privatizações e a intervenção mínima do Estado. Segundo afirma: "O dirigismo econômico corrompeu a política brasileira e travou o crescimento econômico".[16]

Dentre as propostas de "modernização" anunciadas pelo governo, encontra-se o aprofundamento da "reforma trabalhista", para que se "aproxime da informalidade", com a adoção da carteira de trabalho "verde e amarela", já que haveria "direitos demais e empregos de menos".[17]

Sobre o tema "política de emprego" e observância da Convenção nº 122 da OIT,[18] a Comissão de Peritos da Organização Internacional do Trabalho (OIT) solicitou ao Brasil, no relatório publicado para a 108ª Conferência Internacional, de 2019, mais uma vez, informações sobre a aplicação do art. 442-B da CLT, que dispõe sobre o trabalhador "autônomo exclusivo", inclusive, caso exista, cópia de decisão judicial sobre a aplicação do dispositivo legal em questão. A solicitação de informações levou em consideração o fato de que a previsão legal pode gerar efeitos negativos sobre a política de criação de empregos, uma vez que, segundo alegações de entidade sindical, sugere descaracterizar a própria concepção do contrato de trabalho ao permitir que o trabalhador exclusivo possa ser considerado autônomo.

Outro tema que possui vinculação direta com a "política de emprego" refere-se à "reforma da previdência".

Tendo em vista o baixo valor das aposentadorias e o alto índice de desempregados, os aposentados estão trabalhando para complementar

---

[15] A pobreza de 55 milhões de pessoas e a pobreza extrema de 15,2 milhões de pessoas expõem a concentração de riqueza no país. Os 10% mais ricos acumulam 43% do total de recursos, e os 40% mais pobres detêm apenas 12% do total. Os pretos e os pardos são maioria nesse grupo. Segundo o pesquisador do IPEA, Miguel Nathan Foguel, no período de crise econômica, desde 2014, houve aumento do desemprego e da informalidade, o que culminou com o aumento da pobreza e no índice de pobreza extrema. Disponível em: https://g1.globo.com/jornal-nacional/noticia/2018/12/05/no-brasil-152-milhoes-vivem-abaixo-da-linha-da-extrema-pobreza-diz-ibge.ghtml. Acesso em: 25 maio 2019.

[16] Disponível em: https://exame.abril.com.br/economia/dirigismo-economico-corrompeu-politica-e-travou-o-crescimento-diz-guedes/. Acesso em: 07 jan. 2019.

[17] Disponível em: https://brasil.elpais.com/brasil/2018/10/22/politica/1540230714_377475.html. Acesso em: 07 jan. 2019.

[18] De acordo com o art. 1º, item 1, da Convenção nº 122 da OIT: "1 – Com vista a estimular o crescimento e desenvolvimento económico, elevar os níveis de vida, corresponder às necessidades de mão-de-obra e resolver o problema do desemprego e do subemprego, cada Membro deverá declarar e aplicar, como objetivo essencial, uma política ativa com vista a promover o pleno emprego, produtivo e livremente escolhido".

a renda própria ou da família,[19] quadro que poderá ser agravado com a aprovação da "reforma da previdência" em face do sistema de capitalização adotado.

Segundo a Proposta de Emenda Constitucional da "Nova Previdência" em tramitação no Congresso Nacional (PEC nº 06/2019), haverá a criação de um sistema de capitalização com contas individuais para que as contribuições constituam poupança, e os recursos sejam investidos e possam gerar rendimentos para a aposentadoria.[20]

De acordo com estudo divulgado pela OIT sobre a "reversão da privatização da previdência", de 1981 a 2014, 30 países privatizaram total ou parcialmente seus sistemas de previdência social, dos quais 14 são da América Latina, e o Chile – cujo modelo tem inspirado as alterações no Brasil –, o primeiro a privatizar, em 1981. Do total desses países, 18 promoveram a "re-reforma", revertendo total ou parcialmente a privatização dos seus sistemas de previdência, devido aos impactos sociais e econômicos negativos da privatização, com base nas seguintes considerações, entre outras: a) as taxas de cobertura estagnaram ou diminuíram, apesar de promessas no sentido de que o sistema de capitalização seria mais rentável e adequado para cobrir as aposentadorias; b) as prestações previdenciárias se deterioraram, resultando em sérios problemas sociais, com o pagamento de 20% do salário médio da atividade na Bolívia e de 15% no Chile, o que acentuou drasticamente a pobreza na velhice,[21] comprometendo o objetivo

---

[19] Pesquisa identificou que 91% dos aposentados contribuem com a renda da família em face da crise financeira e considerando a precária política de emprego, o que deve ser analisado na "reforma da previdência" para que não seja concebida apenas como corte de gastos. Disponível em: https://jornalggn.com.br/previdencia-social/idosos-sao-os-principais-responsaveis-pelo-sustento-da-familia-aponta-cndl-spc/. Acesso em: 26 maio 2019. Para o IBGE, desde 2016, há o crescimento dos domicílios, cuja principal fonte de renda são as aposentadorias e pensões. Disponível em: https://www1.folha.uol.com.br/mercado/2018/08/aposentados-idosos-voltam-a-ser-os-chefes-da-familia.shtml. Acesso em: 26 maio 2019.

[20] Disponível em: http://www.brasil.gov.br/novaprevidencia/noticias/ultimas-noticias/nova-previdencia-preve-sistema-de-capitalizacao. Acesso em: 26 maio 2019.

[21] O Ministério da Saúde, em parceria com o Instituto Nacional de Estatísticas (INE), publicou estudo mostrando que, entre 2010 e 2015, 936 adultos maiores de 70 anos tiraram sua própria vida, o que também ocorreu com 17,7 idosos com mais de 80 anos, a cada 100 mil habitantes. Com isso, o Chile ocupa atualmente a primeira posição entre número de suicídios na América Latina. Disponível em: https://www.hypeness.com.br/2018/08/sem-previdencia-publica-chile-tem-numero-recorde-de-suicidio-de-idosos/. Acesso em: 26 maio 2019.

principal dos sistemas de previdência, que é prover o trabalhador de forma digna após a fase ativa.[22]

Além disso, foram verificados outros efeitos negativos, como o aumento da desigualdade do gênero e renda; aumento das pressões fiscais pelos altos custos de transição de um regime para o outro; custos administrativos elevados, o que também contribuiu para a redução das aposentadorias; governança frágil e captura das funções de regulação e supervisão; concentração do setor de seguros privados, sem a concorrência anunciada; beneficiamento apenas do setor financeiro com as poupanças de aposentadorias; efeito limitado nos mercados de capitais dos países em desenvolvimento; riscos demográficos e do mercado financeiro transferido para os indivíduos; diálogo social deteriorado.[23]

Assim, a "reforma da previdência" deve considerar fatores como a crise financeira, a deficiente política de empregos, o aumento da expectativa de vida, o empobrecimento e endividamento da população, entre outros fatores, a fim de que não sejam experimentados os reflexos negativos já verificados nos países em que o mesmo modelo de previdência anunciado foi adotado e teve que ser revertido pelos impactos sociais e econômicos prejudiciais.

Dentro da mesma perspectiva econômica, o Ministério do Trabalho, depois de 88 anos de existência, lamentavelmente, foi extinto no primeiro ato do atual governo, de acordo com a organização básica dos Órgãos da Presidência da República e dos Ministérios, estabelecida com a Medida Provisória nº 870, de 1º de janeiro de 2019.[24]

As atividades relativas à Fiscalização do Trabalho ficaram vinculadas ao Ministério da Economia (art. 31, XXXIII) com a criação da Secretaria Especial do Trabalho e da Previdência. No dia 07 de janeiro de 2019, foi anunciada a nomeação do deputado federal Rogério Marinho (PSDB-RN), relator da "reforma trabalhista", como secretário especial

---

[22] Disponível em: https://www.abrasco.org.br/site/wp-content/uploads/2019/03/estudo_OIT.pdf. Acesso em: 26 maio 2019.

[23] Disponível em: https://www.abrasco.org.br/site/wp-content/uploads/2019/03/estudo_OIT.pdf. Acesso em: 26 maio 2019.

[24] Disponível em: http://www.planalto.gov.br/ccivil_03/_Ato2019-2022/2019/Mpv/mpv870.htm. Acesso em: 07 jan. 2019.

de Trabalho e Previdência,[25] o que enuncia a continuidade da política de desmonte do sistema protetivo do trabalho.[26]

O Ministério do Trabalho sempre teve papel fundamental na formulação de políticas públicas para o fortalecimento e modernização das relações trabalhistas e no fomento à criação de emprego e renda. Sua extinção afronta a Constituição, por ser órgão garantidor dos direitos sociais fundamentais, sendo de fundamental importância a existência de órgão autônomo e especializado, fortalecido e atuante, não só na inspeção do trabalho, como também para a elaboração e revisão de normas sobre saúde e segurança no trabalho; para a realização de estudos sobre as novas organizações produtivas e os impactos no mercado de trabalho; para a criação de políticas públicas voltadas ao emprego protegido, em observância à Constituição e às normas internacionais.

Com a fragmentação das atribuições do Ministério do Trabalho, pode-se assistir, em pouco tempo, absoluto colapso na especialização aplicável à edição e revisão das normas regulamentadoras, relegando-se ao mais completo desprestígio o conjunto de saberes técnicos sobre o trabalho, segurança, saúde e emprego no Brasil, que servem para regular o equilíbrio das relações entre capital e trabalho, com desastrosas repercussões para a segurança jurídica, para o campo das pesquisas e também abalo à saúde e previdência públicas devido ao alto índice de acidentes de trabalho e de doenças ocupacionais.[27]

Assim, a extinção do Ministério do Trabalho, nos moldes em que constou da Medida Provisória nº 870/2019,[28] é inconstitucional, por não priorizar a dignidade da pessoa humana e o valor social do trabalho (art. 1º, III e IV, da Constituição); por não contribuir para a construção de uma

---

[25] Disponível em: https://istoe.com.br/rogerio-marinho-e-nomeado-secretario-especial-de-previdencia-e-trabalho/. Acesso em: 08 jan. 2019.

[26] A Federação Nacional dos Advogados (FNA) ajuizou ação no Supremo Tribunal Federal questionando a medida do governo, distribuída para a relatoria pelo ministro Ricardo Lewandowski. Disponível em: https://oglobo.globo.com/brasil/primeira-acao-contra-ato-de-bolsonaro-no-stf-questiona-extincao-do-ministerio-do-trabalho-23341012. Acesso em: 08 jan. 2019.

[27] As estatísticas oficiais apontam que, no Brasil, ocorrem cerca de 700 mil acidentes de trabalho e registros de doenças ocupacionais por ano, fora as subnotificações decorrentes da alta informalidade do mercado de trabalho no país. Os acidentes e doenças decorrentes do trabalho geram gastos da previdência pública na ordem de R$22 bilhões por ano. Disponível em: https://www.correiobraziliense.com.br/app/noticia/economia/2017/06/05/internas_economia,600125/acidente-de-trabalho-no-brasil.shtml. Acesso em: 08 jan. 2019.

[28] Votada na Câmara dos Deputados no dia 23 de maio de 2019, com algumas alterações. Disponível em: https://www2.camara.leg.br/camaranoticias/noticias/ADMINISTRACAO-PUBLICA/577017-CAMARA-CONCLUI-VOTACAO-DA-MP-QUE-REDUZ-MINISTERIOS.html. Acesso em: 02 jun. 2019.

sociedade livre, justa e solidária, tampouco para erradicar a pobreza e a marginalização e reduzir as desigualdades sociais e regionais (art. 3º, I e III, da Constituição); por não garantir a redução dos riscos inerentes ao trabalho (art. 7º, XXII, da Constituição); por não considerar que a ordem econômica é fundada na valorização do trabalho humano e na livre iniciativa e que tem por fim assegurar a todos existência digna, conforme os ditames da justiça social, observados certos princípios, dentre eles a função social da propriedade (art. 170, III, da Constituição); e por não considerar que a ordem social tem como base o primado do trabalho (art. 193 da Constituição), entre outras violações.

Em outras palavras, a extinção do Ministério do Trabalho e a diluição das suas atribuições em outros ministérios e secretarias não garantem o direito fundamental ao trabalho digno, contrariando o princípio de vedação de retrocesso social, previsto no art. 26 do Pacto de San Jose da Costa Rica (Convenção Americana sobre Direitos Humanos).

Além do que foi exposto, a decisão de extinguir o Ministério do Trabalho também afronta convenções internacionais do trabalho, como, por exemplo, as Convenções nº 81, nº 144 e nº 160, da Organização Internacional do Trabalho (OIT), das quais o Brasil é signatário. A primeira trata da inspeção do trabalho; a segunda, de consultas tripartites para promover a aplicação das normas internacionais do trabalho; e a terceira abrange o compromisso com a coleta, compilação e publicação de estatísticas relativas ao mundo do trabalho, inclusive relativas à população ativa, emprego, renda e acidentes de trabalho, só a título de demonstração.

Independentemente disso, várias convenções internacionais do trabalho poderão ser violadas, principalmente as convenções internacionais fundamentais, como as relativas ao combate ao trabalho infantil (Convenção nº 182) e escravo (Convenções nº 29 e nº 105); a norma internacional que trata da redução dos riscos decorrentes do trabalho (Convenção nº 155), entre outras, já que todo o sistema protetivo e a Fiscalização do Trabalho estão sofrendo absoluta desconstrução.[29]

Apenas para ilustrar melhor a matéria em questão, no Relatório dos Peritos da Organização Internacional do Trabalho (OIT), preparatório

---

[29] A esse respeito: "Os auditores vêm se queixando da falta de estrutura desde a crise econômica de 2015, que levou ao corte de gastos em toda a máquina pública. O último concurso para auditor foi realizado em 2013. Dos 3.644 postos, estão vagos 1.135, ou seja, 36,6% do total. Em 2017, as fiscalizações chegaram a ficar paralisadas de julho até setembro por falta de caixa". Disponível em: https://epoca.globo.com/a-cronica-dos-ultimos-dias-do-ministerio-do-trabalho-criado-por-vargas-ha-88-anos-extinto-por-bolsonaro-23349294. Acesso em: 07 jan. 2019.

a 108ª Conferência Internacional do Trabalho, de 2019, constaram-se observações sobre a idade mínima para o trabalho e sobre as piores formas de trabalho infantil no Brasil.[30]

No que respeita à Convenção nº 138 da OIT sobre a idade mínima para o trabalho, a Comissão de Peritos instou o governo a adotar medidas necessárias para reforçar a capacidade e ampliar o alcance dos serviços de inspeção do trabalho a fim de garantir a detecção de casos de trabalho infantil na economia informal e de menores de 16 anos que trabalham em regime de agricultura familiar para que possam ser beneficiados pelas disposições da norma internacional, devendo, ainda, informar as medidas adotadas e os avanços obtidos.

Sobre a Convenção nº 182 da OIT, que trata das piores formas de trabalho infantil, além das observações sobre a exploração sexual infantil e o tráfico de crianças para a exploração sexual, a Comissão de Peritos solicitou ao governo brasileiro que continue adotando todos os esforços para garantir que os menores de 18 anos não realizem trabalhos domésticos inseridos na lista de atividades do Decreto nº 6.481/2008 sobre as piores formas de trabalho infantil, solicitando, ainda, as medidas adotadas a esse respeito e os resultados alcançados, inclusive sobre o número de trabalhadores infantis domésticos encontrados e reabilitados.[31]

Por ocasião das comemorações da abolição da escravidão legal no Brasil, no dia 13 de maio de 2019, a OIT alertou sobre a necessidade de se combaterem as formas contemporâneas de escravidão, que também atingem crianças e jovens, no Brasil e no mundo. Das mais de 40 milhões de vítimas globais da escravidão contemporânea, 25% são crianças. A OIT ressaltou a meta 8.7 dos Objetivos de Desenvolvimento Sustentável (ODS), da Agenda 2030 das Nações Unidas, sobre medidas imediatas e eficazes para erradicação o trabalho forçado e acabar com a escravidão contemporânea e com o tráfico de pessoas, além de assegurar a proibição e eliminação das piores formas de trabalho infantil, incluindo

---

[30] Disponível em: http://abet-trabalho.org.br/relatorio-2019-da-comissao-de-peritos-sobre-a-aplicacao-de-convencoes-e-recomendacoes-oit/. Acesso em: 02 jun. 2019.

[31] A propósito do tema, recentemente treze crianças e adolescentes, de 3 a 17 anos, foram encontrados trabalhando em casas de produção de farinha de mandioca no sertão de Pernambuco. A atividade está relacionada como uma das piores formas de trabalho infantil. Disponível em: https://blogdosakamoto.blogosfera.uol.com.br/2019/05/25/fiscalizacao-flagra-crianca-de-3-anos-trabalhando-em-casa-de-farinha-em-pe/. Acesso em: 25 maio 2019.

o recrutamento e utilização de crianças-soldado, e até 2025 acabar com o trabalho infantil em todas as suas formas.[32]

Segundo dados da Pesquisa Nacional por Amostra de Domicílios (PnadC), em 2016, havia 2,4 milhões de crianças e adolescentes de 5 a 17 anos em situação de trabalho infantil, o que representa 6% da população (40,1 milhões) nessa faixa etária. Cabe destacar que, do universo de 2,4 milhões de trabalhadores infantis, 1,7 milhão exerciam também afazeres domésticos de forma concomitante ao trabalho e, provavelmente, aos estudos. A maior concentração de trabalho infantil está na faixa entre 14 e 17 anos, somando 1.940 milhões. Já a faixa de 5 a 9 anos registra 104 mil crianças trabalhadoras.[33]

Nesse sentido, medidas como a extinção do Ministério do Trabalho como órgão autônomo e especializado[34] e da Comissão Nacional para a Erradicação do Trabalho Escravo (CONATRAE),[35] entre outras, também anunciadas pelo governo de Jair Bolsonaro, preocupam especialistas e entidades engajadas no combate ao trabalho infantil e ao trabalho escravo, o que requer o aprofundamento das discussões para que alterações estruturais e os cortes orçamentários não gerem prejuízos efetivos às políticas de Estado assumidas pelo Brasil perante a comunidade internacional.

---

32 Disponível em: https://nacoesunidas.org/oit-alerta-para-formas-contemporaneas-de-escravidao-no-brasil-e-mundo/. Acesso em: 25 maio 2019.

33 Dados divulgados pelo Fórum Nacional de Proteção e Erradicação do Trabalho Infantil (FNPETI). Disponível em: https://fnpeti.org.br/cenario. Acesso em: 25 maio 2019.

34 A CONATRAE publicou nota externando preocupação com a extinção do Ministério do Trabalho em face do possível retrocesso na política de erradicação do trabalho escravo. Disponível em: https://www.anamatra.org.br/images//Nota_Conatrae_Manuteno-da-Poltica-de-Combate-ao-T.E-1.pdf. Acesso em: 25 maio 2019. A ANAMATRA, como entidade que integra a CONATRAE, apoiou a iniciativa. Disponível em: https://www.anamatra.org.br/imprensa/noticias/27375-conatrae-possivel-extincao-do-mte-e-tema-de-nova-reuniao-da-comissao. Acesso em: 26 maio 2019.

35 O Decreto nº 9.759, de 11 de abril de 2019, prevê a extinção de diversos conselhos e comissões colegiados no âmbito do governo federal, incluindo a CONATRAE. A medida foi objeto de ofício pela Procuradoria-Geral da República ao secretário nacional de Proteção Global, do Ministério da Mulher, da Família e dos Direitos Humanos, ressaltando que a manutenção da comissão é essencial para a política pública permanente de combate ao trabalho escravo, buscando a garantia da dignidade humana e dos direitos fundamentais previstos da CF/88 e na Declaração Universal dos Direitos Humanos. Disponível em: http://www.mpf.mp.br/pgr/documentos/oficio-extincao-conatrae/view. Acesso em: 25 maio 2019. A ANAMATRA esteve em reunião na CONATRAE, na qual foram debatidos os efeitos prejudiciais do decreto ao combate ao trabalho escravo e a elaboração de minuta para a manutenção da comissão. Disponível em: https://www.anamatra.org.br/imprensa/noticias/28027-trabalho-escravo-conatrae-debate-manutencao-da-comissao-no-cenario-do-decreto-n-9-759-2011. Acesso em: 25 maio 2019.

Outros índices que preocupam e que possuem relação direta com os temas destacados são os de acidentes e mortes de crianças e jovens. Segundo dados do Sistema de Informação de Agravos de Notificação (Sinan), do Ministério da Saúde, o Brasil registrou nos últimos 11 anos (2007 a 2018) 43.777 acidentes de trabalho com crianças e adolescentes entre 5 e 17 anos. No mesmo período, 261 meninas e meninos perderam a vida trabalhando.[36]

Nesse quadro alarmante, o anúncio por parte do governo brasileiro, em 2019, de que promoverá a revisão de 90% das normas regulamentadoras do Ministério do Trabalho[37] que tratam das condições de segurança e saúde no trabalho causou reações contrárias de especialistas, sobretudo pelo risco de aumento dos índices de acidentalidade e morte entre os trabalhadores,[38] o que inclui crianças e jovens, como já demonstrado.

O tema desafia preocupação, ainda, com o cumprimento da Convenção nº 155 da OIT e da Polícia Nacional de Segurança e Saúde no Trabalho (Decreto nº 7.602, de 7 novembro de 2011).[39]

Nesse contexto, a Justiça do Trabalho, o Ministério Público do Trabalho e a Fiscalização do Trabalho cumprem missão institucional na tutela da vida, saúde, integridade e dignidade dos trabalhadores, razão pela qual se entende como imprescindível a existência de uma sólida estrutura dirigida à efetividade do direito do trabalho, inclusive como segmentos especializados, céleres e eficientes de acesso ao Judiciário e de efetivação da ordem jurídica.

Diante de tal quadro, relevante destacar as alterações da legislação trabalhista e o anúncio de outras alterações no campo da proteção social

---

36 Disponível em: http://www.fnpeti.org.br/noticia/2130-mais-de-43-mil-criancas-e-adolescentes-sofreram-acidentes-de-trabalho-nos-ultimos-11-anos-no-pais.html. Acesso em: 25 maio 2019.

37 O objetivo, segundo o anúncio do governo, é o de "simplificar as regras e aumentar a produtividade", iniciando pela NR nº 12, que trata de máquinas e equipamentos. De acordo com os dados oficiais, máquinas e equipamentos causaram 2.058 mortes de trabalhadores no Brasil, de 2012 a 2018, segundo o Observatório Digital de Saúde e Segurança do Ministério Público do Trabalho. O custo calculado é de R$732 milhões com aposentadorias e pensões que foram concedidas depois de acidentes com máquinas. Disponível em: https://oglobo.globo.com/economia/governo-quer-reduzir-em-90-as-normas-de-seguranca-saude-do-trabalho-vigentes-no-pais-23661380. Acesso em: 26 maio 2019.

38 Disponível em: http://spbancarios.com.br/05/2019/bolsonaro-quer-acabar-com-nrs-que-fiscalizam-saude-e-seguranca-no-trabalho. Acesso em: 26 maio 2019.

39 Essa preocupação foi objeto do manifesto *Normas que salvam vidas – em defesa das NR de saúde e segurança no trabalho*, lançado pelo Instituto Trabalho Digno, com a adesão de várias entidades, inclusive da ANAMATRA. Disponível em: https://trabalhodigno.org/. Acesso em: 02 jun. 2019.

a fim de que as discussões e a análise dos impactos sejam ampliados e possam contribuir com os debates respectivos.

Independentemente das investidas da filosofia capitalista hegemônica, cabe aos Poderes da República o cumprimento da Constituição, com a construção de uma sociedade livre, justa e solidária, erradicação da pobreza e marginalização, redução das desigualdades sociais e regionais e a promoção do bem de todos, sem preconceito ou discriminação de qualquer espécie, sempre atrelando os interesses econômicos aos ditames da justiça social.

3 O direito do trabalho digno como pressuposto de que o trabalho não é mercadoria

O direito ao trabalho, em condições dignas, está consolidado em diversos instrumentos internacionais[40] e nos textos constitucionais contemporâneos[41] como um dos principais elementos para a plena fruição dos direitos humanos em todas as suas dimensões (direitos civis, políticos, sociais, econômicos e culturais), que são complementares.

Em seu preâmbulo, a Declaração Universal dos Direitos Humanos reafirma o reconhecimento do progresso social e de melhores condições de vida como postulados de uma liberdade mais ampla, considerando a inter-relação entre igualdade, liberdade e trabalho. Nesse sentido, a declaração dispõe sobre o direito ao trabalho, inserindo a livre escolha do emprego, em condições justas e favoráveis, e a proteção em face do desemprego. Prevê, ainda, igual remuneração para igual trabalho, sem distinção – por motivo de sexo, raça ou nacionalidade – e o pagamento de remuneração justa e satisfatória, que assegure ao trabalhador, junto com a sua família, existência compatível com a dignidade humana e a inclusão de outros meios de proteção social (art. 23).[42]

Como foi exposto, discute-se no Brasil a necessidade de "flexibilização das normas trabalhistas" ou desregulação do trabalho e sobre o custo e relevância de se manter a Justiça do Trabalho.[43]

---

[40] Como na Declaração Universal dos Direitos Humanos, aprovada em 1948.

[41] A Constituição brasileira designa o trabalho como um direito social fundamental (art. 6º) e assenta a dignidade humana como um dos fundamentos da República Federativa do Brasil (art. 1º, III).

[42] Disponível em: http://www.direitoshumanos.usp.br/index.php/Declara%C3%A7%C3%A3o-Universal-dos-Direitos-Humanos/declaracao-universal-dos-direitos-humanos.html. Acesso em: 05 nov. 2018.

[43] Disponível em: https://www1.folha.uol.com.br/poder/2018/01/1951150-tst-rebate-jefferson-e-diz-que-extincao-de-justica-do-trabalho-e-retrocesso.shtml. Acesso em: 05 nov. 2018.

No Brasil e no mundo, a globalização, as políticas econômicas e a implementação de novas formas de gestão trouxeram a desregulação do mercado de trabalho, acentuaram os níveis de desemprego e a desigualdade social e deixaram milhares de pessoas excluídas de condições mínimas de sobrevivência. De acordo com os resultados experimentados, inclusive na década de 1990, formas flexíveis de organizações produtivas não trazem crescimento econômico ou o aumento do número de empregos.

O crescente número de ações na Justiça do Trabalho sempre decorreu do reiterado descumprimento da legislação pelos empregadores, e não do excesso de direitos ou de especulação dos trabalhadores.

Como aponta Augusto César Leite de Carvalho, apesar de toda a estrutura organizacional do Judiciário trabalhista,[44] não há intimidação dos empregadores, "que com frequência descumprem suas obrigações laborais, dado que é imensa a quantidade de processos a cada ano". O autor apresenta histórico do número de processos recebidos pela Justiça do Trabalho brasileira de 2000 até 2007, o qual demonstra, em todos os anos, o ajuizamento de mais de 2 milhões de ações, com pequenas variações, chegando em 2007 ao número de 2.636.798 de novos processos.[45]

Assim, são totalmente desarrazoadas as alegações de que a Justiça do Trabalho tornou-se palco de especulações pelos trabalhadores. Outro fator que está diretamente ligado ao aumento dos processos ajuizados na Justiça do Trabalho, além do reiterado descumprimento da legislação pelos empregadores, é o desemprego.

Em 2015, a taxa de desemprego foi de 8,4%.[46] No mesmo ano, de acordo com o Tribunal Superior do Trabalho (TST), a Justiça do Trabalho tinha recebido o maior número de ações, com o aumento de 12,3%, totalizando 2,6 milhões de processos ajuizados, como demonstra o gráfico.[47]

---

44 De acordo com os dados do Relatório Geral da Justiça do Trabalho, de 2015, a Justiça do Trabalho é constituída pelo Tribunal Superior do Trabalho, por 24 tribunais regionais do trabalho e por 1.587 varas do trabalho. São 3.955 cargos de magistrado e 43.288 de servidor. Disponível em: http://www.tst.jus.br/documents/10157/0d949cde-0712-456a-a2e9-2601814cea41. Acesso em: 13 jan. 2019.

45 CARVALHO, Augusto César Leite de. *Garantia de Indenidade no Brasil*. São Paulo: Ltr, 2013. p. 194.

46 Disponível em: http://agenciabrasil.ebc.com.br/economia/noticia/2015-12/brasil-fecha-2015-com-aumento-no-desemprego. Acesso em: 05 ago. 2016.

47 Disponível em: http://g1.globo.com/concursos-e-emprego/noticia/2016/02/com-desemprego-alto-processos-da-justica-do-trabalho-disparam-em-2015.html. Acesso em: 07 ago. 2016.

GRÁFICO 1
Aumento do ajuizamento das ações trabalhistas em 2015[48]

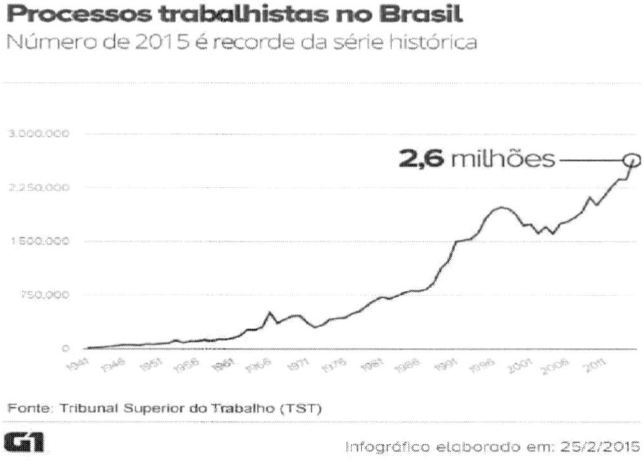

Ocorre que, em 2016, foram recebidas mais de 3 milhões de novas ações no Judiciário trabalhista. Os dados do Cadastro Geral de Empregados e Desempregados (CAGED) mostram que o país perdeu 1,5 milhão de postos de trabalho no referido ano.[49]

Como destaca Amartya Sen, o desemprego não é meramente uma deficiência de renda – a qual pode ser compensada por sistema de seguridade social –, é também uma fonte de efeitos debilitadores muito abrangentes sobre a liberdade, a iniciativa e as habilidades dos indivíduos. Dentre seus múltiplos efeitos, o desemprego contribui para a exclusão social de alguns grupos e acarreta a perda de autonomia, de autoconfiança e de saúde física e psicológica.[50]

Segundo Zygmunt Bauman, pretende-se impor "a flexibilidade como princípio universal de sanidade econômica", um princípio que se aplica igualmente à oferta e à procura do mercado de trabalho. Ocorre que a flexibilidade do lado da oferta significa a liberdade de desprezar todas as considerações que "não fazem sentido economicamente" e, para

---

48 Disponível em: http://g1.globo.com/concursos-e-emprego/noticia/2016/02/com-desemprego-alto-processos-da-justica-do-trabalho-disparam-em-2015.html. Acesso em: 10 fev. 2019.

49 Disponível em: http://www.ocupacional.com.br/ocupacional/numero-de-acoes-trabalhistas-bate-recorde-no-brasil-em-2016/. Acesso em: 13 abr. 2017.

50 SEN, Amartya. *Desenvolvimento como liberdade*. Trad. Laura Teixeira Motta. São Paulo: Cia. das Letras, 2010. p. 136-137.

quem procura, "os empregos surgem e somem assim que aparecem, são fragmentados e eliminados sem aviso prévio, como as mudanças nas regras do jogo de contratação e demissão", o que retrata a submissão dos trabalhadores a mecanismos altamente desiguais, a uma permanente e perversa "gangorra".[51]

A presença simultânea de mão de obra abundante e endividamento deixa o trabalhador, de forma indiscutível, vulnerável e limitado na sua liberdade de escolha ou de autodeterminação.

A Justiça do Trabalho não só desempenha o papel de solucionar os conflitos surgidos, como também o de fixar parâmetros claros acerca do sentido da ordem jurídica sobre os padrões civilizatórios mínimos que devem reger as relações entre patrões e empregados para afastar a concepção do trabalho como mercadoria, seguindo um dos princípios básicos da OIT desde a sua fundação, há 100 anos.[52]

Com o aumento do desemprego, os trabalhadores ficam vulneráveis e têm sua liberdade de autodeterminação prejudicada, deixando de agir segundo as suas escolhas e vontades. Há evidente desequilíbrio quando uma das partes está em condições de desigualdade ou grave necessidade econômica.

O trabalho não pode ser considerado como componente de mercado, já que envolve a atividade humana e pressupõe a liberdade de escolha, em condições equânimes. A presença de condições não equânimes deve obstar a adoção pura de mecanismos de mercado.

Há valores inestimáveis, como a vida, saúde, integridade e dignidade dos trabalhadores, incumbindo aos Poderes da República protegê-los e respeitá-los, em cumprimento à Constituição.

As poucas vagas de emprego geradas colocam os trabalhadores na categoria de subutilizados, que são os que trabalham menos do que gostariam ou do que seria necessário para o sustento próprio ou da família, segundo dados do IBGE – Instituto Brasileiro de Geografia e Estatística. Além disso, em um ano, houve acentuação histórica, de 17%, do número de "desalentados", que são as pessoas que desistiram de procurar emprego devido ao longo período de tempo em que estão desempregadas, totalizando 4,8 milhões de pessoas, e também houve o

---

51 BAUMAN, Zygmunt. *Globalização*: as consequências humanas. Tradução Marcus Penchel. Rio de Janeiro: Zahar, 1999. p. 112-113.

52 Disponível em: https://www.ilo.org/brasilia/conheca-a-oit/hist%C3%B3ria/lang--pt/index.htm. Acesso em: 02 jun. 2019.

aumento dos subutilizados, somando 6,6 milhões de pessoas.[53] Segundo o IBGE, falta trabalho para 27,6 milhões de brasileiros e brasileiras.[54]

Além disso, o trabalhador pode ser contratado por mais de um empregador para ser intermitente, o que também gera aumento irreal nas estatísticas divulgadas de empregos criados.[55]

4 Prejuízos ao acesso à justiça decorrentes das "reforma trabalhista" e queda das ações na Justiça do Trabalho

Algumas alterações promovidas pela Lei nº 13.467, de 13 de julho de 2017, foram objeto do ajuizamento de ação direta de inconstitucionalidade pela Procuradoria-Geral da República no Supremo Tribunal Federal (ADI nº 5.766), cujo julgamento teve início, mas ainda não foi concluído. Em seu voto sobre a matéria, o ministro Luiz Edson Fachin divergiu do relator do processo, ministro Luís Roberto Barroso, entendendo pela inconstitucionalidade material de várias passagens do novo texto legal e, notadamente, daquelas que restringem o acesso à justiça para o beneficiário da assistência judiciária gratuita. O próprio relator do processo, ministro Barroso, em que pese não ter considerado inconstitucionais os dispositivos apontados, estabeleceu limites para que o trabalhador beneficiário de justiça gratuita possa arcar com os custos do processo.[56]

Em face do exposto, segundo dados do Superior Tribunal do Trabalho, houve queda de 45% das ações na Justiça do Trabalho brasileira no primeiro trimestre de 2018,[57] com a consequente diminuição da arrecadação das contribuições previdenciárias e de custas, colocando em risco a própria sobrevivência institucional da Justiça do Trabalho.[58]

---

[53] Disponível em: https://oglobo.globo.com/economia/em-um-ano-desalento-entre-trabalhadores-cresce-17-bate-recorde-23023361. Acesso em: 30 ago. 2018.

[54] Disponível em: https://g1.globo.com/economia/noticia/2018/08/16/falta-trabalho-para-276-milhoes-de-brasileiros-aponta-ibge.ghtml. Acesso em: 24 ago. 2018.

[55] Disponível em: https://g1.globo.com/economia/noticia/governo-registra-criacao-de-56-mil-vinculos-de-trabalho-intermitente-em-2017.ghtml. Acesso em: 24 ago. 2018.

[56] Disponível em: http://www.stf.jus.br/portal/cms/verNoticiaDetalhe.asp?idConteudo=378076&caixaBusca=N Acesso em: 26 ago. 2018.

[57] Disponível em: https://veja.abril.com.br/economia/com-reforma-numero-de-acoes-trabalhistas-cai-45/. Acesso em: 15 maio 2018.

[58] Disponível em: http://www.espacovital.com.br/publicacao-35489-congresso-comeca-a-avaliar-a-extincao-da-justica-do-trabalho. Acesso em: 14 maio 2018.

Durante o ano de 2018, a queda das ações na Justiça do Trabalho representou, ao todo, 34%.[59]

Apesar do exposto, magistrados do Trabalho vêm sendo constantemente agredidos em sua independência judicial caso não apliquem, de forma literal, a "reforma trabalhista", inclusive com ameaças de extinção da Justiça do Trabalho.[60]

Assim, resta evidente o prejuízo ao acesso à justiça, o que, além de ferir a Constituição brasileira (art. 5º, XXXV), afronta o Pacto Internacional sobre Direitos Civis e Políticos da Organização das Nações Unidas (art. 14) e a Convenção Americana sobre Direitos Humanos (art. 8º).

Nesse contexto, cabe rememorar também a origem e raízes do direito do trabalho no Brasil, para cuja operacionalização a Justiça do Trabalho foi criada e, justifica-se, plenamente.

Entre 1906 e 1932, mais intensamente a partir de 1920, numerosas eram as greves, os movimentos sociais e sindicais no Rio de Janeiro e em São Paulo, centros de importância ao desenvolvimento e crescimento econômico do país. Registraram-se nesse período sucessivas greves, algumas de grande vulto, compreendendo diversas categorias de trabalhadores. A maioria das paralisações tinha como principais reivindicações a redução da jornada de trabalho, pagamento de salário mínimo e melhoria de condições de trabalho devido aos ambientes insalubres nos quais o trabalho era realizado.[61]

---

59 A queda do número de ações na 1ª instância da Justiça do Trabalho representou 1 milhão de processos, pela restrição do acesso à justiça. Disponível em: https://www.redebrasilatual.com.br/trabalho/2019/01/numero-de-processos-trabalhistas-despenca-em-2018/. Acesso em: 25 maio 2019.

60 Disponível em: http://www.espacovital.com.br/publicacao-35489-congresso-comeca-a-avaliar-a-extincao-da-justica-do-trabalho. Acesso em: 14 maio 2018. Como exemplo de retaliação do governo, a ANAMATRA – Associação Nacional dos Magistrados do Trabalho, que, desde 2007, participava como observadora de todas as conferências internacionais do trabalho, foi descredenciada pelo Ministério do Trabalho da delegação brasileira para a 107ª Conferência Internacional do Trabalho, realizada no ano de 2018, tendo comparecido ao evento como convidada de entidade sindical internacional devido ao reconhecido trabalho técnico realizado no esclarecimento dos direitos trabalhistas como colaboração ao diálogo tripartite.

61 Segundo Everardo Dias: "Os cárceres policiais sempre estiveram cheios de trabalhadores, passando por terríveis padecimentos, martirizados sem qualquer espírito de respeito pelo ser humano, expulsos do País ou então mandados para lugares onde a morte os esperava irremissivelmente, deixando a família ao desamparo" (DIAS, Everardo. *Histórico das lutas sociais no Brasil*. São Paulo: Alfa-Omega, 1977. p. 20-21).

E não foram apenas os trabalhadores que entenderam ser necessária a regulamentação do trabalho. Os empresários também passaram a apoiar a criação de leis que previssem direitos básicos.[62]

Assim, o direito do trabalho brasileiro não foi uma "doação" do governo de Getúlio Vargas, como se costuma propagar, mas construído e duramente conquistado pelos movimentos sociais, associações operárias e sindicais, muitas vezes à custa da vida de trabalhadores, com o enfrentamento da repressão policial.[63]

Sabe-se que, antes de 1930, quando o Brasil vivia sob o regime da economia agrária, inexistiam, praticamente, leis dispondo sobre o trabalho. O mínimo que se tinha era regulado pelo Código Civil sob a designação de locação de serviço e sob a influência do liberalismo, atualmente tão propagado.

O que motivou a criação da Justiça do Trabalho foi a necessidade de disciplinamento do trabalho, pelo Estado, em benefício da produção e do crescimento econômico.

Benedito Calheiros Bonfim, sobre "aparecimento da Justiça do Trabalho", ressalta que foi essencial:

> (...) ordenar, organizar, normatizar e canalizar para uma via institucional, as reivindicações e embates por interesses e direitos em formação, pleitos que, até então, se travavam comumente dentro da empresa, de forma desordenada, desorganizada, indisciplinada, apaixonada, em que, não raro, à falta de um mecanismo legal, o conflito individual e coletivo assumia proporções tumultuadas e agressivas, e se resolvia pela força, por métodos traduzidos, não raro, em paralisação do trabalho, retaliação pessoal, ou por outros meios violentos, quando não mediante

---

62 Angela de Castro Gomes ressalta a posição do empresariado na regulação da questão social, destacando que o tema esteve presente nos debates no Parlamento ente o final da década de 1910 e durante toda a década de 1920, com a concordância sobre a necessidade da criação de leis, nos estritos limites para "prevenir e/ou impedir perturbações da ordem pública", "para promover o entendimento entre capital e trabalho, atendendo-se às necessidades básicas ao desenvolvimento saudável de ambos os fatores da produção" e reivindicando benefícios, "em prol da defesa de seus interesses, pedindo garantias de crédito, tarifas protecionistas, menos impostos, etc." (GOMES, Angela Maria de Castro. *Burguesia e Trabalho*: política e legislação social no Brasil 1917-1937. Rio de Janeiro: Campus, 1979. p. 161).

63 Everardo Dias, referindo-se aos que atribuem a Getúlio Vargas as "vantagens e direitos" que os trabalhadores gozaram no país e à lei brasileira como a "mais adiantada legislação trabalhista do mundo", em sua obra escrita em 1961, diz: "Hoje, o trabalhador tem leis que lhe garantem uma porção de direitos. E disso podemos orgulhar-nos, sem dúvida. Mas nem temos as leis mais adiantadas do mundo nem essas elas se devem a quem delas se diz autor, ou executor. Tais direitos, para serem reconhecidos, custou muito sangue, muita lágrima, muito sofrimento" (DIAS, Everardo. *Histórico das lutas sociais no Brasil*. São Paulo: Alfa-Omega, 1977. p. 316).

> sabotagem. A justiça, até então, se fazia pelas próprias mãos (pois não havia a quem recorrer), ou não se fazia. A parcela mais inteligente e mais esclarecida dos detentores do poder, dos meios de produção, dotada de visão reformista, logo percebeu que a melhor forma de assegurar o ritmo e rendimento da produção e o bom funcionamento da empresa era estabelecer um código de deveres e disciplina, com mutuas obrigações, no qual a autoridade patronal só fosse suscetível de discussão ou contestação perante um órgão institucionalmente autorizado, distante do recinto do estabelecimento patronal, em que o limite de concessões fosse o respeito à hierarquia e a soberania econômica do empregador. Para tal órgão seriam canalizados os desentendimentos e as reclamações, os dissídios com os trabalhadores. E, assim, o julgamento dos conflitos seria feito por agentes do Estado, entes estranhos – aparentemente ou não – neutros.[64]

Em 1934, a Constituição introduziu em seu texto a primeira referência à denominação "Justiça do Trabalho", embora não tivesse criado, de fato, a instituição. Somente em 1939, com o Decreto-Lei nº 1.237 é que houve a criação e estruturação formal da Justiça do Trabalho, em que pese ainda vinculada ao Poder Executivo, tendo sido inaugurada, apenas, em 1º de maio de 1941.

A Constituição de 1946 integrou a Justiça do Trabalho, com todos os poderes e prerrogativas, ao Poder Judiciário Federal. Ao longo de 18 anos de democracia entre 1946 e 1964, a Justiça do Trabalho aprofundaria sua inserção na sociedade urbana e industrial brasileira.[65]

Entre 1946 e 1988, a Justiça do Trabalho alcançou sua afirmação histórica. Em um primeiro momento, de 1946 a 1964, essa afirmação se deu por meio de significativa integração do novo ramo do Judiciário à fase de manifestos avanços e inserção econômicos e sociais experimentados pelo país no período. No segundo instante, de 1964 a 1988, essa

---

[64] BOMFIM, Benedito Calheiros. *Gênese do Direito do Trabalho e da Justiça do Trabalho no Brasil*. Disponível em: https://juslaboris.tst.jus.br/bitstream/handle/20.500.12178/25351/013_bomfim.pdf?sequence=1&isAllowed=y. Acesso em: 05 nov. 2018.

[65] Como apontam Gabriela Neves Delgado e Maurício Godinho Delgado: "A partir de então, rapidamente a Justiça do Trabalho se destacou no cenário institucional e social do País. No plano institucional, o destaque ocorreu por despontar como segmento efetivamente célere e eficaz do Judiciário, conferindo resposta pronta e efetiva aos litígios postos a seu exame. No plano social, o ramo especializado do Poder Judiciário Federal se destacou por despontar como segmento judicial dotado de notável reconhecimento da comunidade, que rapidamente se integrou às dinâmicas mais importantes dos conflitos individuais e coletivos trabalhistas, obtendo intenso movimento processual e prestígio públicos já nos primeiros anos de instalação" (DELGADO, Gabriela Neves; DELGADO, Maurício Godinho. *Constituição da República e direitos fundamentais*: dignidade da pessoa humana, justiça social e Direito do Trabalho. São Paulo: Ltr, 2012. p. 141-142).

afirmação teve lugar por meio da preservação de sua estrutura e de seu papel jurídico, em face de evidente resistência ao trato das questões sociais, coletivas e democráticas na conjuntura nacional.[66]

Outro momento de destacada importância para a Justiça do Trabalho foi a promulgação da EC nº 45, de dezembro de 2004, que ampliou a sua competência para alcançar as relações de trabalho não empregatícias, lides intersindicais e litígios entre empregadores e União em face dos atos praticados pela auditoria fiscal trabalhista, atribuindo nova redação ao art. 114 da Constituição.

Poderia se dizer, sem muito conhecimento da dinâmica das relações sociais e trabalhistas, que o momento atual é bastante distinto do que foi a época em que a Justiça do Trabalho foi criada e que, sendo assim, sua importância e características foram enfraquecidas. Ocorre que as greves e conflitos trabalhistas não deixaram e nunca deixarão de existir e em áreas de extrema relevância por todo o país, como o transporte público de passageiros, por exemplo.[67]

Devido à forte presença da lei na estrutura do mercado de trabalho brasileiro, as propostas de desregulamentação estão sempre em discussão, causando divergências entre os que lutam pela manutenção e ampliação de direitos e os que defendem propostas de flexibilização. Este tipo de conflito é claro diante do crescente número de ações ajuizadas na Justiça do Trabalho desde a sua criação.

Além da "reforma trabalhista", que tem como principal foco a livre negociação entre patrões e empregados, sem a interferência do Estado ou dos sindicatos, o argumento de que a Justiça do Trabalho deve ser extinta no Brasil ou, no mínimo, ter as suas interpretações e decisões "controladas" integra o projeto neoliberal para tornar o mercado de trabalho ainda mais flexível, livre da rigidez que, segundo os liberalistas, impede o crescimento econômico. Prova disso é que também integrou a "reforma trabalhista" a limitação de súmulas e enunciados de jurisprudência editados pelo Tribunal Superior do Trabalho e pelos tribunais regionais do trabalho, com expressa menção

---

[66] DELGADO, Gabriela Neves; DELGADO, Maurício Godinho. *Justiça do Trabalho*: 70 anos de Justiça Social. Disponível em: https://juslaboris.tst.jus.br/bitstream/handle/20.500.12178/25347/008_delgado.pdf?sequence=4&isAllowed=y. Acesso em: 05 nov. 2018.

[67] Greve de motoristas e cobradores de ônibus no Rio Grande do Sul. Disponível em: https://g1.globo.com/rs/rio-grande-do-sul/noticia/2018/08/16/rodoviarios-suspendem-greve-e-onibus-voltam-a-circular-em-novo-hamburgo.ghtml. Greve de operadores do metrô no Distrito Federal. Disponível em: https://www.metropoles.com/distrito-federal/transporte-df/empresas-repetem-proposta-e-rodoviarios-mantem-indicativo-de-greve. Acesso em: 05 nov. 2018.

de que não poderão restringir direitos legalmente previstos nem criar obrigações que não estejam previstas em lei, como se isso fosse feito anteriormente e não retratasse, apenas, a interpretação judicial das leis, prerrogativa institucional dos julgadores. A lei aprovada também prevê que o Judiciário trabalhista analisará apenas os aspectos formais das normas coletivas, criando o inusitado princípio da "intervenção mínima na autonomia da vontade coletiva".

Segundo aponta Adalberto Moreira Cardoso, como o direito do trabalho regula a exploração da força de trabalho e, com isso, impõe obstáculos ao lucro, sua legitimidade sempre estará em pauta, questionada diuturnamente pelo jogo bruto dos interesses de mercado.[68] O mesmo deve ser dito com relação à existência da Justiça do Trabalho. O discurso sobre a sua extinção não é novo[69] e não deixará de existir.

Nesse contexto, o que está na ordem do dia é criar condições favoráveis à confiança de investidores e, para tanto, propõe-se a reforma do sistema de proteção social e o desmantelamento das "rígidas" normas do mercado de trabalho e do aparato institucional protetivo da legislação trabalhista, como da Fiscalização do Trabalho, do Ministério Público do Trabalho e da Justiça do Trabalho.

A Constituição de 1988 fortaleceu o sentido axiológico atribuído à Justiça do Trabalho, fundado e ancorado no valor da justiça social e que deve vincular a interpretação e aplicação do direito no marco do Estado Democrático.

Nesse contexto, é imprescindível a existência de uma sólida e universalizada estrutura dirigida à efetividade do direito do trabalho na vida econômica e social, inclusive com um segmento especializado, célere e eficiente de acesso ao Judiciário e de efetivação da ordem jurídica. Nesse sistema, cumprem papel decisivo a Fiscalização do Trabalho, o Ministério Público do Trabalho e a Justiça do Trabalho.

---

68 CARDOSO, Adalberto Moreira. *A década neoliberal e a crise dos sindicatos no Brasil*. São Paulo: Boitempo, 2003. p. 157.

69 Como ocorreu na época da reforma do Judiciário, quando o relator, deputado Aloysio Nunes Ferreira (PSDB-SP) propôs a extinção da Justiça do Trabalho. Disponível em: http://www1.folha.uol.com.br/fsp/brasil/fc09069910.htm. Acesso em: 06 ago. 2016.

5 O futuro do trabalho digno e o necessário fortalecimento da estrutura institucional protetiva do direito do trabalho

Como preparatório às comemorações dos 100 anos de existência da OIT, na 108ª Conferência Internacional do Trabalho, em 2019, o organismo internacional divulgou, meses antes, estudo intitulado *Futuro do trabalho no Brasil: perspectivas e diálogos tripartites*,[70] reunindo a síntese de quatro diálogos nacionais realizados no país nos anos de 2016 e 2017, tanto para estimular as respectivas discussões no Brasil quanto para contribuir com a Comissão Mundial criada pelo diretor-geral da OIT sobre a temática.

A flexibilização do mercado de trabalho, em especial em relação à substituição do emprego formal por formas atípicas de contratação, a alta informalidade e o desemprego foram pontos que mereceram atenção no estudo. Os desafios trazidos pelo teletrabalho, pelo trabalho intermitente, pela subcontratação, entre outros, trouxeram reflexões sobre os sistemas regulatórios, fiscais e de proteção social no país.

A "pejotização", que substitui o vínculo de emprego formal por relação entre empresas – na qual o prestador de serviço se transforma em pessoa jurídica – também foi objeto de análise, registrando-se que novas formas de trabalho coexistirão por tempo indeterminado com as ocupações anteriores e, no caso do Brasil, com formas inaceitáveis do trabalho, como o trabalho infantil e escravo.[71]

Além das desigualdades no mercado de trabalho, os aspectos populacionais e da má distribuição da renda também foram considerados, sobretudo aqueles ligados às desigualdades educacionais, de gênero, raça, idade e local de moradia, destacando-se a maior taxa de desemprego entre os jovens.[72]

Em face da acentuada modificação do mercado de trabalho, o estudo também apontou as dificuldades nas formas de representação dos trabalhadores e os desafios para as negociações coletivas no Brasil, especialmente pelo atual déficit de participação dos sindicatos. As conclusões do estudo ressaltam a necessidade de criação de novos

---

[70] *Futuro do Trabalho no Brasil*: perspectivas e diálogos tripartites. Brasil: OIT. Disponível em: https://www.ilo.org/wcmsp5/groups/public/---americas/---ro-lima/---ilo-brasilia/documents/publication/wcms_626908.pdf. Acesso em: 26 maio 2019.

[71] *Futuro do Trabalho no Brasil*: perspectivas e diálogos tripartites. Brasil: OIT, p. 8-9. Disponível em: https://www.ilo.org/wcmsp5/groups/public/---americas/---ro-lima/---ilo-brasilia/documents/publication/wcms_626908.pdf. Acesso em: 26 maio 2019.

[72] *Idem.*

mecanismos de proteção dos trabalhadores e de seguridade social, adaptados à multiplicidade de formas de trabalho e contratação existentes, diminuindo, assim, a desproteção dos trabalhadores sem vínculo empregatício e de trabalhadores autônomos.[73]

Apontaram-se no estudo, ainda, os desafios para a regulação e inspeção do trabalho, o que exige maior integração. Além de promover maior harmonização dos procedimentos e das atribuições entre os órgãos responsáveis pela proteção e garantia do direto do trabalho – em especial a Justiça do Trabalho, a Secretaria de Inspeção do Trabalho e o Ministério Público do Trabalho –, foi pontuado que a conexão desses órgãos com outras instâncias governamentais responsáveis pelo bem-estar dos trabalhadores deve ser fortalecida.[74]

6 Conclusão

A "reforma trabalhista" brasileira, Lei nº 13.467/2017, de 13 de julho de 2017, completou 18 meses de vigência no mês de maio de 2019, e os resultados anunciados, antes da sua aprovação, sobre o incremento do mercado de trabalho, avanço da economia e crescimento do país ainda não foram observados.

Em que pese o Estado Democrático de Direito ser reconhecido como o mais evoluído na dinâmica dos direitos humanos, vê-se que a constante capacidade de renovação e transformação do capitalismo impõe a racionalidade do mercado, uma suposta "modernidade", que passa a justificar, cada vez mais, o aumento das desigualdades.

O quadro de exclusão social que afeta milhões de brasileiros, concentrando a riqueza nas mãos de parcela ínfima da população, o alto índice de desemprego e a carência de oferta de postos de trabalho devem ser sopesados na compreensão e proteção do direito fundamental ao trabalho digno, o que requer a manutenção das estruturas protetivas do direito do trabalho (da Fiscalização do Trabalho, do Ministério Público do Trabalho e da Justiça do Trabalho).

Nesse contexto, para a adequada proteção do direito fundamental ao trabalho digno, é necessário compreender as novas formas de organizações produtivas e os abalos que trazem para os direitos dos trabalhadores, inclusive as estratégias do projeto neoliberal, que incluem a desregulação das relações de trabalho e ataques à Fiscalização do

[73] Idem.

[74] Idem.

Trabalho, ao Ministério Público do Trabalho e à Justiça do Trabalho, com promessas de "modernização" do país, sendo imprescindível o fortalecimento dos órgãos de proteção ao trabalho.

Na década de 1990, quando houve a implantação de sistema econômico neoliberal, verificou-se que as promessas de aumento de emprego e renda também não se concretizaram.

O Brasil assumiu compromisso de Estado – e não de governo – de erradicar o trabalho infantil e escravo, com a proteção dos direitos fundamentais e humanos dos trabalhadores, o que inclui o direito fundamental ao trabalho digno, impondo-se a adoção de políticas que impeçam a exploração predatória da mão de obra, inaceitável no Estado Democrático de Direito.

Um país que prega a democracia, liberdade e igualdade de todos não pode assentir com a evocação de fatores econômicos para justificar diferenças que humilham, desumanizam e ferem a dignidade humana. Impõe-se, assim, a adoção de limites às ações econômicas e a desconstrução de discursos justificadores, ligados à perpetuação da pobreza para maior parte da população e a manutenção da riqueza para parcela ínfima da sociedade.

Para tanto, deve-se considerar a dignidade da pessoa humana como centro irradiador das relações de trabalho no país.

O cenário atual é de evidente agravação da pressão dos setores que há anos procuram flexibilizar os direitos sociais e a legislação trabalhista, negando tudo o que consideram como entraves à autonomia privada, ao direito de propriedade e à livre concorrência para a redução dos custos e maximização da rentabilidade, valendo-se do desrespeito aos patamares civilizatórios mínimos em relação à mão de obra contratada.

A "reforma trabalhista", aprovada em 2017 pelo Congresso Nacional, demonstrou efeitos altamente prejudiciais ao mercado de trabalho (sem o incremento das vagas de emprego), na organização sindical dos trabalhadores e nas ações na Justiça do Trabalho, em face das restrições impostas ao acesso à Justiça. A modificação legislativa trouxe, ainda, o aprofundamento do já deficiente quadro de proteção do direito fundamental ao trabalho digno, acentuando a vulnerabilidade dos trabalhadores.

A partir de 2016, com a retomada dos discursos liberais, passa-se a preocupar-se com todo tipo de precarização do trabalho, principalmente a partir da aprovação da "reforma trabalhista", com a terceirização sem limites, o trabalho intermitente, a ampliação do trabalho parcial, o autônomo "exclusivo", a prevalência de negociação coletiva prejudicial aos direitos legalmente conquistados, entre outras violações.

Não são otimistas as perspectivas regulatórias no território nacional em relação à própria materialização do direito fundamental ao trabalho digno, impondo-se o fortalecimento da estrutura institucional protetiva do direito do trabalho (Fiscalização do Trabalho, Ministério Público do Trabalho e Justiça do Trabalho) para a garantia de padrões civilizatórios mínimos em relação ao trabalho, os quais refletem, na verdade, a própria condição humana do trabalhador.

Referências

BAUMAN, Zygmunt. *Globalização*: as consequências humanas. Tradução Marcus Penchel. Rio de Janeiro: Zahar, 1999.

BOMFIM, Benedito Calheiros. *Gênese do Direito do Trabalho e da Justiça do Trabalho no Brasil*. Disponível em: https://juslaboris.tst.jus.br/bitstream/handle/20.500.12178/25351/013_bomfim.pdf?sequence=1&isAllowed=y. Acesso em: 05 nov. 2018.

CARDOSO, Adalberto Moreira. *A década neoliberal e a crise dos sindicatos no Brasil*. São Paulo: Boitempo, 2003.

CARVALHO, Augusto César Leite de. *Garantia de Indenidade no Brasil*. São Paulo: Ltr, 2013.

CONFORTI, Luciana Paula. A relação de emprego e o trabalho autônomo: análise da "Reforma Trabalhista" frente à Constituição de 1988 e às Convenções Internacionais do Trabalho. *In*: *A Reforma Trabalhista (Lei nº 13.467/2017) na visão dos Magistrados do Trabalho, Procuradores do Trabalho e Advogados Trabalhistas*. RTM: Belo Horizonte.

DELGADO, Gabriela Neves; DELGADO, Maurício Godinho. *Constituição da República e direitos fundamentais*: dignidade da pessoa humana, justiça social e Direito do Trabalho. São Paulo: Ltr, 2012.

DELGADO, Gabriela Neves; DELGADO, Maurício Godinho. *Justiça do Trabalho*: 70 anos de Justiça Social. Disponível em: https://juslaboris.tst.jus.br/bitstream/handle/20.500.12178/25347/008_delgado.pdf?sequence=4&isAllowed=y. Acesso em: 05 nov. 2018.

DIAS, Everardo. *Histórico das lutas sociais no Brasil*. São Paulo: Alfa-Omega, 1977.

GOMES, Angela Maria de Castro. *Burguesia e trabalho*: política e legislação social do Brasil 1917-1937. Rio de Janeiro: Campus, 1979.

ORGANIZAÇÃO INTERNACIONAL DO TRABALHO. *Futuro do Trabalho no Brasil*: perspectivas e diálogos tripartites. Brasil: OIT. Disponível em: https://www.ilo.org/wcmsp5/groups/public/---americas/---ro-lima/---ilo-brasilia/documents/publication/wcms_626908.pdf. Acesso em: 26 maio 2019.

POCHMANN, Márcio. *Plano Temer aprofunda desigualdades*. Disponível em: http://www.cartacapital.com.br/politica/plano-temer-aprofunda-desigualdades. Acesso em: 06 ago. 2016.

SEN, Amartya. *Desenvolvimento como liberdade*. Tradução Laura Teixeira Motta. São Paulo: Cia. das Letras, 2010.

TRINDADE, Rodrigo; COLUSSI, Luiz Antonio. *Desmonte do Direito do Trabalho*: reforma trabalhista é avaliada como grande retrocesso. Disponível em: http://www.amatra4.org.br/publicacoes/artigos/1238-parecer-final-reforma-trabalhista. Acesso em: 12 abr. 2017.

Informação bibliográfica deste texto, conforme a NBR 6023:2018 da Associação Brasileira de Normas Técnicas (ABNT):

CONFORTI, Luciana Paula. Impactos da política econômica nas relações de trabalho no Brasil: mitos sobre a flexibilização da legislação trabalhista e extinção da estrutura institucional protetiva do direito do trabalho. *In*: TUPINAMBÁ, Carolina (Coord.). *As novas relações trabalhistas e o futuro do Direito do Trabalho*: as novidades provenientes de leis trabalhistas recentes. Belo Horizonte: Fórum, 2021. (Coleção Fórum as novas relações trabalhistas e o futuro do Direito do Trabalho. Tomo II.). p. 139-166. ISBN 978-65-5518-120-3.

FUNDO DE GARANTIA DAS EXECUÇÕES TRABALHISTAS

VICENTE JOSÉ MALHEIROS DA FONSECA

1 Prolegômenos

Ingressei na magistratura trabalhista muito jovem, com 25 anos de idade e menos de dois anos de minha graduação em direito, mas, desde aquela época, em 1973, no estudo mais refletido do direito – seja no exercício da atividade jurisdicional ou no magistério universitário –, busquei a construção de ideias e sugestões sem muita preocupação de repetir conceitos, definições e classificações que tradicionalmente são enfocados em obras clássicas sobre temas jurídicos.

Nessa linha de raciocínio, tentei adotar, não raro, uma postura *crítica* ou menos convencional, fugindo de interpretações ortodoxas, a fim de melhor compreender a realidade social, para além dos livros e da burocracia.

Em algumas situações, tive que enfrentar a resistência de forte corrente jurisprudencial contrária às minhas convicções. Mantive, porém, com firmeza, a minha posição, para além da simples interpretação do texto da lei. Entendo que sempre e sempre deve prevalecer o ideal de justiça.

Não posso deixar de destacar a minha permanente preocupação com o sério problema da *execução no processo trabalhista*, cujo procedimento, a meu ver, não satisfaz uma das principais características deste ramo especializado do direito, a *celeridade* na tramitação das causas de interesse do trabalhador – repito –, razão de ser da existência da própria Justiça do Trabalho. Falo em celeridade, não em precipitação.

2 FUNGET

Inicialmente, cumpre assinalar as medidas que visam à celeridade do processo trabalhista, notadamente a prolação de *sentenças líquidas*, procedimento implementado, em caráter pioneiro, no âmbito do TRT – 8ª Região, na época em que exerci a presidência do E. Tribunal Regional, conforme o Provimento Conjunto nº 4/2000 (art. 12).

Essa prática agiliza bastante o processo, porque evita impugnações, embargos do devedor e recursos em torno do *quantum debeatur*.

Embora o provimento regional faça alusão ao procedimento sumaríssimo (Lei nº 9.957/2000), há muito que a prolação de sentenças líquidas, em nossa região, independe do valor da causa.

O sistema recursal também precisa ser drasticamente enxugado.

Além dos eficientes mecanismos oferecidos pela informática, como o sistema de penhora *online* (SISBACEN) e outros, a execução carece de aperfeiçoamentos. Aliás, a prática da penhora *online* iniciou na época em que exerci a função de coordenador/presidente do Colégio de Presidentes e Corregedores dos TRTs do Brasil – COLEPRECOR (1998-2000), antes de sua implementação no Código Processo Civil.

De fato, a eficácia das sentenças trabalhistas é tema de grande preocupação. Não raro o sucesso, na fase de conhecimento, transforma-se em autêntica vitória de Pirro, na fase de execução.

Vamos, então, ao tema principal deste artigo, o *Fundo de Garantia das Execuções Trabalhistas*.

A Emenda Constitucional nº 45/2004, que dispõe sobre a reforma do Poder Judiciário, aprovou um importante mecanismo para tornar o processo trabalhista mais eficiente e célere.

Estabelece o art. 3º da EC nº 45 que "a lei criará o Fundo de Garantia das Execuções Trabalhistas, integrado pelas multas decorrentes de condenações trabalhistas e administrativas oriundas da fiscalização do trabalho, além de outras receitas".

A sociedade brasileira e os magistrados trabalhistas, em especial, alimentam a esperança de que a regulamentação do FUNGET, por via de lei ordinária, seja implementada com as cautelas necessárias para não se desviar dos propósitos que justificam a criação do novo modelo processual trabalhista.

A ideia originária do FUNGET, por mim concebida há cerca de 40 anos, tem sido debatida e aprovada em conclaves jurídicos, inclusive no XII Congresso Nacional de Magistrados da Justiça do Trabalho (2004) e na Jornada Nacional sobre Execução Trabalhista (2010).

Nessa jornada, foi aprovado o seguinte enunciado propositivo:

> FUNDO DE GARANTIA DAS EXECUÇÕES TRABALHISTAS. I. O Fundo de Garantia das Execuções Trabalhistas (FUNGET), aprovado no Conamat/2004, deve ser regulamentado por lei ordinária (art. 3º da Emenda Constitucional nº 45/2004), com urgência, porque constitui um importante mecanismo para tornar o processo trabalhista mais eficiente e célere. II. A lei reguladora do FUNGET (art. 3º da EC 45/04) deverá inspirar-se nos institutos correlatos no direito comparado, onde se verifica sua natureza de seguro obrigatório contra o inadimplemento de créditos trabalhistas, em razão da insolvência da empresa devedora. Ademais, é fundamental que o legislador proceda a uma blindagem protetora do fundo; de um lado, limitando as espécies de parcelas a serem pagas e seus valores; de outro, cuidando para que não haja fraudes/simulações. O FUNGET deverá ser gerido pelo Conselho Superior da Justiça do Trabalho, fiscalizado pelo Ministério Público do Trabalho.

A matéria foi objeto de notícia na *Revista LTr* (dezembro de 2010) – ano 74 – Redação (LTr 74-12/1413): http://www.calameo.com/read/000149577d99c6d6ab8e3.

Tramitam no Congresso Nacional três projetos de lei para regulamentar a matéria (PL nº 4.597/2004, PLS nº 246/2005 e PL nº 6.541/2006), daí a necessidade de conciliar divergências no sentido de encontrar a fórmula capaz de efetivar o comando constitucional, tal como foi idealizado.

Os três projetos têm o idêntico propósito, mas substanciais diferenças em diversos detalhes.

É aconselhável defender a aprovação do Projeto de Lei nº 246/2005, de autoria da então senadora Ana Júlia Carepa (PT-PA) – ex-governadora do estado do Pará –, que difere em muitos pontos do PL nº 6.541/2006, proposto pela Comissão Especial Mista de Regulamentação da EC nº 45/2004, inclusive quanto à gestão do Conselho Curador do FUNGET, que deverá ser presidido por representante da Justiça do Trabalho e administrado pelo Ministério Público do Trabalho, órgãos que melhor se adequam a tarefas de gerenciamento do sistema.

O Projeto de Lei nº 246/2005 foi baseado no *esboço de anteprojeto de lei* que acompanha o artigo *Fundo de Garantia das Execuções Trabalhistas*, de minha autoria, publicado na Revista nº 72 do TRT da 8ª Região, volume 37 (janeiro a junho de 2004), p. 41-50.

Afinal, o processo trabalhista foi concebido para ser simples, informal, concentrado, oral e célere, em todas as etapas, jamais um fim em si mesmo, mas, se a sentença ou a conciliação não for cumprida, segue-se a fase de execução, um dos "calcanhares de Aquiles" na Justiça do Trabalho.

No momento crucial do processo, a efetividade do título executivo é quase nenhuma, porque quase nada obedece aos princípios basilares do processo moderno.

Desde o momento histórico em que o devedor deixou de responder com o seu próprio corpo pelas dívidas civis – salvo ação de alimentos e depositário infiel –, essa responsabilidade transferiu-se para o seu patrimônio, em caso de execução. Daí a penhora sobre bens do devedor, para efeito de alienação, em praça ou leilão, e posterior pagamento para satisfação do direito do credor, como assegurado no título executivo judicial ou extrajudicial.

Acontece que esse sistema complexo de execução, desde o direito romano, já não atende às expectativas do credor trabalhista, geralmente hipossuficiente e desempregado.

O que fazer?

Após ouvir conferência proferida por Manuel Alonso Olea, em São Paulo, no ano de 1976, que fez breve referência ao "*Fondo de Garantía Salarial*", na Espanha, sustentei a tese de criação de um "*Fundo de Garantia das Execuções Trabalhistas*", que tenho defendido há cerca quatro décadas, aprovada em diversos congressos jurídicos.

Escrevi sobre a matéria, pela primeira vez, na Revista nº 22, julho a dezembro de 1979, do TRT – 8ª Região. O tema foi incluído no livro *Reforma da execução trabalhista e outros estudos* (LTr/SP, 1993), ao qual novamente fiz referência no livro *Em defesa da Justiça do Trabalho e outros estudos* (LTr/SP, 2001).

Na Espanha, adota-se, com sucesso, o "*Fondo de Garantía Salarial*". O precedente espanhol funciona assim: se houver recurso da empresa contra condenação a título de salários, pode o trabalhador levantar de imediato o valor correspondente perante o *Fondo*. Improvido o apelo, o obreiro já teve antecipado o seu pagamento. Provido o recurso patronal, o *Fondo* se incumbe de cobrar do trabalhador e ressarcir o empregador.

Em seu trabalho de conclusão de curso de direito na Universidade da Amazônia (UNAMA), Lorena Teles Sirotheau da Fonseca – hoje, Lorena Sirotheau da Fonseca Lestra –, minha filha, fez interessante pesquisa, em 2007, sobre o *Fondo de Garantía Salarial* espanhol.

Essa pesquisa foi aprofundada em seus estudos para a dissertação apresentada para a conclusão do curso de pós-graduação *latu sensu*, em nível de especialização, na área de direito do trabalho e processual do trabalho, na modalidade presencial, nos anos de 2008 a 2010, perante a mesma Universidade da Amazônia (UNAMA), em Belém (PA).

Tomo a liberdade de transcrever trechos da primeira monografia elaborada por Lorena Sirotheau da Fonseca Lestra (2007), atualmente advogada da área trabalhista e previdenciária do Banco do Estado do Pará (BANPARÁ), na capital paraense.

3 FOGASA – *Fondo de Garantía Salarial da Espanha*

3.1 Origem

O *Fondo de Garantía Salarial* (FOGASA) foi instituído, ultimamente, na Espanha desde 1985 pelo Decreto nº 505/1985,[1] mas encontramos antecedentes desse sistema na legislação sobre a seguridade social. A lei sobre *seguro de desempleo*, de 22 de julho de 1961, garantia o pagamento das indenizações reconhecidas em sentenças trabalhistas, devidas pelo empresário insolvente, para que o trabalhador desempregado recebesse efetivamente o crédito laboral.

Essa mesma garantia constou na *Ley de Bases de la Seguridad Social*, de 28 de dezembro de 1963, que procedia a unificação da seguridade social na Espanha. O art. 20 da *Orden Ministerial*, de 5 de maio de 1967, trouxe a germe no atual FOGASA, reconhecendo o direito ao trabalhador de perceber os valores reconhecidos judicialmente pelo rompimento da relação de trabalho em caso de insolvência e quebra da empresa. A entidade gestora se sub-rogaria então nos direitos do trabalhador para cobrar posteriormente os valores do empresário.

A introdução do *Fondo de Garantía Salarial* na Espanha surgiu inicialmente em 1976, através da *Lei de Relaciones Laborales*. O país estava

---

1 *Artículo 1. Naturaleza.*
1. El Fondo de Garantía Salarial es un organismo autónomo de carácter administrativo, adscrito al Ministerio de Trabajo y Seguridad Social, con personalidad jurídica y capacidad de obrar, para el cumplimiento de los fines establecidos en el artículo 33 de la Ley 8/1980, de 10 de marzo, del Estatuto de los Trabajadores, modificado por la Ley 32/1984, de 2 de agosto.

atravessando uma generalizada crise social. Na época, muitas empresas se encontravam em estado de insolvência, fenômeno inerente do sistema econômico liberal, segundo os estudos do *Comité Económico y Social de la Comunidad Económica*. Portanto, surgiu a necessidade de criar um mecanismo para proteger os interesses patrimoniais dos trabalhadores.

> *Real Decreto 505/1985 de 6 de marzo sobre Organización y Funcionamiento del Fondo de Garantía Salarial*
> *(BOE de 17 de abril de 1985)*
> *Modificada por RD 2725/1998, de 18 de diciembre*
> *La existencia de un fondo público para* garantizar la percepción de salarios adeudados e indemnizaciones insatisfechas por causas derivadas del desequilibrio patrimonial de las Empresas, *se ha revelado, hasta el momento, como el mecanismo más eficaz y de más frecuente utilización en coyunturas como la presente, en que las* situaciones de crisis propician la aparición de deudas laborales que exigen el debido amparo, para evitar notorios perjuicios a los trabajadores *que, en otro caso, se verían forzados no ya sólo a seguir largos procedimientos, muchas veces con total ineficacia en sus resultados, sino, incluso, a no poder atender adecuadamente necesidades, en ocasiones de carácter perentorio.*
> *Reconocida explícitamente la protección de garantía salarial en la Ley 16/1976, de 8 de abril, de Relaciones Laborales, el Fondo de Garantía Salarial ha experimentado un proceso de desarrollo que se consagra en la Ley 8/1980, de 10 de marzo, del Estatuto de los Trabajadores, en la que ya aparece definido como Organismo autónomo, dotado de personalidad jurídica y de capacidad de obrar.*
> *Para recoger las experiencias adquiridas, colmar las lagunas que la realidad diaria venía poniendo de manifiesto y corregir determinadas situaciones que contribuían decisivamente al desequilibrio financiero del Fondo de Garantía Salarial, se planteó la reforma que ha culminado en la Ley 32/1984, de 2 de agosto, en virtud de la cual, se da una nueva redacción al artículo 33 del Estatuto de los Trabajadores y a cuyo desarrollo reglamentado atiende el presente Real Decreto.*
> *Presidida por criterios de rigor, objetividad y rapidez, son, entre otros, aspectos destacados de esta norma reglamentaria los de: Acentuación del carácter de fondo de solidaridad, alejándose del esquema del seguro privado; extensión de la protección salarial a determinados colectivos de trabajadores vinculados a sus Empresas por relaciones laborales de carácter especial, ya debidamente reguladas; reducción de las diferencias en la cuantía de las prestaciones, que respondían exclusivamente a la causa o procedimiento seguido para la extinción del contrato de trabajo; establecimiento de* un procedimiento ágil, con el fin de atender con premura presumibles situaciones de necesidad; procurar una pronta y eficaz acción subrogatoria e institucionalizar la participación de las

> Organizaciones sindicales y empresariales en la gestión del Fondo de Garantía Salarial.[2] (Grifo nosso)

3.2 Sistemática

O *Fondo de Garantía Salarial* é um organismo do *Ministerio de Trabajo y Assuntos Sociales*, que tem por finalidade garantir aos trabalhadores a percepção de *salarios, indemnizaciones por despido o extinción de la relación laboral, pendientes de pago por insolvencia, suspensión de pagos, quiebra o concurso de acreedores del empresário.*[3]

> *13.* Titulares del derecho.
> *Podrán percibir las prestaciones del Fondo de Garantía Salarial* todos los trabajadores vinculados por relación laboral a alguno de los empresarios enumerados en el artículo 11, cuando sean titulares de un crédito por salarios o indemnizaciones *y en la forma que para cada caso se específica en los artículos siguientes.* (Grifei)

Os beneficiados por esse sistema são todos aqueles trabalhadores que são vinculados por uma relação de trabalho com os empresários elencados no *artículo 11*[4] do *Real Decreto* que sejam titulares de créditos

---

[2] *Noticias jurídicas.* Disponível em: http://noticias.juridicas.com/base_datos/Laboral/rd505-1985.html#a14. Acesso em: 10 set. 2007.

[3] *Artículo 1. Naturaleza.*
1. El Fondo de Garantía Salarial es un organismo autónomo de carácter administrativo, adscrito al Ministerio de Trabajo y Seguridad Social, con personalidad jurídica y capacidad de obrar, para el cumplimiento de los fines establecidos en el artículo 33 de la Ley 8/1980, de 10 de marzo, del Estatuto de los Trabajadores, modificado por la Ley 32/1984, de 2 de agosto.
2. En su actuación se regirá por las leyes y disposiciones generales que le sean de aplicación y, especialmente, por el mencionado Estatuto de los Trabajadores, por la Ley del Régimen Jurídico de las Entidades Estatales Autónomas, de 26 de diciembre de 1958; por la Ley 11/1977, de 4 de enero, General Presupuestaria, y por el presente Real Decreto.

[4] *Artículo 11. Obligación de cotización.*
1. Están obligados a cotizar al Fondo de Garantía Salarial:
a. Todos los empresarios a que se refiere el número 2 del artículo 1 del Estatuto de los Trabajadores, tanto si son públicos como privados, por los trabajadores por cuenta ajena que tengan a su servicio, vinculados por relación laboral ordinaria.
b. Los clubes o entidades deportivas, por los deportistas profesionales vinculados a los mismos en virtud de relación laboral de carácter especial.
c. Los empresarios que ocupen trabajadores cuya actividad sea la de intervención en operaciones mercantiles sin asumir el riesgo y la ventura de aquellas, por dichos trabajadores, con las particularidades que se señalan en el párrafo tercero del número 2 del artículo siguiente.
2. Los empresarios que tengan a su servicio trabajadores vinculados por cualquiera de las relaciones laborales de carácter especial a que se refiere el artículo 2 de la Ley 8/1980, de 10 de marzo, del Estatuto de los Trabajadores, distintas de las mencionadas en los apartados b) y c) del número anterior, vendrán obligados a cotizar desde el momento en que así lo dispongan las normas reguladoras de aquéllas.

de natureza salarial ou indenizações. Por outro lado, não alcançam os sócios das cooperativas de trabalho associado e os trabalhadores que prestam serviço em casa de família. Vejamos quais são esses créditos:

> Artículo 14. Créditos por salarios e indemnización.
> 1. *A los efectos del presente Real Decreto se* considerarán créditos salariales *protegidos la totalidad de las percepciones económicas a que tengan derecho los trabajadores siempre que retribuyan:*
> *El trabajo efectivamente realizado.*
> *Los períodos de descanso computables como de trabajo.*
> *Las percepciones económicas derivadas del artículo 56.1, apartado b), del Estatuto de los Trabajadores, y del 211, párrafo final, de la Ley de Procedimiento Laboral.*
> *Cuando se trate de deportistas profesionales el salario vendrá determinado por los conceptos a que se refiere el número 2 del artículo 8 del Real Decreto 318/1981, de 5 de febrero.*
> 2. *Se considerará* crédito por indemnización *la cantidad reconocida a favor de los trabajadores en sentencia, resolución de la autoridad laboral o resolución judicial complementaria de estas, a causa de despido o extinción de los contratos de trabajo, conforme a los artículos 50 y 51 del Estatuto de los Trabajadores.* (Grifo nosso)

Então, basicamente, o *Fondo* abona salários e indenizações.

De acordo com o *artículo* 3° do *Real Decreto*, o FOGASA é financiado por *cotizaciones* das empresas elencadas no *artículo* 11. A base de cálculo é a mesma estabelecida para outras garantias do sistema de seguridade social (acidente de trabalho, doença profissional e desemprego), mas o governo poderá reajustar esses valores conforme a necessidade do *Fondo*. Também será mantido pelas quantidades obtidas na sub-rogação, pelos frutos do patrimônio do *Fondo* e por outras importâncias previstas em lei.

> *Artículo*. 3. Recursos económicos.
> Para el cumplimiento de sus fines, el Fondo de Garantía Salarial dispondrá de los siguientes recursos:
> 1. *Las cotizaciones efectuadas por los empresarios, tanto públicos como privados, que empleen trabajadores por cuenta ajena.*
> 2. *Las cantidades obtenidas por subrogación.*
> 3. *Las rentas o frutos de su patrimonio o del patrimonio del Estado adscrito al Fondo.*
> 4. *La venta de sus publicaciones.*
> 5. *Las consignaciones o transferencias que pueden fijarse en los Presupuestos Generales del Estado, y*
> 6. *Cualesquiera otros previstos en las leyes.* (Grifei)

Mas os valores abonados por esse organismo são limitados. Vejamos:

> En cuanto a los salarios, la cantidad máxima a pagar por este organismo es la que resulta de multiplicar el duplo del salario mínimo interprofesional diario, sin prorrateo de pagas extras, por el número de días pendientes de pago, con un máximo de 120 días.
> *Respecto a indemnizaciones, el importe a abonar es como máximo de una anualidad, sobre la base de 25 días por año de servicio, sin que en el cálculo el salario pueda sobrepasar el duplo del salario mínimo interprofesional. Además, la indemnización tiene que tener su origen en un despido nulo, improcedente, extinción por voluntad del trabajador o extinción por causas económicas, técnicas, organizativas o de producción y por fuerza mayor, por lo que no se recogen las reconocidas en conciliación, salvo las derivadas de expediente de regulación de empleo, ya que lo acordado aquí por las partes sólo tiene eficacia ejecutiva entre las mismas.*[5]

3.3 Funcionamento

O procedimento para solicitar as prestações ao *Fondo* pode iniciar de ofício, por acordo da Secretaria Geral do *FOGASA* ou da Unidade Administrativa periférica correspondente, ou por solicitação dos interessados ou de seus representantes. A solicitação deve seguir as formalidades previstas em lei,[6] acompanhada dos documentos necessários à requisição.

Os trabalhadores podem reclamar as prestações ao FOGASA no prazo de 1 (um) ano,[7] contado a partir da data em que foi celerado o ato de conciliação ou da sentença trabalhista, da resolução da autoridade laboral ou da resolução judicial complementar. Esse prazo se interrompe com a interposição de ações executivas ou com o reconhecimento dos créditos em caso de quebra da empresa, suspensão dos pagamentos ou concurso de credores.

---

5 *Garantia del salario – FOGASA*. Disponível em: http://www.lexjuridica.com/doc.php?cat=22&id=28. Acesso em: 07 set. 2007.

6 *Real Decreto 505/1985 de 6 de marzo sobre Organización y Funcionamiento del Fondo de Garantía Salarial.*

7 *Artículo 21. Plazo.*
El plazo para solicitar las prestaciones del Fondo de Garantía Salarial será de un año, contado desde la fecha del acto de conciliación, sentencia, resolución de la autoridad laboral o resolución judicial complementaria de estas en que se reconozca la deuda por salarios o se fijen las indemnizaciones. Dicho plazo se interrumpirá por el ejercicio de las acciones ejecutivas o de reconocimiento de los créditos en el procedimiento concursal así como por las demás formas admitidas en derecho.

Pode ser que o FOGASA negue o abono das prestações solicitadas se a solicitação estiver fora do prazo ou ainda se as prestações solicitadas estiverem cobertas por outro sistema. Também é possível que reconheça parcialmente os direitos do trabalhador ou até mesmo quantidades distintas daquelas que foram solicitadas. Nesses casos, o trabalhador poderá interpor recurso[8] questionando, isto no prazo de 15 (quinze) dias, contados da sua notificação. Uma vez reconhecido o direito, o *Fondo de Garantía Salarial* abonará as prestações mediante embolso na conta bancária designada pelo trabalhador.

4 Abordagens finais

Retorno, pois, ao tema depois da citação das pesquisas realizadas pela advogada Lorena Teles Sirotheau da Fonseca – hoje, Lorena Sirotheau da Fonseca Lestra.

A fim de adaptar à realidade nacional, o Fundo somente poderá ser movimentado após o trânsito em julgado da decisão. Se houver recurso, a execução poderá estar garantida com o depósito recursal. Não havendo pagamento, o juiz determinará a movimentação do FUNGET – que se destina a assegurar qualquer crédito trabalhista, e não apenas os salários, como na Espanha –, para pagamento imediato ao credor, que terá satisfeito, de modo rápido, o seu direito. Em seguida, o Fundo, sub-rogando-se no crédito do trabalhador, passa a executar o devedor, perante a Justiça do Trabalho, mediante sanções severas, inclusive as *astreintes* (dia-multa), para evitar a sua movimentação constante e inevitável descapitalização.

Conforme o art. 2º do PLS nº 246/2005, "o FUNGET é constituído pelos depósitos a que se refere esta lei, pelas multas impostas por sentenças ou ajustadas em acordos nos processos trabalhistas, e ainda pelas multas administrativas resultantes da fiscalização do trabalho, além de outros recursos a ele incorporados, devendo ser aplicados com atualização monetária e juros, de modo a assegurar a cobertura de suas obrigações".

---

8 *Artículo 29. Recursos.*
1 Las resoluciones del Secretario general del Fondo de Garantía Salarial podrán ser objeto de recurso de alzada ante el Ministro de trabajo y seguridad social, que deberá interponerse en el plazo de quince días, contados desde el siguiente al de recibo de la notificación.
2 Las resoluciones dictadas en alzada por el Ministro de Trabajo y Seguridad Social agotarán la vía administrativa y podrán ser objeto de recurso ante la jurisdicción contencioso-administrativa.

A Justiça do Trabalho proporciona expressiva arrecadação de custas, contribuições previdenciárias e imposto de renda, além dos depósitos recursais efetuados na conta vinculada do FGTS. Há sentenças que determinam o recolhimento de multas e indenizações – como é o caso de dano moral coletivo resultante do trabalho escravo ou degradante – para o Fundo de Amparo ao Trabalhador (FAT), que poderão doravante reverter para o FUNGET.

Haverá uma pequena contribuição patronal para o Fundo, cujo custeio não decorre de verbas públicas. Em compensação, as empresas poderão utilizar-se, eventualmente, do Fundo para aplicação em programas que tragam benefícios diretos ou indiretos aos trabalhadores e seus familiares (creches, escolas, qualificação profissional, lazer etc.), desde que não causem a movimentação dos depósitos durante certo tempo. Os empregadores adimplentes com o Fundo ainda receberão incentivos fiscais.

A ideia, fundada nos princípios da seguridade e que tem como premissa a função social da empresa, nas relações trabalhistas, atende aos pressupostos jurídicos da responsabilidade civil objetiva, a mesma tese que justifica o instituto do seguro prévio para garantir os infortúnios humanos, que não se limitam aos eventos da morte, do acidente, do incêndio, da doença e da aposentadoria, para os quais existem fundos que asseguram a cobertura de compensações para dependentes e segurados. Merecem ainda atenção os riscos decorrentes das relações de emprego, especialmente em favor dos desempregados e seus familiares, excluídos de uma vida mais digna, vítimas da crueldade a que a sociedade vem se acostumando a assistir, quase insensível, senão indiferente.

Foi, pois, pensando nas agruras do credor trabalhista que espera "até não sei quando" o final do processo de execução, qual *Pedro Pedreiro*, do Chico Buarque de Hollanda, que concebi a tese do Fundo de Garantia das Execuções Trabalhistas, com vistas a agilizar e tornar realmente efetiva uma das fases mais demoradas e penosas do processo do trabalho, ao lado do sistema recursal, que também carece de aperfeiçoamentos. O processo civil tem sofrido diversas mudanças. Guardo, ainda, a esperança de que o processo executório trabalhista possa ser dotado da efetividade de que tanto necessita.

Não é suficiente que o crédito do trabalhador, reconhecido por sentença judicial, conserve o seu poder aquisitivo. Impõe-se que o empregador sofra as consequências severas por mora no cumprimento das obrigações resultantes da *res judicata*, proporcionalmente à gravidade social da sua atitude.

Daí justificar-se a adoção do sistema francês das *astreintes*. Garante-se, assim, na execução da sentença trabalhista, o pagamento da dívida principal acrescida das sanções pecuniárias, impostas pelo juiz, à parte responsável pelo atraso na quitação das verbas reconhecidas pela decisão judicial, sem prejuízo dos juros e correção monetária.

Nesse sentido, os arts. 652, alínea *d*; 832, §1°, 835; e 880, da CLT, que hoje podem ser interpretados com o auxílio da regra disposta, por exemplo, no art. 523 do CPC de 2015.

Não basta "dizer" o direito (*jurisdictio*); impõe-se realizá-lo, concretamente (*judex executione*).

Todavia, a tese de criação do Fundo de Garantia das Execuções Trabalhistas constitui uma reformulação profunda e corajosa no nosso direito processual do trabalho, pois é medida capaz de imprimir uma verdadeira *antecipação* da garantia das execuções trabalhistas, inclusive com apoio nos princípios da seguridade social.

Consagrada a ideia na Emenda Constitucional n° 45/2004 (art. 3°), quiçá seja logo editada a necessária regulamentação, por legislação ordinária, a fim de que o Brasil possa dispor de um sistema de pagamento imediato, efetivo e atualizado dos créditos decorrentes do trabalho humano, resultantes de sentença judicial.

Trata-se, na verdade, de autêntica reforma ampla e eficaz da execução trabalhista.

Diz a lenda que Tétis, a ninfa marinha, segurou, pelo calcanhar, seu filho Aquiles para mergulhá-lo no rio Estige, que o tornaria imortal e invencível. Queria contrariar um oráculo, segundo o qual o jovem morreria na guerra de Troia. Numa batalha, porém, Aquiles, bravo lutador e herói da mitologia grega, foi alvejado por uma flecha, justamente em seu único ponto vulnerável, o calcanhar, que não havia sido banhado por sua mãe.

Metáforas à parte, o *Fundo de Garantia das Execuções Trabalhistas* salva o processo trabalhista de um de seus pontos mais frágeis: a execução.

Não é tudo.

O passo seguinte, com os calcanhares protegidos, deverá ser o enxugamento do sistema recursal na Justiça do Trabalho, sem o que o processo trabalhista, que se caracteriza pela celeridade na solução das demandas, continue sujeito às delongas por diversos graus de jurisdição, longe, portanto, de atender os seus objetivos jurídicos e sociais.

Se a legislação ordinária já estabelece que "os Juízos e Tribunais do Trabalho terão ampla liberdade na direção do processo e velarão pelo *andamento rápido das causas*, podendo determinar qualquer diligência necessária ao esclarecimento delas", atualmente constituem garantia constitucional "a *razoável duração do processo* e os meios que garantam a celeridade de sua tramitação" (art. 5º, LXXVIII, da Constituição Federal).

Enfim, a real eficácia dos direitos humanos na Justiça do Trabalho somente estará concretizada quando o cumprimento ou a execução da sentença judicial ou da conciliação puder contar com mecanismos de acesso e efetividade à prestação jurisdicional rápida e justa.

Informação bibliográfica deste texto, conforme a NBR 6023:2018 da Associação Brasileira de Normas Técnicas (ABNT):

FONSECA, Vicente José Malheiros da. Fundo de Garantia das Execuções Trabalhistas. *In*: TUPINAMBÁ, Carolina (Coord.). *As novas relações trabalhistas e o futuro do Direito do Trabalho*: as novidades provenientes de leis trabalhistas recentes. Belo Horizonte: Fórum, 2021. (Coleção Fórum as novas relações trabalhistas e o futuro do Direito do Trabalho. Tomo II.). p. 167-179. ISBN 978-65-5518-120-3.

PREMIAÇÕES NÃO SALARIAIS ESTIPULADAS CONTRATUALMENTE: NOVO ITEM NOS CONTRACHEQUES

CAROLINA TUPINAMBÁ

1 Introdução

Segundo a atual redação do artigo 457 da CLT, a remuneração de empregados para fins de incidências trabalhista e previdenciária é composta pelo salário e gorjetas, além das comissões e gratificações legais.

A reforma trabalhista não só eliminou do texto dedicado à conceituação do salário o termo "gratificação ajustada", como também estabeleceu que não mais integrariam a remuneração para fins trabalhistas e previdenciários as importâncias, ainda que habituais, pagas a título de prêmios, assim entendidos como "as liberalidades concedidas pelo empregador em forma de bens, serviços ou valor em dinheiro a empregado ou a grupo de empregados, em razão de desempenho superior ao ordinariamente esperado no exercício de suas atividades".

Antes da edição da Lei nº 13.467/17, era comum o posicionamento da jurisprudência trabalhista e tributária no sentido de que os valores pagos habitualmente a título de prêmio teriam inexorável natureza salarial, sendo clássica contraprestação do trabalho. Ou seja, o prêmio de desempenho se enquadraria no conceito de gratificação ajustada paga com habitualidade e, portanto, integraria o salário do empregado, inclusive, para incidência das contribuições previdenciárias. Somente os prêmios pagos em parcela única, de forma não habitual, não integrariam a remuneração por não serem "gratificações ajustadas", mas, sim, ganhos meramente eventuais.

Com a nova redação do dispositivo em análise, entrou em debate os limites alcançados pelas expressões "liberalidade" e "em razão de desempenho superior ao ordinariamente esperado". Esses são os novos paradigmas, os filtros para caracterização de premiação não salarial.

O que seria uma liberalidade concedida pelo empregador? Qual seria o desempenho superior ao ordinariamente esperado que autorizaria o pagamento de valores a título de prêmio?[1] Esse é o objeto do presente trabalho.

2 O alcance da nova redação do dispositivo

A reforma trabalhista, não obstante evidentes percalços e pontos de crítica contundente, buscou incentivar a meritocracia e o incremento da produtividade do trabalhador, reduzindo o custo para a instituição de premiações por desempenho.

Ao perquirir a documentação afeta ao processo legislativo, segundo votos e pareceres legislativos que ensejaram a reforma do

---

[1] Confira-se a literalidade do texto normativo:
Art. 457 – Compreendem-se na remuneração do empregado, para todos os efeitos legais, além do salário devido e pago diretamente pelo empregador, como contraprestação do serviço, as gorjetas que receber.
§1º Integram o salário a importância fixa estipulada, as gratificações legais e as comissões pagas pelo empregador.
§2º As importâncias, ainda que habituais, pagas a título de ajuda de custo, auxílio-alimentação, vedado seu pagamento em dinheiro, diárias para viagem, prêmios e abonos não integram a remuneração do empregado, não se incorporam ao contrato de trabalho e não constituem base de incidência de qualquer encargo trabalhista e previdenciário. (...)
§4º Consideram-se prêmios as liberalidades concedidas pelo empregador em forma de bens, serviços ou valor em dinheiro a empregado ou a grupo de empregados, em razão de desempenho superior ao ordinariamente esperado no exercício de suas atividades.

artigo 457 da CLT, a reforma trabalhista, de fato, teria implementado mudança absoluta de *mindset*.[2]

Na doutrina, a alteração não restou indiferente. Para Deusmar José Rodrigues, em obra de comentários à reforma trabalhista,[3] a mudança, de fato, teria sido bastante ampla, com destaques:

> *A definição de "prêmios" trazida pelo §4º do artigo 457 da CLT destina-se a todo sobressalário (pago em bens, serviços ou dinheiro) criado espontaneamente pelo empregador e pago ao empregado de forma habitual ou uniforme (de forma periódica), quando cumpridas as condições por ele estabelecidas, sanando, com isso, a antiga discussão quanto à diferenciação de gratificação "espontânea" e prêmios. A partir da nova lei, a gratificação espontânea se enquadra à definição de prêmios e às regras deste se sujeitarão.*
>
> Os prêmios também foram excluídos da composição salarial, o que estimulará o pagamento de prêmios pelos empregadores a seus empregados e estes, por sua vez, estarão estimulados a um melhor desempenho profissional, em busca de melhores ganhos.
>
> (...)
>
> Ao que parece, a descaracterização dos prêmios, diárias para viagens, auxílio-alimentação e ajudas de custo da natureza salarial estimulará a melhoria do poder aquisitivo do empregado, *especialmente pela tranquilidade conferida ao empregador de melhorar possibilidades remuneratórias, sem que haja o risco de oneração da folha de pagamento e dos respectivos encargos.*

---

[2] Confira-se em parte o voto do relator Rogério Marinho, na Câmara dos Deputados a respeito do tema, com destaques: "*Art. 457.* A jurisprudência dos tribunais trabalhistas entende que benefícios pagos com liberalidade pelo empregador integram o salário do empregado, sobre ele incidindo encargos trabalhistas e previdenciários.
A nossa intenção com a mudança proposta ao art. 457 é a de permitir que o empregador possa premiar o seu funcionário sem que isso seja considerado salário. É o caso, por exemplo, de reclamações comumente ajuizadas em que se requer a incorporação ao salário de um prêmio por vendas – uma viagem ou determinado objeto.
O efeito concreto disso é a retração do empregador, que evita conceder esses prêmios sob o risco de vê-los incorporados ao salário, caracterizando um claro prejuízo aos empregados".
Igualmente, parte do voto do relator Ricardo Ferraço, no Senador Federal, comemorou a alteração de paradigma. Confira-se, com destaques: "Outras inovações importantes tratadas pelo PLC são aquelas que ampliam a liberdade sobre a estrutura remuneratória pelas empresas. No art. 457 da CLT, como proposto pelo PLC, *define-se que não integram a remuneração fixa do trabalhador parcelas eventuais, como prêmios e diárias de viagem com o intuito de estimular o seu uso, evitando que incidam sobre elas tributos ou que sejam incorporadas de maneira permanente ao contrato de trabalho – com evidentes efeitos positivos também sobre a produtividade*".

[3] RODRIGUES, Deusmar José (coordenador e coautor). *Lei da Reforma Trabalhista comentada artigo por artigo.* Editora JHMIZUNO, 2017. p. 174-176.

Vólia Bomfim Cassar expressou visão mais comedida, não negando a relevância extrema da alteração.[4] O comentário abaixo compilado refere-se ao período de vigência da MP nº 808, devendo ser lido com parcimônia:

> Do texto exposto, incluído pela Lei nº 13.467/17 e modificado pela MP nº 808/17, percebe-se que, além do seu caráter de liberdade, os prêmios são eventuais, pois estão vinculados ao desempenho extraordinário, excepcional, incomum do empregado ou da equipe. Logo, para não ter natureza salarial, seu pagamento deve ser esporádico, pagos até duas vezes ao ano.
>
> Percebe-se a contradição do legislador em afirmar, no §2º do art. 457 da CLT, que, "ainda que habituais", os prêmios terão natureza indenizatória. E no §22 do mesmo artigo conceitua prêmio como parcela paga pelo desempenho superior ao ordinariamente esperado pago até duas vezes ao ano. Ora, não são habituais parcelas pagas uma vez ao ano. *Ademais, ordinário é o comum, extraordinário é incomum. Logo, imagina-se que o prêmio só é pago quando o desempenho for incomum, raro, excepcional, logo, eventual.* (...)
>
> Aparentemente, o §2º do art. 457 da CLT, acrescido pela Lei nº 13.467/17, autorizou a supressão dos prêmios, pois estes não se "incorporam ao contrato".

Thereza Nahas e Raphael Miziara anunciaram a alteração de forma objetiva, demonstrando plena compreensão dos valores e da dinâmica alterados, com destaques:

> É uma forma de compensar o trabalhador por um esforço pessoal seu na execução do trabalho e que permite um ganho maior ao empregador. Até a aprovação da Reforma, a doutrina e jurisprudência eram praticamente unânimes em afirmar que os prêmios eram figuras salariais atípicas, pois entendiam que não haviam sido absorvidos pela legislação heterônoma estatal, mantendo-se como figura criada e desenvolvida autonomamente. Neste sentido: RR-98800-97.2009.5.04.0006, rel. Min. Mauricio Godinho Delgado, j. 13.04.2016, 3ª Turma, *DEJT* 15.04.2016.

---

[4] CASSAR, Vólia Bomfim. *Direito do Trabalho de Acordo com a Reforma Trabalhista e a MP 808/2017.* 15. ed. Editora Método, 2017. p. 807-808. Ao definir "liberalidade", a mesma autora assim se expressou: "Liberalidade quer dizer que espontaneamente concedeu benesse, *apesar de não estar obrigado por lei, contrato ou norma coletiva. Logo, o patrão que concedeu algumas vezes um prêmio não está obrigado a continuar concedendo, salvo se obrigou a tanto por contrato ou norma coletiva*".

COM A REFORMA, O PRÊMIO DEIXA DE TER NATUREZA SALARIAL POR EXPRESSA DISPOSIÇÃO LEGAL E PASSA A NÃO INTEGRAR A REMUNERAÇÃO PARA NENHUM EFEITO. Se houver fraude no pagamento ou estipulação, passará a integrar o salário para todos os efeitos.[5]

Luciano Martinez esboçou preocupação com possíveis e futuras fraudes derivadas da complacência legislativa com a possibilidade de premiação não salarial, com destaques:

> Os prêmios concedidos a partir da vigência da Lei nº 13.467/2017, *por expressa disposição normativa, não mais integram a remuneração do empregado, não mais se incorporam ao contrato de trabalho e não mais constituem base de incidência de qualquer encargo trabalhista ou previdenciário.*
> O §4º do art. 457 da CLT deixou bem claro que se consideram "prêmios as liberalidades concedidas pelo empregador em forma de bens, serviços ou valor em dinheiro a empregado ou a grupo de empregados, em razão de desempenho superior ao ordinariamente esperado no exercício de suas atividades" *Dê-se ênfase sobre a palavra "liberalidade" que é justamente a qualidade ou condição de quem, em seus atos ou em suas intenções, dá o que não teria obrigação de dar e o faz sem a expectativa de receber algo em troca.*
> *(...)*
> Esse dispositivo, portanto, transformou em verba remuneratória todo prêmio concedido a partir da terceira ocorrência dentro do mesmo ano, mas não limitou o seu valor, deixando ainda aberta brecha para a burla tributária. *Muito provavelmente os prêmios – assim como já acontece com a PLR – serão oferecidos em valores expressivos e disfarçarão, em muitos casos, verdadeiros fragmentos de remuneração.*

Autores mais críticos sobre a reforma trabalhista chegaram a defender a inconstitucionalidade da novel possibilidade de premiação não salarial. Foi o caso de Jorge Pinheiro Castelo, com destaques:[6]

> A regra do *caput* do §2º art. 457 da CLT é elaborada por meio de uma retórica inteligente e um sutil jogo de máscaras, onde estabelece a redução de direitos trabalhistas, sem ao menos permitir a exata percepção de como isso ocorreu.

---

5 NAHAS, Thereza; MIZIARA, Raphael. *Impactos da Reforma Trabalhista na Jurisprudência do TST*. Editora Revista dos Tribunais, 2017. p. 91.

6 CASTELO, Jorge Pinheiro. *Panorama Geral da Reforma Trabalhista*: Aspectos de Direito Material. v. I. Editora LTr, 2018. p. 156.

> Quando, *na verdade, o §2° do art. 457 da CLT (com a redação dada pela Lei n° 13.467/2017 ou pela MP n° 808/2017) inova profundamente o contrato, porque estabelece novo critério de cálculo dos prêmios (alterando sua natureza salarial para algo "surreal" e sui generis – já que também não é indenizatória de nenhum prejuízo) e, ainda, com tal alteração do pactuado, determina que sobre essa parcela (que seria, indubitavelmente contra prestação do trabalho, e, portanto, salarial) não sejam cálculos os demais direitos laborais de natureza constitucionais, como, v.g., 13° mês, férias + 1/3, descanso semanal remunerado, aviso-prévio e FGTS + 40%).*
> *Noutras palavras, o §2° do art. 457 da CLT incide em violação ao caput e incisos I até XXXIV do art. 7° da CF,* uma vez que lhes rouba a densidade, na medida que lhe subtrai o conteúdo e o valor.

Maurício Godinho, não obstante tecer duras críticas ao dispositivo alterado, não negou sua eficácia ou aplicabilidade, reforçando a ideia de que, realmente, a partir da reforma trabalhista, restou instituída possibilidade de premiação não salarial, em prejuízo dos trabalhadores, segundo seu respeitável ponto de vista.[7] Com destaques:

> A literalidade das modificações promovidas pela Lei n° 13.467/2017 no art. 457 da CLT e no art. 28, §§8° e 9°, da Lei da Organização e do Plano de Custeio da Seguridade Social (n. 8.212/1991) indica no sentido de enfraquecer a tradicional (e muito importante) relevância do salário no contrato de trabalho, *mediante a atribuição de natureza não salarial a parcelas que seriam, por sua própria natureza, nitidamente salariais. Insista-se: embora nitidamente salariais, por sua própria natureza, tais parcelas foram, artificialmente, consideradas como não salariais na reforma trabalhista de 2017.*
> Com isso, a Lei da Reforma Trabalhista procura reduzir o custo trabalhista do empregador (na verdade, seu grande foco, na ampla maioria de seus dispositivos); e aqui, no art. 457 da CLT, também o custo previdenciário do mesmo empregador. Com esse intento, o novo diploma legal provoca, ao mesmo tempo, a diminuição dos ganhos trabalhistas e previdenciários do empregado, além de rebaixar, significativamente, a arrecadação da Seguridade Social no País, incrementando, inapelavelmente, o déficit público do Estado Brasileiro.
> (...)
> Entretanto, o §2° do art. 457 dispõe que *"não integram a remuneração do empregado, não se incorporando ao contrato de trabalho e não constituem base de incidência de qualquer encargo trabalhista e previdenciário"* as seguinte

---

[7] DELGADO, Mauricio Godinho; DELGADO, Gabriela Neves. *A Reforma Trabalhista no Brasil*: com comentários à Lei n° 13.467/2017. Editora LTr. 2017. p. 165-167.

importâncias, "ainda que habituais", que sejam pagas ao seguinte título: ajuda de custo; auxílio-alimentação, "vedado seu pagamento em dinheiro"; diárias para viagem; prêmios e abonos.

Tal modificação – efetivamente extremada e nitidamente antissocial – foi confirmada pelas mudanças promovidas na Lei de Organização e do Plano de Custeio da Seguridade Social (n. 8.212/1991). De fato, o novo texto do art. 28, §9°, "h", da Lei n° 8.212/91 arrola as diárias para viagens como parcelas situadas fora do salário de contribuição; simultaneamente, deu-se a revogação da alínea "a" do §8° do mesmo art. 28, de modo a extirpar a antiga regra que dizia compor o salário de contribuição pelo seu valor total "o total das diárias pagas, quando excedente a cinquenta por cento da remuneração mensal".

Em idêntica toada, a nova alínea "z" do §9° do art. 28 da Lei n° 8.212/1991 excluiu do salário de contribuição duas outras parcelas citadas pelo novo §2° do art. 457, CLT: "z) os prêmios e os abonos".

(...)

As duas parcelas (abonos e prêmios), por sua própria natureza, ostentam nítido caráter salarial, uma vez que são contraprestativas, pagas pelo empregador ao empregado, em decorrência do contrato de trabalho e/ou de um fator eleito pelo empregador ou pelo dispositivo jurídico instituidor das verbas. Contudo, desde a vigência da Lei n° 13.467/2017 (13.11.2017), ESSAS MESMAS PARCELAS, DE MODO EXPRESSO – EMBORA DE MODO TAMBÉM GRAVEMENTE ARTIFICIAL – DEIXAM DE OSTENTAR NATUREZA SALARIAL.

Portanto, parece inegável que, a despeito de inúmeras críticas e resistências, antes da Lei n° 13.467/17, invariavelmente, os prêmios habituais ostentavam natureza salarial. A partir da mudança na legislação, todavia, passou a ser possível instituir premiação habitual sem natureza salarial.

Noutro giro, os prêmios eventuais, que, via de regra, não tinham natureza salarial, poderão ser reconhecidos como salário, desde que não concedidos por liberalidade e tampouco em razão de desempenho.

Em outras palavras: o raciocínio mudou completamente. *A lógica é a do pagamento do mínimo legal e da possibilidade de instituição de verba habitual (não obstante instável) não salarial por liberalidade e em homenagem ao desempenho acima do esperado.*

3 A Receita Federal e o posicionamento anunciado a respeito

Em maio de 2019, a Receita Federal do Brasil, a contrariar a *mens legislatoris* que justificou a alteração do dispositivo celetista, consignou na ementa da Solução de Consulta nº 151/2019 posição restritiva a respeito do significado da atual redação do artigo 457 da CLT.[8]

Na referida solução de consulta, a Receita Federal do Brasil, inclusive, assinalou que a inovação legislativa não modificaria a sua interpretação sobre a incidência de contribuições previdenciárias sobre prêmios em geral, tendo em vista que tais verbas se relacionariam, em regra, aos "ganhos eventuais" de que trata a alínea "e", item 7, do §9º do art. 28 da Lei nº 8.212, de 1991.[9]

Segundo conclusões do referido documento, os requisitos necessários para que uma verba possa ser qualificada como prêmio por desempenho superior sem natureza salarial seriam: (i) pagamento a trabalhador com vínculo empregatício; (ii) pagamento em forma de bens, de serviços ou de valor em dinheiro; (iii) derivação de liberalidade concedida pelo empregador; e (iv) motivação em razão de desempenho superior ao ordinariamente esperado no exercício das atividades do empregado.

---

8 Nos termos da publicação: CONTRIBUIÇÃO SOCIAL PREVIDENCIÁRIA. NÃO INCIDÊNCIA. PRÊMIO POR DESEMPENHO SUPERIOR. REFORMA TRABALHISTA.
A partir de 11 de novembro de 2017, não integra a base de cálculo, para fins de incidência das contribuições previdenciárias, o prêmio decorrente de liberalidade concedida pelo empregador em forma de bens, serviços ou valor em dinheiro a empregado ou a grupo de empregados, em razão de desempenho superior ao ordinariamente esperado no exercício de suas atividades.
No período compreendido entre 14 de novembro de 2017 e 22 de abril de 2018, o prêmio por desempenho superior, para ser excluído da base de cálculo das contribuições previdenciárias, não pode exceder ao limite máximo de dois pagamentos ao ano.
Os prêmios excluídos da incidência das contribuições previdenciárias: (1) são aqueles pagos, exclusivamente, a segurados empregados, de forma individual ou coletiva, não alcançando os valores pagos aos segurados contribuintes individuais; (2) não se restringem a valores em dinheiro, podendo ser pagos em forma de bens ou de serviços; (3) não poderão decorrer de obrigação legal ou de ajuste expresso, hipótese em que restaria descaracterizada a liberalidade do empregador; e (4) devem decorrer de desempenho superior ao ordinariamente esperado, de forma que o empregador deverá comprovar, objetivamente, qual o desempenho esperado e também o quanto esse desempenho foi superado.
Solução de Consulta nº 151 Cosit Fls. 2.

9 Art. 28. Entende-se por salário-de-contribuição:
(...) §9º Não integram o salário-de-contribuição para os fins desta Lei, exclusivamente:
(...) e) as importâncias: (Redação dada pela Lei nº 9.528, de 1997).
(...) 7. Recebidas a título de ganhos eventuais e os abonos expressamente desvinculados do salário; (Incluído pela Lei nº 9.711, de 1998).

Todavia, parece equivocada a análise exarada no parecer. A seguir, as premissas utilizadas no referido documento passarão a ser enfrentadas, de acordo com os parâmetros inaugurados pela legislação reformada para a caracterização de premiação não salarial.

a) Pagamento a trabalhador com vínculo empregatício

Primeiramente, a premiação não salarial, por certo, refere-se a um contexto de vínculo empregatício.

Assim, não se configura prêmio excluído da incidência das contribuições previdenciárias aquele pago a eventuais segurados contribuintes individuais, como administradores sem vínculo empregatício ou prestadores de serviços, por exemplo.

b) Pagamento em forma de bens, de serviços ou de valor em dinheiro

O segundo elemento caracterizador de premiação não salarial diz respeito aos meios do respectivo pagamento. O prêmio somente poderá ser de fato caracterizado por acréscimo econômico em forma de bens, serviços ou dinheiro.

c) Derivação de liberalidade concedida pelo empregador

Em terceiro lugar, será prêmio de natureza não salarial aquele devido por liberalidade do empregador. Qual seria a compreensão exata do termo? Qual o seu alcance?

Em relação ao significado e alcance do termo "liberalidade", por exemplo, parece que a Receita não andou bem, salvo melhor juízo. O órgão destacou que o "prêmio por desempenho superior excluído da incidência das contribuições previdenciárias não poderá decorrer de obrigação legal ou de ajuste expresso". Portanto, para a Receita Federal, aparentemente, permaneceriam ou passariam a ser passíveis de incidência de contribuições previdenciárias os prêmios pagos em decorrência de lei, contrato de trabalho, convenção coletiva, regulamento da empresa etc., como se, em tais hipóteses, não fosse possível se caracterizar liberalidade do empregador.

A tal respeito, é curioso o registro exposto no 29º parágrafo da Solução de Consulta nº 151/2019, trecho do parecer que reconhece a literalidade da novel disposição do texto celetista:

29. Por outro lado, a eventualidade no pagamento do prêmio não poderá ser exigida como condição para a não incidência das contribuições previdenciárias, tendo em vista que não se pode desconsiderar a expressão "ainda que habituais" utilizada pelo legislador.

A Receita Federal mostrou que leu a nova redação do dispositivo 457 da CLT.[10] Todavia, infelizmente, não a interpretou bem ou, ao menos, não lhe aplicou um merecido "teste de realidade". Explica-se.

Ora, qual empregador premiará habitualmente seu empregado em razão do nada? Ou seja, *como supor que um trabalhador receba, por exemplo, mensalmente, determinadas verbas extras como premiação sem que haja qualquer previsibilidade?* A hipótese parece não fazer qualquer sentido.

E mais. *Se no direito do trabalho a habitualidade de uma condição benéfica é compreendida como ajuste tácito que se incorpora ao contrato, todo prêmio habitual fatalmente passará à garantia contratual* e, portanto, não poderia ser um prêmio não salarial, segundo o entendimento da Receita. De acordo com esse raciocínio, o legislador teria colocado expressão completamente inútil na lei – mesmo com a ênfase do aposto entre vírgulas! –, já que *não existe habitualidade sem previsibilidade ou mínima contratualidade.*

Ou seja, ao seguir a lógica do parecer do órgão federal, quando a lei fala que o prêmio habitual não será salarial se atendidas determinadas condições, simplesmente disciplina algo impossível ou inexistente no plano concreto. É um contrassenso. Simplesmente se faz letra-morta da alteração legislativa.

---

10 Alguns críticos chegam a negar a inovação legal, propondo o entendimento de que o registro da "habitualidade" deva ser desconsiderado. Confira-se, com destaques: "(...) O §4º define prêmios como as liberalidades concedidas pelo empregador em forma de bens, serviços ou valor em dinheiro a empregado ou a grupo de empregados, em razão de desempenho superior ao ordinariamente esperado no exercício de suas atividades". A previsão, a um só tempo, distorce o conceito de salário e retira contribuição previdenciária, frustrando duplamente a ordem constitucional vigente. *Ora, na relação de trabalho não existem "liberalidades". O que existe é troca. Tudo o que o trabalhador recebe pelo trabalho que faz é remuneração, porque essa é a base da troca. Premiação ou abono, pago em razão do rendimento do empregado, de seu "desempenho superior ao ordinariamente esperado", é contraprestação pelo trabalho realizado.*
De todo modo, em consonância com o teor do §3º, que mantém, *o critério da habitualidade como definidora da natureza salarial, excepcionando da regra apenas as verbas ali mencionadas, a suposta "liberalidade" que não tem natureza salarial só pode ser entendida como uma oferta concedida fora de qualquer parâmetro de habitualidade ou previsibilidade, como, ademais, sugere o próprio teor do* §4º. (SOUTO MAIOR, Jorge Luiz; SEVERO, Valdete Souto. *Manual da Reforma Trabalhista*: pontos e contrapontos. Editora Sensus, 2017. p. 100).

A pergunta é: qual prêmio habitual não é previsto em contrato? A resposta é: nenhum, já que a habitualidade gera ajuste tácito pelo princípio da condição mais benéfica.

Quando o legislador se deu ao trabalho de consignar o aposto "ainda que habitual", acabou por, indiretamente, esclarecer que o conceito de liberalidade equivale a um *plus* econômico não garantido por lei cogente ao empregado, ou seja, não estipulado em norma legislada heterônoma ou norma coletiva. Se a lei não lhe garante a premiação, o trabalhador a recebe em razão da liberalidade daquele que lhe toma serviços, ou seja, por conta de uma previsão contratual, de uma previsão em normativo interno da empresa ou mesmo em norma coletiva ou coisa que o valha. Esta é a única interpretação possível de se fazer sem se negar a literalidade evidente estampada no artigo celetista.

O critério acima anunciado deriva de corrente subjetivista no sentido de que a liberalidade seja tudo aquilo concedido pela empresa, mas não exigido pela legislação aplicável. É dizer, o empregador pode, exclusivamente em função de seu poder diretivo, instituir determinada política de premiação, o que, contudo, não o vinculará a pagamentos repetidos e tampouco à integração do benefício ao contrato de trabalho pactuado com o empregado.

A se pensar em um esquema, poderia ser assim:

PRÊMIO SALARIAL

GARANTIDO POR NORMA COGENTE.
DEVIDO INDEPENDENTEMENTE DO DESEMPENHO.
HABITUAL OU EVENTUAL.

PRÊMIO NÃO SALARIAL

NÃO GARANTIDO POR NORMA COGENTE.
PREVISTO EM CONTRATO, REGULAMENTO DE EMPRESA, ACORDO COM EMPREGADOS "HIPERSUFICIENTES" OU PRATICADO SEM NORMA OU PREVISIBILIDADE.
DEVIDO EM RAZÃO DE DESEMPENHO SUPERIOR.
HABITUAL OU EVENTUAL.

Supor que liberalidade seja apenas aquilo que "caia do céu", sem qualquer lastro ou previsibilidade, ainda que em normas dispositivas e contratuais, é simplesmente negar o instituto implementado pela reforma trabalhista, desconectando-o por completo da realidade.

Ora, o *plus* eventual, mesmo antes da reforma, em geral, já não era considerado salário, fosse ou não previsto em contrato! *A mudança diz respeito pontualmente a se reconhecer possível o habitual não salarial.* (...) E o habitual, para o Direito do Trabalho, contratual é (ainda que tacitamente)!

De fato, com relação especificamente ao conceito de liberalidade, havia, antes da reforma trabalhista, duas interpretações possíveis de serem defendidas na doutrina, quais sejam, as derivadas das correntes objetivista e subjetivista.

A primeira interpretação, objetivista, era no sentido de que a liberalidade seria aquilo que fosse concedido pela empresa apesar de não exigido pela legislação aplicável e tampouco acordado contratualmente. Essa era a corrente predominante nos tribunais. Segundo defensores, a mera reiteração do pagamento, tornando-o habitual, produziria a sua integração ao contrato e ao salário, independentemente da intenção do empregador.

Em verdade, a questão não era tranquila. A Subseção I Especializada em Dissídios Individuais (SDI-1) do Tribunal Superior do Trabalho, no julgamento do E-RR-445-46.2010.5.04.0029, ocorrido em 22.09.2016,[11] julgou precedente relevante no qual se definiu que o valor de prêmios ou bônus pelo cumprimento de metas deveria integrar o cálculo das horas extras realizadas por um propagandista vendedor. O entendimento predominante foi o de que esses prêmios, não obstante salariais, não se confundiriam com as comissões, as quais não incidem sobre as horas extras.

---

11 RECURSO DE EMBARGOS REGIDO PELA LEI 11.496/2007. HORAS EXTRAS. PRÊMIOS PELO CUMPRIMENTO DE METAS. INAPLICABILIDADE DA SÚMULA 340 DO TST E DA ORIENTAÇÃO JURISPRUDENCIAL 397 DA SBDI-1. Trata-se de controvérsia a respeito da aplicação da Súmula 340 e da OJ 397 da SBDI-1, ambas do TST, especificamente se a parte da remuneração variável na forma de prêmios pode ser considerada como comissões, para efeito de cálculo das horas extras. No caso, os pagamentos efetuados a título de prêmios não se confundiam com comissões propriamente ditas, visto que aqueles não dependiam de vendas do reclamante, mas sim do alcance ou não de metas globais. Nesse contexto, não se pode reconhecer que os prêmios – resultado do alcance de metas – tenham a mesma natureza das comissões, as quais constituem parte variável dos ganhos, para efeito de contraprestação às horas relativas ao trabalho extraordinário. Sendo inaplicáveis na espécie a Súmula 340 do TST e OJ 397 da SBDI-1, entende-se devida a incidência dos prêmios no cálculo das horas extras, nos termos da Súmula 264 do TST. No mesmo sentido, há julgados desta Subseção e de todas as Turmas deste Tribunal. Recurso de embargos conhecido e provido.
Processo: RR – 445-46.2010.5.04.0029 – Fase Atual: E (Tramitação Eletrônica).
Número no TRT de Origem: RO-445/2010-0029-04.
Órgão Judicante: Subseção I Especializada em Dissídios Individuais.
Relator: Ministro Augusto César Leite de Carvalho.

Na ação trabalhista, o empregado sustentava que os prêmios tinham natureza salarial, pois eram pagos mensalmente, e, portanto, deviam incidir sobre o cálculo do repouso semanal remunerado e das horas extras, entre outras parcelas. Nos embargos à SDI-1, o propagandista argumentou que a OJ nº 397 e a Súmula nº 340 não seriam aplicáveis ao caso, porque não se tratava de comissões, e, sim, de prêmios decorrentes de metas alcançadas. O relator, ministro Augusto César Leite de Carvalho, votou no sentido de que os pagamentos efetuados ao empregado a título de prêmios não se confundiriam, de fato, com as comissões, uma vez que não dependeriam de vendas realizadas, mas do resultado de metas globais. Assim, o relator considerou inaplicável ao caso concreto a Súmula nº 264 do C. TST,[12] segundo a qual a remuneração da hora suplementar é composta do valor da hora normal e integrada por parcelas de natureza salarial. A decisão foi por maioria, ficando vencidos os ministros Márcio Eurico Vitral Amaro, Brito Pereira e Cláudio Brandão, na ocasião. O julgado pautou muitas decisões posteriores a considerar premiação salarial as hipóteses de pagamento habitual da parcela.

A segunda corrente, subjetivista, preconizava que liberalidade seria o *plus* concedido pela empresa, a despeito de não exigido pela legislação aplicável,[13] corrente eleita pelo legislador reformador. Nessa compreensão, mais hipóteses poderiam ser enquadradas como derivadas de liberalidade.

---

[12] Súmula Nº 264 do TST. HORA SUPLEMENTAR. CÁLCULO (mantida) – Res. 121/2003, DJ 19, 20 e 21.11.2003
A remuneração do serviço suplementar é composta do valor da hora normal, integrado por parcelas de natureza salarial e acrescido do adicional previsto em lei, contrato, acordo, convenção coletiva ou sentença normativa.

[13] Nesse sentido, tem-se como exemplo o seguinte julgado (com destaques), que, aparentemente, adotou a segunda corrente na definição de "liberalidade": PRESCRIÇÃO TOTAL. PRÊMIO-ASSIDUIDADE. PAGAMENTO POR MERA LIBERALIDADE. SUPRESSÃO. 1. "Tratando-se de ação que envolva pedido de prestações sucessivas decorrente de alteração do pactuado, a prescrição é total, exceto quando o direito à parcela esteja também assegurado por preceito de lei" (Súmula nº 294 desta Corte superior). 2. A parcela denominada "prêmio-assiduidade" vinha sendo paga à autora por *mera liberalidade do empregador, visto não se tratar de vantagem assegurada em dispositivo de lei.* 3. No caso dos autos, ainda que controvertido o mês em que a referida verba deixou de ser paga, é incontroverso que sua supressão ocorreu em período anterior ao mês de dezembro de 2003. 4. Logo, tendo sido a presente ação ajuizada somente em 4/12/2008, a pretensão se encontra fulminada pela prescrição total, visto que ajuizada a reclamação após transcorridos cinco anos da data em que se deu a lesão. 5. Recurso de Revista conhecido e provido, com ressalva de entendimento do Relator. (TST – RR: 1368001520085040003, Data de Julgamento: 15/02/2017, Data de Publicação: DEJT 17/02/2017).

A lei, simplesmente, superou a dúvida de outrora. Ditou, sem maiores pudores, que a liberalidade pode ocorrer em relação ao que é habitual, previsível e contratual.

Exigir a imprevisibilidade ou imprevisão do pagamento como o elemento a ser avaliado para enquadrar a verba como prêmio não salarial é uma absurda tentativa de manipular um conceito objetivamente instituído por poder constitucionalmente competente para alteração do texto normativo da CLT. Desvirtua-se a regra por completo em busca de uma solução conveniente, não obstante ilegal.[14]

Para a Receita Federal, na prática, o prêmio pago por mera liberalidade será apenas aquele que se confunda com uma gratificação eventual e não ajustada. Basicamente, tal como já era antes da reforma. Aliás, um tanto quanto pior, já que, antes da Lei nº 13.467/17, eram encontradiços entendimentos segundo os quais, ainda que houvesse previsão contratual, o pagamento eventual não teria natureza salarial. Em suma, salvo melhor juízo, a Solução de Consulta nº 151/2019 da Receita Federal tem premissas e, logicamente, conclusões completamente equivocadas.

Aliás, parece plenamente superada, inclusive, a Solução de Consulta Cosit nº 126, de 28 de maio de 2014, segundo a qual "o ganho eventual é aquele que independe da vontade do trabalhador e de seu desempenho, sendo concedido por liberalidade do empregador sem que haja qualquer expectativa por parte do empregado, o que não ocorre no caso do prêmio pago em razão de assiduidade".

Ora, (i) se o contrato de emprego é um contrato-realidade informado pelo princípio de condição mais favorável; (ii) se o que é

[14] Como se sabe, no contexto da hermenêutica jurídica clássica, o intérprete deve considerar um conjunto de regras avaliativas de natureza gramatical, lógico-sistemática, histórica, sociológica e teológica para melhor aplicar o direito. Confira-se: "Nesse modelo, a interpretação gramatical, a mais básica e superficial de todas as condutas avaliativas, visa à dimensão filológica ou literal da regra em exame. É sem dúvida a primeira dentre todas as fórmulas de interpretação, não devendo, porém, ser promovida isoladamente. Normalmente a interpretação gramatical se alia a uma apreciação de natureza lógico-sistemática. Essa variável interpretativa pressupõe a compreensão do direito como um sistema (como conjunto ordenado) que transcende a análise de lei específica. Nesse contexto, é válida a observação feita por Eros Roberto Grau no sentido de que 'não se interpreta o direito em tiras, aos pedaços. A interpretação de qualquer texto de direito impõe ao intérprete, sempre, em qualquer circunstância, o caminhar pelo percurso que se projeta a partir dele – do texto – até a Constituição' (GRAU, Eros Roberto. *Ensaio e discurso sobre a interpretação/aplicação do direito*. 4. ed. São Paulo: Malheiros, 2006. p. 44)". *In*: MARTINEZ, Luciano. *Curso de Direito do Trabalho*: relações individuais, sindicais e coletivas do trabalho. 9. ed. São Paulo: Saraiva Educação, 2018. p. 98.

concedido habitualmente se incorpora ao contrato, desde que positivo; (iii) se a lei garante que o habitual pode não ser salarial; então, *parece evidente que mesmo um prêmio instituído contratualmente poderá não ser salarial.*

a) Motivação em razão de desempenho superior ao ordinariamente esperado no exercício das atividades do empregado

Como é cediço, desde sempre o conceito de prêmio esteve ligado à hipótese de pagamento em virtude de um esforço do trabalhador. Trata-se do que a doutrina se refere como salário-condição.

Aliás, o enunciado da Súmula nº 152[15] do TST há muito alertava sobre a indiferença em relação à investigação isolada do ânimo do tomador de serviços acerca do pagamento de prêmios. A liberalidade declarada expressamente em recibo de pagamento de nada adiantaria. Reconhecia-se o ajuste tácito se houvesse pagamentos reiterados e ponto final.

Nesse contexto, *a pedra de toque é mesmo a motivação do pagamento e sua respectiva ligação com a* performance *do empregado.* Esse passa a filtro mais imponente e relevante para a investigação da natureza do prêmio, já que, em geral, não estará garantido por lei. Aliás, muito longe disso.

A expressão "desempenho superior ao ordinariamente esperado" remete ao entendimento de que o salário remunera apenas o desempenho ordinariamente esperado.

Somente será considerado prêmio o pagamento devido em razão da superação de metas previamente estabelecidas. É dizer: a qualificação de um pagamento como "prêmio" deve ser feita levando-se em consideração as características de cada caso para determinar se o pagamento, de fato, estará ou não remunerando o desempenho superior ao ordinariamente esperado.

Como é cediço, o prêmio não se confunde com gratificação. Em outras palavras, os fatos ou circunstâncias propiciadores das gratificações, em geral, não se vinculam diretamente à conduta do trabalhador, mas, sobretudo, a fatos ou acontecimentos objetivos e externos à vontade do empregado. Nos prêmios, em contrapartida, o fato gerador será a meritocracia.

---

[15] Súmula nº 152 do TST – GRATIFICAÇÃO. AJUSTE TÁCITO (mantida) – Res. 121/2003, DJ 19, 20 e 21.11.2003 O fato de constar do recibo de pagamento de gratificação o caráter de liberalidade não basta, por si só, para excluir a existência de ajuste tácito (ex-Prejulgado nº 25).

O desempenho superior ao ordinariamente esperado deverá ser comprovado objetivamente pelo empregador.

De fato, integra o conteúdo do poder diretivo a delimitação do desempenho esperado do empregado. Mas como o empregador poderá fazê-lo? A resposta parece singela: *por enunciação em contratos ou em regulamentos de empresa, claro!* Esses são instrumentos próprios e hábeis a gerar segurança jurídica, previsibilidade e parâmetros sindicáveis, elementos que não se afastam de um compromisso de pagamento de verba trabalhista, ainda que sem natureza salarial.

A jurisprudência, inclusive, muito apropriadamente, costuma reverenciar a clareza e transparência de políticas de premiação sindicáveis.[16] Mesmo em decisões administrativas, a transparência das regras do jogo sempre foi computada positivamente.[17]

---

[16] Confiram-se exemplos regionais, com destaques: INCENTIVO DE VENDAS. PREMIAÇÃO. REGRAS CLARAS. OBRIGAÇÃO DO EMPREGADOR – *Ao instituir premiação a empregados, com a finalidade de incrementar as vendas, cabe à empresa definir regras claras e metas objetivas, dando amplo conhecimento aos interessados.* A interpretação de regramento obscuro, ou não divulgado, será sempre feita em benefício do trabalhador que, objetivamente, superou os resultados que até então vinha alcançando. Recurso improvido. (TRT-6 – RO: 68500932008506 PE 0068500-93.2008.5.06.0019, Relator: Bartolomeu Alves Bezerra, Data de Publicação: 04/08/2009).
PRÊMIO EXTRA. ÔNUS DA PROVA EM JUÍZO. É certo que está dentro do poder diretivo do empregador o estabelecimento dos parâmetros e metas para pagamento de prêmios (ou bônus), mas os parâmetros instituídos devem ser claros, a fim de possibilitar a verificação da correção do pagamento e a licitude da majoração das metas estipuladas. *Cabe à empresa reclamada o ônus da prova no sentido de demonstrar de forma transparente o procedimento utilizado para aferir os valores dos prêmios*, a teor do disposto no art. 818 da CLT. Ademais, o critério para distribuição do ônus da prova se guia pelo princípio da aptidão para a prova. Na hipótese, o fato de a reclamada não ter apresentado a prova documental apta a permitir a análise específica do desempenho do reclamante quanto às atividades de "merchandising", quando era do interesse da própria empresa comprovar que pagou corretamente as premiações decorrentes do desempenho do demandante, fragiliza toda a tese exposta na peça contestatória. Recurso obreiro provido parcialmente. (Processo: RO – 0001105-19.2012.5.06.0351 (00585-1989-008-06-00-8), Redator: José Luciano Alexo da Silva, Data de julgamento: 05/11/2013, Segunda Turma, Data de publicação: 12.11.2013).

[17] A título de exemplo, colaciona-se a seguinte decisão do Conselho Administrativo de Recursos Fiscais (CARF), com destaques:
"Assunto: Contribuições Sociais Previdenciárias. Período de apuração: 01/06/2009 a 31/12/2009. PARTICIPAÇÃO NOS LUCROS OU RESULTADOS (PLR). EMPREGADOS. PROGRAMA DE METAS DE ACORDO COM A LEI. *A parcela paga aos empregados a título de participação nos lucros ou resultados, em conformidade com as diretrizes fixadas pela Lei 10.101/2000, não integra o salário de contribuição. O ACORDO DEVE CONTER REGRAS CLARAS E OBJETIVAS, OU SEJA, REGRAS INEQUÍVOCAS, FÁCEIS DE ENTENDER PELO EMPREGADO E O PROGRAMA DE METAS PRECISA SER AFERÍVEL. Caso haja resultado que interessa às partes pode ser utilizado percentual sobre o faturamento bruto, desde que passe no teste das regras claras e objetivas e esteja previsto no acordo.* PARTICIPAÇÃO NOS LUCROS OU RESULTADOS (PLR). PERFORMANCE. DESEMPENHO DE ATIVIDADE. NÃO INCIDÊNCIA. Somente o nome da verba não caracteriza a remuneração decorrente

Muito bem. Após a reforma trabalhista, parece claro que, se o empregador traça um parâmetro de assiduidade contratualmente, poderá premiar a superação desse mesmo parâmetro, o que poderá ocorrer habitualmente, ou não, a depender do mérito do empregado.

Tal pagamento não terá natureza salarial. É possível, filosoficamente, discordar desse entendimento, por óbvio, mas, tecnicamente, ele reflete a norma contida no artigo 457 da CLT, ou seja, a vontade do Poder Legislativo, único competente a instituir direitos e obrigações em abstrato nas relações laborais.[18]

Certamente, não obstante a liberdade conferida ao empregador e a presunção de legalidade das leis, será válido questionar eventuais padrões instituídos como "ordinários", com objetivo de se tentar neutralizar possíveis distorções. Homero Batista pondera a questão com percuciência. Confira-se, com destaques:[19]

> (...) A principal novidade está na nova redação do art. 457, §2°, pois ele pretende efetivamente retirar a natureza salarial de algumas parcelas que, de outra maneira, seriam salariais. A fim de tentar diminuir as hipóteses de fraude, o legislador apresenta uma definição de prêmio, realçando que *ele tem de ser destinado a fatos ou situações acima do que ordinariamente se espera dos empregados. Do contrário, se todos recebem prêmios todos os meses, com ou sem metas e cronogramas, então a parcela nada mais é do que o salário sob a falsa roupagem de prêmio. O prêmio não pode ser razoavelmente esperado nem pode ser destinado à generalidade dos empregados, como um complemento salarial. Neste particular, o legislador andou bem ao dizer que o prêmio se destina a um empregado ou a um grupo de empregados e de fatos*

---

do trabalho, é necessário observar a natureza da verba paga. Fisco não caracterizou o suposto adicional de performance como substituto ou complemento da remuneração dos empregados e, portanto, não está em desacordo com a legislação, motivo da não incidência da contribuição previdenciária sobre essa parcela. ADICIONAL AO DIRETOR-GERENTE. PERCENTUAIS SOBRE HONORÁRIOS LÍQUIDOS DE NEGÓCIOS. DESACORDO COM A LEI. INCIDÊNCIA. A parcela paga aos empregados a título de participação nos lucros ou resultados, em desacordo com as diretrizes fixadas pela legislação pertinente, integra o salário de contribuição. *Incidem contribuições previdenciárias sobre os valores pagos a título de adicional sobre negócios a Diretor-Gerente, pelo fato de tal parcela não integrar a natureza da Participação nos Lucros e Resultados (PLR), configurando evidente gratificação ou comissão sobre negócios. Recurso Voluntário Provido em Parte.* (Acórdão: 2402-005.116; Número do Processo: 19515.722975/2013-43; Data de Publicação: 29/04/2016; Relator(a): RONALDO DE LIMA MACEDO)".

18 A exposição de motivos do PL n° 6.787/16 que veiculava a reforma trabalhista é expressa ao revelar o desejo de superação do entendimento jurisprudencial de outrora para que os empregadores pudessem passar a premiar os empregador sem que tal parcela fosse considerada salário.

19 DA SILVA, Homero Batista Mateus. *Comentários à Reforma Trabalhista*. Análise da Lei 13.467/2017 – artigo por artigo. Revista dos Tribunais, 2017. p. 81.

extraordinários. Sente-se falta da definição do abono: da forma como está, o abono pode ser a grande porta para a fraude, como uma parcela salarial livre de incidências trabalhistas e tributárias. Pensamos que será ônus do empregador, assim como nos prêmios, justificar a criação do abono e seus contornos, sob pena de deturpação completa do dispositivo legal.

De todo modo, o controle de critérios deverá ser comedido e muito cauteloso, ainda assim.

Vale sempre lembrar que *o contrato de trabalho diz respeito a uma relação entre partes privadas* no âmbito da qual, ainda que de forma limitada, *a regra é a autonomia da vontade*. As pessoas em uma relação de trabalho, ainda que em posições assimétricas, continuam a ser pessoas, dotadas de dignidade, autonomia e liberdade. As normas de origem estatal que visam impor limites a essa autonomia – particularmente nas relações de trabalho individual –, tal qual no direito do consumidor, objetivam equilibrar uma relação de poder econômico que pode ser profundamente desigual, garantindo ao hipossuficiente determinados direitos básicos e de piso, sem que importe absoluta neutralização da autonomia das partes. *Ou seja, é legítimo ao empregador estipular o que seja ou não esperado como fruto do contrato de modo ordinário.*

Hão de surgir vozes, para pouco se variar, no sentido de que, ao colocar as expectativas lá embaixo, qualquer cumprimento corriqueiro de tarefas poderá superar o desempenho esperado e, daí, ser remunerado como se não fosse salário, vilipendiando direitos trabalhistas e previdenciários. A velha história de se supor que o polo que representa o capital ostente invariável postura de má-fé. O simplório maniqueísmo que ainda seduz tantos estudiosos da disciplina, mas que pouco contribui para a evolução consciente do direito do trabalho.

A boa-fé se presume e pauta os comportamentos.[20]

Sim, é possível que alguns empregadores chamem de premiação o que de fato não seja apenas para diminuir os encargos trabalhistas,

---

[20] Acerca das acepções para o termo "boa-fé", explica Gustavo Tepedino: "A noção de boa-fé é ambivalente, comportando a boa-fé subjetiva e a objetiva. Como princípio aplicável ao direito contratual, o preceito em análise cuida da boa-fé objetiva. (...) a boa-fé objetiva consiste em um dever de conduta. Obriga as partes a terem comportamento compatível com os fins econômicos e sociais pretendidos objetivamente pela operação negocial. No âmbito contratual, portanto, o princípio da boa-fé impõe um padrão de conduta a ambos os contratantes no sentido da recíproca cooperação, com consideração aos interesses comuns, em vista de se alcançar o efeito prático que justifica a própria existência do contrato" (TEPEDINO, Gustavo; BARBOZA, Heloisa Helena; MORAES; Maria Celina Bodin. *Código Civil interpretado conforme a Constituição da República*. v. II. Rio de Janeiro: Renovar, 2006. p. 16).

mas também é plenamente legítimo que trabalhadores passem a receber em patamares mais altos em razão do estímulo referente à possibilidade de se implementar um compromisso mais flexível e unicamente correlacionado com o bom desempenho do empregado e as condições atuais de um empregador.

Assim, se o salário-base for compatível com o mercado, tendo o piso garantido, comprovado o fato subsumido à regra hipotética a gerar o direito à premiação, parece plenamente possível e razoável se presumir lícito e legítimo o parâmetro, deslocando-se para o empregado, ou para autarquia previdenciária, se for o caso, o ônus de comprovar eventual fraude ou desvirtuamento do conceito de "desempenho superior ao ordinariamente esperado".

4 Quais são os prêmios não salariais, afinal?

Para se configurar prêmio não salarial, portanto, mister a verificação da presença dos seguintes elementos: (i) pagamento a trabalhador com vínculo empregatício; (ii) pagamento em forma de bens, de serviços ou de valor em dinheiro; (iii) derivação de liberalidade concedida pelo empregador, ou seja, pagamento em razão de norma dispositiva (contrato, regulamento de empresa, acordo com empregado "hipersuficiente", etc.) ou sem qualquer lastro normativo; e (iv) motivação em razão de desempenho superior ao ordinariamente esperado no exercício das atividades do empregado, parâmetro a ser definido pelo empregador, com presunção de legitimidade e boa-fé.

Resumidamente, os fundamentos da perspectiva que se sustenta são os seguintes:

1º A premiação não salarial só poderá ser caracterizada por acréscimo econômico em forma de bens, serviços ou dinheiro.

2º No direito do trabalho, a habitualidade de uma condição benéfica é compreendida como ajuste tácito que se incorpora ao contrato, e, sendo assim, todo prêmio habitual fatalmente passará à garantia contratual, de modo que a interpretação que equipara o termo legal "liberalidade" ao que não tenha previsão contratual não se sustenta.

3º A premiação habitual sempre será contratual, pois o princípio da condição mais favorável implicará ajuste tácito da premiação.

4º É regra básica de hermenêutica a premissa de que a lei não contenha expressões inúteis, e o legislador fez advertência expressa de que a premiação poderá ser habitual, ou seja, contratual.

5º A premiação estabelecida em contrato poderá ser habitual ou eventual.

6º Não existe habitualidade sem previsibilidade ou mínima contratualidade.

7º Quando o legislador consignou o aposto "ainda que habitual", acabou por, indiretamente, esclarecer celeuma de outrora, abarcando a tese segundo a qual o conceito de liberalidade equivale a pagamento não garantido por norma cogente ao empregado, ou seja, não estipulado em Constituição, lei, decreto, fontes heterônomas ou normas coletivas.

8º Deriva de liberalidade premiação instituída por uma previsão contratual ou previsão em normativo interno da empresa.

9º É possível que norma coletiva expressamente consigne natureza indenizatória à parcela paga a título de premiação.

10º Supor que liberalidade seja sinônimo de imprevisão é negar o instituto implementado pela reforma trabalhista.

11º Como a lei dificilmente obrigará o empregador a conceder uma premiação, o critério mais substancioso para se diferenciar uma premiação não salarial será a respectiva motivação do pagamento, ou seja, estar ou não atrelado ao desempenho superior do empregado.

12º O salário remunera apenas o desempenho ordinariamente esperado.

13º Somente será considerado prêmio o pagamento devido em razão da superação de metas previamente estabelecidas.

14º Integra o conteúdo do poder diretivo a delimitação do desempenho esperado do empregado.

15º A fixação de padrão obrigacional em contratos ou em regulamentos de empresa é técnica adequada e legítima que conferirá à política de premiação segurança jurídica, previsibilidade e parâmetros sindicáveis.

16º Se o empregador traça um parâmetro de comportamento contratualmente, poderá premiar o empregado pela superação desse mesmo parâmetro, o que poderá ocorrer habitualmente ou não, a depender do mérito do trabalhador.

17º O contrato de trabalho diz respeito a uma relação entre partes privadas, cabendo ao empregador estipular o que seja, ou não, esperado razoável e ordinariamente como fruto do contrato.

18º Os princípios e valores da boa-fé objetiva deverão limitar as possibilidades e pautar a interpretação de uma política de premiação adequada.

19º O desempenho superior ao ordinariamente esperado constitui ônus de prova do empregador. Todavia, não é correto presumir e supor má-fé do empregador, de modo a se proceder interpretação *contra legem* a pretexto de impedir fraudes ou abuso de direito.

20º A ocorrência de hipóteses de fraude deverá ser combatida *a posteriori*, caso restem comprovadas.

21º A nova redação do artigo 457 da CLT, a despeito de ser passível de muitas críticas ideológicas, possibilita, na prática, que trabalhadores passem a receber em patamares mais altos, na medida em que a retirada da natureza salarial e encargos típicos de outrora encoraja e estimula o tomador de serviços a arquitetar política de premiação cujos gatilhos mais relevantes serão a meritocracia e as condições contemporâneas do mercado.

22º Se o salário-base é compatível com o mercado, tendo o piso garantido, comprovado o fato subsumido à regra hipotética a gerar o direito à premiação, presumir-se-ão lícito e legítimo os parâmetros, deslocando-se para o empregado, ou para autarquia previdenciária, se for o caso, o ônus de comprovar eventual fraude ou desvirtuamento do conceito de "desempenho superior ao ordinariamente esperado".

Referências

CASSAR, Vólia Bomfim. *Direito do Trabalho de Acordo com a Reforma Trabalhista e a MP 808/2017*. 15 ed. Editora Método, 2017.

CASTELO, Jorge Pinheiro. *Panorama Geral da Reforma Trabalhista. Aspectos de Direito Material*. v. 1. Editora LTr, 2018.

DA SILVA, Homero Batista Mateus. *Comentários à Reforma Trabalhista*. Análise da Lei 13.467/2017 – artigo por artigo. Revista dos Tribunais, 2017.

DELGADO, Mauricio Godinho; DELGADO, Gabriela Neves. *A Reforma Trabalhista no Brasil. Com comentários à Lei* nº *13.467/2017*. Editora: LTr, 2017.

MARTINEZ, Luciano. *Curso de Direito do Trabalho*: relações individuais, sindicais e coletivas do trabalho. 9. ed. São Paulo: Saraiva Educação, 2018.

NAHAS, Thereza; MIZIARA, Raphael. *Impactos da Reforma Trabalhista na Jurisprudência do TST*. Editora Revista dos Tribunais, 2017.

RODIGUES, Deusmar José (coordenador e coautor). *Lei da Reforma Trabalhista comentada artigo por artigo*. Editora JHMIZUNO, 2017.

SOUTO MAIOR, Jorge Luiz; SEVERO, Valdete Souto. *Manual da Reforma Trabalhista. Pontos e contrapontos*. Editora Sensus, 2017.

TEPEDINO, Gustavo; BARBOZA, Heloisa Helena; MORAES; Maria Celina Bodin. *Código Civil interpretado conforme a Constituição da República*. v. II. Rio de Janeiro: Renovar, 2006.

Informação bibliográfica deste texto, conforme a NBR 6023:2018 da Associação Brasileira de Normas Técnicas (ABNT):

TUPINAMBÁ, Carolina. Premiações não salariais estipuladas contratualmente: novo item nos contracheques. *In*: TUPINAMBÁ, Carolina (Coord.). *As novas relações trabalhistas e o futuro do Direito do Trabalho*: as novidades provenientes de leis trabalhistas recentes. Belo Horizonte: Fórum, 2021. (Coleção Fórum as novas relações trabalhistas e o futuro do Direito do Trabalho. Tomo II.). p. 181-202. ISBN 978-65-5518-120-3.

NOVOS TEMPOS: O EMPREGADO BRASILEIRO 4.0 E SUA JORNADA DE TRABALHO

CAROLINA TUPINAMBÁ

1 Introdução

Domenico de Masi, com escritos dedicados a temas que abrangem o mercado, a motivação para o trabalho, as estruturas organizacionais, entre outros pontos de interesse, há alguns anos defende abordagem mais lúdica e prazerosa do trabalho. Segundo o autor italiano que se diz apaixonado pelo Brasil, não é próprio da espécie humana gostar de trabalhar. Os tempos modernos testemunhariam necessidades e instrumentos voltados à redução do tempo no trabalho.

Nesse contexto, o respeitado sociólogo do trabalho especula a chegada de um futuro no qual as pessoas estejam mais voltadas a trabalhar menos, eventualmente ganhando menos, dedicando-se mais ao tempo ocioso de forma criativa e, principalmente, abrindo mais vagas para quem esteja desempregado. Domenico destaca em sua obra curioso ponto de convergência presente em todas as religiões, qual seja, o fato de que em nenhuma delas se trabalha no "paraíso". É dizer, qualquer que seja a concepção ou crença, se o trabalho fosse um valor positivo, no paraíso se trabalharia, o que não se verifica nos prognósticos religiosos.[1]

As previsões sobre o futuro do trabalho não são de hoje. Na edição da *Revista Galileu* de julho de 2008, reportagem assinada pela jornalista Rita Loiola trazia título e chamada promissores: "*O futuro do trabalho – Esqueça os escritórios, os salários fixos e a aposentadoria. Em 2020, você trabalhará em casa, seu chefe terá menos de 30 anos e será uma mulher*". Há quase dez anos, lia-se o seguinte no referido periódico:

> Para começar, esqueça essa história de emprego. Em dez anos, emprego será uma palavra caminhando para o desuso. O mundo estará mais veloz, interligado e com organizações diferentes das nossas. Novas tecnologias vão ampliar ainda mais a possibilidade de trabalhar ao redor do globo, em qualquer horário. Hierarquias flexíveis irão surgir para acompanhar o poder descentralizado das redes de produção. Será a era do trabalho freelance, colaborativo e, de certa forma, inseguro. Também será o tempo de mais conforto, cuidado com a natureza e criatividade.
> A globalização e os avanços tecnológicos (alguns deles já estão disponíveis hoje) vão tornar tudo isso possível. E uma nova geração que vai chegar ao comando das empresas, com uma presença feminina cada vez maior, vai colocar em xeque antigos dogmas. Para que as empresas vão pedir nossa presença física durante oito horas por dia se podem nos contatar por videoconferência a qualquer instante? Para que trabalhar com clientes ou fornecedores apenas do seu país se você pode negociar sem dificuldades com o mundo inteiro? Imagine as possibilidades e verá que o mercado de trabalho vai ser bem diferente em 2020. O emprego vai acabar. *Vamos ter que nos adaptar*. Mas o que vai surgir no lugar dele é mais racional, moderno e, se tudo der certo, mais prazeroso.

Temos testemunhado a realização de profecias como essas. O futuro se faz presente e é preciso reconhecer que, nesse ponto, de fato, a Consolidação das Leis do Trabalho não possuía o menor equipamento para responder aos anseios dos arranjos mais flexíveis de jornada de trabalho, entre outras demandas decorrentes da modernização das relações de trabalho.

A Lei nº 13.467 é um marco paradigmático no direito do trabalho. Dentre inúmeras alterações, muda fortemente conceitos ligados à jornada

---

1 Ver DE MASI, Domenico. *O Ócio Criativo*. São Paulo: Editora Sextante, 1997.

de trabalho, impingindo-lhe versão mais dinâmica e, aparentemente, mais eficiente ou mesmo aderente aos tempos atuais.

Doravante, passa-se a expor o novel cenário da duração do trabalho, com destaque para as alterações implementadas pela reforma trabalhista.

2 A modernização das regras acerca de jornada de trabalho em linhas gerais

O conceito de jornada de trabalho é muito simples.

Não há dúvida de que o tempo despendido em serviço efetivo como resultado do cumprimento do contrato de trabalho integra a jornada de trabalho. Entretanto, a esse tempo se soma aquele em que o trabalhador, em respeito à ordem do empregador, aguarda o momento em que lhe seja exigida efetiva prestação. Portanto, o "tempo à disposição" referido como a jornada de trabalho, via de regra, é espécie de ficção legal, uma vez que *não se confunde apenas com o tempo efetivamente trabalhado, também comportando o período em que o trabalhador não esteja com a "mão na massa", mas apenas no ambiente de trabalho ou no aguardo de ordens*.

Em poucas palavras, computa-se na jornada de trabalho o tempo em que o obreiro se encontra efetivamente à disposição do empregador, trabalhando ou aguardando instruções para isso. A regra quase não tinha exceções antes da reforma trabalhista, marco legal que a flexibilizou de modo bastante expressivo.

Segundo a regra geral, portanto, ilustrativamente, uma vez firmado o contrato de trabalho, com a admissão do obreiro prevista para determinada data, caso a prestação de serviços seja adiada sem prévio e razoável aviso, esse tempo também será considerado à disposição do empregador. Igualmente, se maior que 10 minutos, o deslocamento do trabalhador entre a portaria da empresa e o local de trabalho, mesmo que não se tenha batido o ponto, será considerado, inclusive por entendimento sumulado pelo TST, como tempo à disposição do empregador,[2] o que parece ter sido conservado mesmo com a nova lógica de "tempo à disposição" decorrente da reforma trabalhista.

---

[2] Nesse sentido, a Súmula nº 429 do TST infirma: "TEMPO À DISPOSIÇÃO DO EMPREGADOR. ART. 4º DA CLT. PERÍODO DE DESLOCAMENTO ENTRE A PORTARIA E O LOCAL DE TRABALHO – Res. 174/2011, DEJT divulgado em 27, 30 e 31.05.2011 Considera-se à disposição do empregador, na forma do art. 4º da CLT, o tempo necessário ao deslocamento

O texto da Consolidação das Leis do Trabalho reformado pela Lei nº 13.467/17 enxugou bastante o conceito até então vivenciado de "tempo à disposição", reduzindo-o expressivamente e autorizando flexibilidade à regra geral. A leitura comparada não deixa dúvidas:

REDAÇÃO ANTIGA	NOVA REDAÇÃO
Art. 4º – Considera-se como de serviço efetivo o período em que o empregado esteja à disposição do empregador, aguardando ou executando ordens, salvo disposição especial expressamente consignada. Parágrafo único – Computar-se-ão, na contagem de tempo de serviço, para efeito de indenização e estabilidade, os períodos em que o empregado estiver afastado do trabalho prestando serviço militar e por motivo de acidente do trabalho. (Incluído pela Lei nº 4.072, de 16.6.1962)	Art. 4º – Considera-se como de serviço efetivo o período em que o empregado esteja à disposição do empregador, aguardando ou executando ordens, salvo disposição especial expressamente consignada. §1º Computar-se-ão, na contagem de tempo de serviço, para efeito de indenização e estabilidade, os períodos em que o empregado estiver afastado do trabalho prestando serviço militar e por motivo de acidente do trabalho. §2º Por não se considerar tempo à disposição do empregador, não será computado como período extraordinário o que exceder a jornada normal, ainda que ultrapasse o limite de cinco minutos previsto no §1º do art. 58 desta Consolidação, quando o empregado, por escolha própria, busca proteção pessoal, em caso de insegurança nas vias públicas ou más condições climáticas, bem como adentrar ou permanecer nas dependências da empresa para exercer atividades particulares, entre outras: I – práticas religiosas; II – descanso; III – lazer; IV – estudo; V – alimentação; VI – atividades de relacionamento social; VII – higiene pessoal; VIII – troca de roupa ou uniforme, quando não houver obrigatoriedade de realizar a troca na empresa. (NR)

do trabalhador entre a portaria da empresa e o local de trabalho, desde que supere o limite de 10 (dez) minutos diários".

Em suma, com o advento da reforma trabalhista ocorreu verdadeira flexibilização da ficção da disponibilidade. Partindo dos incisos do artigo 4º, §2º, é possível perceber que, doravante, *nem sempre será computado como tempo à disposição o período em que o empregado esteja no trabalho ou na empresa*. O tempo gasto com atividades de cunho religioso, momentos de repouso ou recreação, de estudo, alimentação ou de interações sociais não será mais considerado tempo à disposição do empregador nem incluído na jornada de trabalho.

Antes da nova redação, o período de tempo consumido com a troca de uniforme, aparelhagem para o trabalho realizado, maquiagem e composição do personagem em meio artístico, entre outros, era considerado tempo à disposição do empregador. Todavia, tendo em vista as alterações do dispositivo legal em questão, a "troca de roupa ou uniforme" tampouco será contabilizada como período de trabalho, salvo "quando não houver obrigatoriedade de realizar a troca na empresa".

Ademais, por não se considerar tempo à disposição do empregador, não será computado o período em que o empregado, por escolha própria, busque proteção pessoal em caso de insegurança nas vias públicas ou más condições climáticas.

Nesse particular, vale destacar que, mesmo nos casos em que o trabalhador busque proteção pessoal dentro da empresa, ainda que por escolha própria, ou em qualquer uma das situações propostas no novel §2º, se de fato houver prestação de serviço efetivo durante o período, logicamente o tempo será computado na jornada de trabalho.

Outra mudança importante no que se refere ao cômputo da duração do trabalho diz respeito ao tempo de deslocamento entre a casa do trabalhador e seu respectivo ofício. As horas *in itinere* deixaram de ser juridicamente relevantes.

O §2º do artigo 58 da CLT, conforme redação antiga, havia sido incluído pela Lei nº 10.243/01, inspirada em jurisprudência inclusive posteriormente sumulada[3] do TST, a qual interpretava

---

3 Súmula nº 90 do TST: HORAS "IN ITINERE". TEMPO DE SERVIÇO (incorporadas as Súmulas nºs 324 e 325 e as Orientações Jurisprudenciais nºs 50 e 236 da SBDI-1) – Res. 129/2005, DJ 20, 22 e 25.04.2005.

I – O tempo despendido pelo empregado, em condução fornecida pelo empregador, até o local de trabalho de difícil acesso, ou não servido por transporte público regular, e para o seu retorno é computável na jornada de trabalho. (ex-Súmula nº 90 – RA 80/1978, DJ 10.11.1978) II – A incompatibilidade entre os horários de início e término da jornada do empregado e os do transporte público regular é circunstância que também gera o direito às horas "in itinere". (ex-OJ nº 50 da SBDI-1 – inserida em 01.02.1995) III – A mera insuficiência de transporte público não enseja o pagamento de horas "in itinere". (ex-Súmula nº 324 – Res. 16/1993, DJ 21.12.1993) IV – Se houver transporte público regular em parte do trajeto

extensivamente o artigo 4º da Consolidação. Por tal entendimento, se compreendia o período de translado casa-trabalho-casa como tempo à disposição do empregador, logo, equivalente ao de "serviço efetivo". Seria computado, portanto, como parte integrante da jornada laborativa o tempo despendido nesse deslocamento quando presentes dois requisitos: (i) fosse considerado o local de trabalho de difícil acesso ou não servido por transporte público regular; e (ii) fosse a condução fornecida pelo empregador.

Com a reforma, as horas *in itinere* deixam de integrar a jornada por não serem consideradas "horas à disposição" do empregador. De fato, as horas *in itinere* era instituto que retratava uma invenção jurisprudencial a qual já dava sinal de desgaste e despropósito, máxime pós-julgado do Recurso Extraordinário nº 895.759/PE,[4] relatado pelo ministro Luis Roberto Barroso, o qual reformou decisão que sustentava a indisponibilidade das horas *in itinere* em acordo coletivo.

3 Os excluídos do regime de controle de jornada

Dispõe o artigo 62 da CLT sobre aqueles cujo tempo de trabalho revele-se insensível, uma vez exclusos do regime de duração do trabalho.[5]

Os trabalhadores que protagonizam o artigo 62 vivenciam *condições especiais de trabalho de modo que as disposições pertinentes à duração do trabalho revelam-se incompatíveis com o regime diferenciado dos referidos trabalhadores*. O critério, em verdade, teria, originariamente, cunho predominantemente prático: se o trabalho não pode ser controlado ou fiscalizado, será impossível aferir a real jornada do empregado.

Como indica o inciso I do referido dispositivo, não são abarcados pela jornada de trabalho os empregados que exercem atividade externa incompatível com a fixação de um horário de trabalho; ou seja, executam seus serviços fora das dependências da empresa e distantes de qualquer forma de fiscalização ou controle. Os trabalhadores externos costumam ser divididos em três grandes grupos: (i) aqueles cuja jornada é

---

percorrido em condução da empresa, as horas "in itinere" remuneradas limitam-se ao trecho não alcançado pelo transporte público. (ex-Súmula nº 325 – Res. 17/1993, DJ 21.12.1993) V – Considerando que as horas "in itinere" são computáveis na jornada de trabalho, o tempo que extrapola a jornada legal é considerado como extraordinário e sobre ele deve incidir o adicional respectivo. (ex-OJ nº 236 da SBDI-1 – inserida em 20.06.2001)

[4] BRASIL. Supremo Tribunal Federal. RE nº 895.759/PE, Rel. Min. Teori Zavascki, decisão monocrática, DJe 13.09.2016.

[5] Pode-se assim afirmar, uma vez que a expressão "regime previsto neste capítulo" refere-se ao "Capítulo II da CLT – Da Duração do Trabalho".

imensurável ou de difícil controle; (ii) aqueles obrigados a, durante o expediente, passar pelo estabelecimento empresarial, podendo ou não ser fiscalizados; e (iii) aqueles que, apesar de trabalharem em ambiente externo, estão sujeitos a controle de horário. Segundo a doutrina majoritária, apenas o primeiro e parte do segundo grupo não se sujeitariam ao regime da duração do trabalho, uma vez confirmada a presunção jurídica de horário e produção incontrolável ou ineficaz.

O inciso II do artigo 62 da CLT, por sua vez, exclui do capítulo da jornada de trabalho grupo de trabalhadores *investidos de uma parcela maior do poder empregatício*, pelo que não se submeteriam a estrito controle de horário. Os altos empregados são aqueles que, dentro do universo interno empresarial de hierarquia e distribuição de poderes, acabam por concentrar prerrogativas de direção e gestão próprias ao empregador. *São empregados que, em razão dos poderes e prerrogativas que lhe são concedidos no contexto de estruturação e organização intraempresariais, são considerados como* longa manus *do próprio empregador*.

Antes do advento da Lei nº 8.966/94, o artigo 62, alínea "b", da CLT reportava-se aos "gerentes, assim considerados os que, investidos de mandato, em forma legal, exerçam encargos de gestão, e, pelo padrão mais elevado de vencimentos, se diferenciem dos demais empregados, ficando-lhes, entretanto, assegurado o descanso semanal". Apenas exercia cargo ou função de confiança aquele situado na mais alta hierarquia administrativa da empresa. Eram conferidos ao empregado ocupante amplos poderes de representação e de decisão, cujo exercício colocasse em jogo a própria existência da empresa, seus interesses fundamentais, sua segurança e a ordem essencial ao desenvolvimento de sua atividade.

Com a evolução da matéria, a Lei nº 8.966/94 alterou a redação do artigo 62 da CLT, impondo modificações no conceito legal do cargo de confiança, reportando-se o dispositivo aos "gerentes, assim considerados os exercentes de cargos de gestão, aos quais se equiparam, para efeito do disposto neste artigo, os diretores e chefes de departamento ou filial". Com a progressão legislativa, deram-se contornos objetivos ao pressuposto do padrão remuneratório mais elevado, constando no parágrafo único do mesmo artigo 62 da CLT que "o regime previsto neste capítulo será aplicável aos empregados mencionados no inciso II deste artigo, quando o salário do cargo de confiança compreendido a gratificação de função, se houver, for inferior ao valor do respectivo salário efetivo acrescido de 40%".

A alteração legislativa importou verdadeira mudança de paradigma ou seja, ela manteve o requisito das elevadas funções e atribuições de gestão, enquadrando, contudo, no respectivo tipo legal, os cargos de diretores e chefes de departamento ou filial, os quais, via de regra, não possuiriam poderes tão elevados quanto aqueles exigidos pela redação anterior. A partir de então, já não mais seria preciso ter poderes de mandato para o enquadramento na exceção do artigo 62.

De todo modo, o enquadramento ou não na exceção do artigo 62 viveu período de altos e baixos, jamais tendo conquistado a paz em infinitas celeumas jurídicas. Doravante, *a definição de cargo de confiança, para os efeitos ora refletidos, passa a poder ser objeto de convenção coletiva, o que certamente importará maior segurança e previsibilidade para as relações de trabalho.*[6]

A reforma trabalhista incluiu um terceiro personagem a dispensar o cômputo do tempo de labor, quem seja, o teletrabalhador.

De acordo com dados levantados pela Sociedade Brasileira de Teletrabalho e Teleatividades (SOBRATT), em 2014 existiam por volta de 12 milhões de teletrabalhadores no país, predominantemente nas áreas de TI, comunicações e vendas. No Brasil, o teletrabalho, realidade de uma parcela considerável da população, possui em torno de trinta anos de existência. De fato, nos últimos tempos, ao redor do globo, diversos foram os estudos acerca do fenômeno, que se expandiu e tem crescido em velocidade assustadora, consolidando tendência decorrente da avançada modernização tecnológica que revolucionou as interações sociais das últimas décadas e de sua consequente dinâmica.

Em 1985, o teletrabalho, dando seus primeiros passos em busca do autoconhecimento, deu origem a um livro[7] que analisou aproximadamente 50 definições de "*telework*", ao que concluiu que a referida prática tem orbitado sempre em torno de três conceitos: *infraestrutura (no sentido de organização da atividade), localidade e tecnologia.*[8]

A definição de teletrabalho adotada pela OIT (Organização Internacional do Trabalho) e endossada mundialmente parece conter os três pilares essenciais: "A forma de trabalho efetuada em lugar distante do escritório central e/ou do centro de produção, que permita a

---

6 BRASIL. Consolidação das Leis Trabalhistas, art. 611 – Convenção Coletiva de Trabalho é o acordo de caráter normativo, pelo qual dois ou mais sindicatos representativos de categorias econômicas e profissionais estipulam condições de trabalho aplicáveis, no âmbito das respectivas representações, às relações individuais de trabalho. (Redação dada pelo Decreto-Lei nº 229, de 28.02.1967)

7 BEER (de), A.; BLANC, G. *Le travail à distance: Enjeux et perspective, une analyse documentaire.* Paris, França: Associação Internacional Futurrible, 1985. p. 81.

8 No original: "*Organisation, implantation et technologie*".

separação física e que implique o uso de uma nova tecnologia facilitadora da comunicação".[9]

Para a nova redação da CLT, configurará teletrabalho a prestação de serviços preponderantemente fora das dependências do empregador, com a utilização de tecnologias de informação e de comunicação que, por sua natureza, não se constituam como trabalho externo. Repare-se que mesmo eventual comparecimento às dependências do empregador para a realização de atividades específicas não descaracterizará o regime de teletrabalho, o qual deverá constar expressamente do contrato individual de trabalho.[10]

O texto reformado permite a alteração entre regime presencial e de teletrabalho desde que haja mútuo acordo entre as partes, registrado em aditivo contratual. Assim, *o trabalhador com contrato em curso poderá deixar de ter seu tempo à disposição computado a partir da conversão da tipologia contratual, passando, por exemplo, a não receber mais adicional noturno ou horas extras*, ainda que, em casa, labore durante a noite ou muito além das oito horas de jornada.

No que tange ao teletrabalhador, destaque-se que, mesmo sendo perfeitamente possíveis o controle, a fiscalização e a mensuração do trabalho executado, a opção legislativa foi objetiva. Ou seja, para o teletrabalhador, ainda que haja controle de sua jornada pelos meios tecnológicos, como *login/logout*, *chat*, número de toques e/ou atendimento, GPS, telefones, rádios, *web* câmeras, intranet, etc., o fato é que o tempo de trabalho do mesmo será juridicamente irrelevante e indiferente, a menos que haja acordo dispondo de outra forma.[11]

4 As limitações do tempo de trabalho

No Brasil, desde a Carta de 1934, fixou-se o limite de oito horas por dia para jornada de trabalho.

---

9 DI MARTINO, Vittorio; WIRTH, Linda. Telework: a new way of working and living. *International Labour Review*, v. 129, 1990, n. 5, p. 2. Disponível em: http://www.oit.org/public/english/support/itcom/downloads/pdf/distance.pdf. Acesso em: 25 nov. 2018.

10 A responsabilidade pela aquisição, manutenção ou fornecimento dos equipamentos tecnológicos e da infraestrutura necessária e adequada à prestação do trabalho remoto, bem como ao reembolso de despesas arcadas pelo empregado, será prevista em contrato escrito.

11 BRASIL. Consolidação das Leis Trabalhistas, art. 611-A. A convenção coletiva e o acordo coletivo de trabalho têm prevalência sobre a lei quando, entre outros, dispuserem sobre: I – pacto quanto à jornada de trabalho, observados os limites constitucionais;

São as seguintes razões, em linhas gerais, que fundamentam a ingerência estatal, na fixação contratual da duração "normal" do trabalho: (i) de natureza biológica, uma vez que tal limitação tem por escopo combater os problemas psicofisiológicos oriundos da fadiga e da excessiva racionalização do serviço; (ii) de caráter social, pois que possibilita ao trabalhador viver, como ser humano, na coletividade a que pertence, gozando os prazeres materiais e espirituais criados pela civilização, entregando-se à prática de atividades recreativas, culturais ou físicas, aprimorando seus conhecimentos e convivendo, enfim, com sua família; e (iii) de cunho econômico, porquanto restringe o desemprego e acarreta, pelo combate à fadiga, um rendimento superior na execução do trabalho.[12]

Em breve apanhado, o parâmetro ordinário de duração do tempo de serviço foi fixado pela Constituição Federal em termos diários e semanais. Dispõe a primeira parte do artigo 7º, inciso XIII, da Constituição ser "a duração do trabalho normal não superior a oito horas diárias e quarenta e quatro semanais". Será considerado extraordinário todo o tempo de serviço que extrapolar as 8 horas diárias e 44 semanais.

O empregado que excede o tempo limite de trabalho deverá ser compensado. Essa compensação poderá ocorrer de duas possíveis maneiras, é dizer: ou ele receberá o valor das horas extras trabalhadas calculadas com adicional mínimo de 50%, ou ele poderá ganhar o tempo extra de volta, ou seja, trabalhará menos exatamente pelo mesmo período ao qual viu seu limite de jornada ser ultrapassado. *Em suma: quem trabalha além da conta recebe dinheiro ou tempo a mais de volta para si.*

Para o pagamento das horas extras, não haverá mistérios: o trabalhador deverá receber a hora cheia com adicional mínimo e irrenunciável de 50%.[13]

Para *a compensação, algumas regras deverão ser observadas.*

Muito bem. Quando a opção for receber o tempo ultrapassado de volta, a nova lei trouxe regras as quais deixam superadas as atuais disposições constantes da Súmula nº 85 do TST.[14]

---

12 SÜSSEKIND, Arnaldo. *Instituições de Direito do Trabalho*. 18. ed. São Paulo: Editora LTr, 1999. p. 801.

13 BRASIL. Consolidação das Leis Trabalhistas, art. 611-B. Constituem objeto ilícito de convenção coletiva ou de acordo coletivo de trabalho, exclusivamente, a supressão ou a redução dos seguintes direitos:
X – remuneração do serviço extraordinário superior, no mínimo, em 50% (cinquenta por cento) à do normal.

14 Tribunal Superior do Trabalho, Súmula 85 TST, COMPENSAÇÃO DE JORNADA (inserido o item VI) – Res. 209/2016, DEJT divulgado em 01, 02 e 03.06.2016.

Inicialmente, destaque-se que, consoante reza o novel artigo 59-B da CLT, o não atendimento das exigências legais para compensação de jornada, inclusive quando estabelecida mediante acordo tácito, *não implicará a repetição do pagamento das horas excedentes à jornada normal diária se não ultrapassada a duração máxima semanal, sendo devido apenas o respectivo adicional.*

Ademais, o mesmo artigo ainda esclarece que a *prestação de horas extras habituais não descaracterizará o acordo de compensação de jornada nem tampouco o banco de horas.*

Finalmente, caso o contrato de trabalho seja rescindido sem que se tenha havido a compensação integral da jornada extraordinária em crédito para o trabalhador, o obreiro terá direito ao pagamento das horas extras não compensadas, calculadas sobre o valor da remuneração na data da rescisão.

O regime de compensação poderá ser estabelecido por três vias distintas, quais sejam, acordo individual tácito, acordo individual expresso e acordo coletivo.

O *acordo tácito individual*, de acordo com o §6° do artigo 59 da CLT, poderá reger a compensação de jornada no tocante ao (i) módulo diário; (ii) módulo semanal; e (iii) módulo mensal.

Já o *acordo individual escrito* poderá autorizar a compensação de jornada dentro dos seguintes limites: (i) módulo diário; (ii) módulo semanal; (iii) módulo mensal; e (iv) módulo semestral. Outrossim, o acordo individual será suficiente para dispor sobre (v) os intervalos

---

I. A compensação de jornada de trabalho deve ser ajustada por acordo individual escrito, acordo coletivo ou convenção coletiva. (ex-Súmula n° 85 – primeira parte – alterada pela Res. 121/2003, DJ 21.11.2003)

II. O acordo individual para compensação de horas é válido, salvo se houver norma coletiva em sentido contrário. (ex-OJ n° 182 da SBDI-1 – inserida em 08.11.2000)

III. O mero não atendimento das exigências legais para a compensação de jornada, inclusive quando encetada mediante acordo tácito, não implica a repetição do pagamento das horas excedentes à jornada normal diária, se não dilatada a jornada máxima semanal, sendo devido apenas o respectivo adicional. (ex-Súmula n° 85 – segunda parte – alterada pela Res. 121/2003, DJ 21.11.2003)

IV. A prestação de horas extras habituais descaracteriza o acordo de compensação de jornada. Nesta hipótese, as horas que ultrapassarem a jornada semanal normal deverão ser pagas como horas extraordinárias e, quanto àquelas destinadas à compensação, deverá ser pago a mais apenas o adicional por trabalho extraordinário. (ex-OJ n° 220 da SBDI-1 – inserida em 20.06.2001)

V. As disposições contidas nesta súmula não se aplicam ao regime compensatório na modalidade "banco de horas", que somente pode ser instituído por negociação coletiva.

VI. Não é válido acordo de compensação de jornada em atividade insalubre, ainda que estipulado em norma coletiva, sem a necessária inspeção prévia e permissão da autoridade competente, na forma do art. 60 da CLT.

para amamentação da mulher[15] e (vi) a instituição de regime de doze horas seguidas por trinta e seis horas ininterruptas de descanso.[16]

No Informativo nº 839 do Supremo Tribunal Federal, é possível verificar que a Suprema Corte, na ADI nº 4.842, que julgava o caso da carga horária do bombeiro civil, entendeu ser constitucional a jornada de 12 por 36, não a reputando extenuante.[17]

A respeito de a possibilidade de se pactuar esse tipo de jornada por acordo individual, a opção legal mostra-se plenamente conforme com o querer constituinte. Isto porque a Constituição Federal, no artigo 7º, inciso XIII, não deixou dúvidas de que o acordo – não adjetivado e, portanto, coletivo ou individual – e a convenção coletiva são instrumentos legítimos de flexibilização. Em outras passagens, como as que se deram nos incisos VI e XXVI do mesmo artigo, o constituinte esclareceu que o acordo a que se refere somente poderá ser o coletivo. Não se pode ignorar ou fazer vista grossa a tão clara vontade constitucional.[18]

A *convenção e o acordo coletivo* autorizam a compensação de jornada também dentro dos limites admitidos para o acordo individual tácito e escrito, é dizer: (i) módulo diário; (ii) módulo semanal; (iii) módulo mensal; (iv) módulo semestral; (v) regramento acerca dos intervalos para amamentação da mulher; (vi) instituição de regime de doze horas

---

15 BRASIL. Consolidação das Leis Trabalhistas, art. 396 – Para amamentar o próprio filho, até que este complete 6 (seis) meses de idade, a mulher terá direito, durante a jornada de trabalho, a 2 (dois) descansos especiais, de meia hora cada um.
§2º Os horários dos descansos previstos no caput deste artigo deverão ser definidos em acordo individual entre a mulher e o empregador.

16 BRASIL. Consolidação das Leis Trabalhistas – "Art. 59-A. Em exceção ao disposto no art. 59 desta Consolidação, é facultado às partes, mediante acordo individual escrito, convenção coletiva ou acordo coletivo de trabalho, estabelecer horário de trabalho de doze horas seguidas por trinta e seis horas ininterruptas de descanso, observados ou indenizados os intervalos para repouso e alimentação.
Parágrafo único. A remuneração mensal pactuada pelo horário previsto no caput deste artigo abrange os pagamentos devidos pelo descanso semanal remunerado e pelo descanso em feriados, e serão considerados compensados os feriados e as prorrogações de trabalho noturno, quando houver, de que tratam o art. 70 e o §5º do art. 73 desta Consolidação".

17 Supremo Tribunal Federal, Ação Direta de Inconstitucionalidade nº 4.842, Rel. Min. Edson Fachin, 08.08.2017. Destaca-se a seguinte passagem do inteiro teor do referido acórdão: "A jornada de 12 (doze) horas de trabalho por 36 (trinta e seis) horas de descanso não afronta o art. 7º, XIII, da Constituição da República, pois encontra-se respaldada na faculdade, conferida pela norma constitucional, de compensação de horários".

18 Constituição Federal, art. 7º São direitos dos trabalhadores urbanos e rurais, além de outros que visem à melhoria de sua condição social:
VI – irredutibilidade do salário, salvo o disposto em convenção ou acordo coletivo;
XIII – duração do trabalho normal não superior a oito horas diárias e quarenta e quatro semanais, facultada a compensação de horários e a redução da jornada, mediante acordo ou convenção coletiva de trabalho;
XXVI – reconhecimento das convenções e acordos coletivos de trabalho;

seguidas por trinta e seis horas ininterruptas de descanso. Porém, as normas coletivas ainda poderão mais. O artigo 611-A da CLT assegura a prevalência da convenção e do acordo coletivo sobre a lei quando dispuser sobre "pacto quanto à jornada de trabalho, observados os limites constitucionais", (vii) "banco de horas anual" e (viii) "intervalo intrajornada, respeitado o limite mínimo de trinta minutos para jornadas superiores a seis horas".

5 Os intervalos e as novas regras

A CLT prevê, além do intervalo obrigatório de onze horas consecutivas entre duas jornadas de trabalho (artigo 66, mantido na íntegra pela reforma),[19] um intervalo, no curso de cada jornada, para repouso ou alimentação (artigo 71). Como é cediço, àqueles dá-se a denominação de intervalos interjornadas; aos segundos, intervalos intrajornadas.

De acordo com dicção do §2º do artigo 71 da CLT,[20] os chamados intervalos intrajornadas não se computam na duração do trabalho. Disto decorrem efeitos práticos importantes. Por não integrar a jornada de trabalho, o tempo correspondente ao intervalo para repouso ou alimentação não é remunerado pelo empregador. Destarte, quando a Constituição menciona que a duração normal do trabalho, em termos diários, é de oito horas, não está incluindo aí o intervalo intrajornada. Isso significa que, durante o período de descanso, o empregado não está à disposição de seu empregador, isto é, nem está prestando serviços, tampouco aguardando ordens.

A disciplina legal quanto aos intervalos intrajornada impacta alterações relevantes no atual cenário. A partir da reforma trabalhista, reza a lei que a não concessão ou a concessão parcial do intervalo intrajornada mínimo implicará o pagamento – e a título meramente indenizatório – apenas do período suprimido, com acréscimo de 50%, o que implica superação *in totum* do entendimento consubstanciado na Súmula nº 437 editada pelo Tribunal Pleno do Colendo Tribunal

---

[19] BRASIL. Consolidação das Leis Trabalhistas, art. 66 – Entre 2 (duas) jornadas de trabalho haverá um período mínimo de 11 (onze) horas consecutivas para descanso.

[20] BRASIL. Consolidação das Leis Trabalhistas, art. 71 – Em qualquer trabalho contínuo, cuja duração exceda de 6 (seis) horas, é obrigatória a concessão de um intervalo para repouso ou alimentação, o qual será, no mínimo, de 1 (uma) hora e, salvo acordo escrito ou contrato coletivo em contrário, não poderá exceder de 2 (duas) horas.
§2º – Os intervalos de descanso não serão computados na duração do trabalho.

Superior do Trabalho,[21] na sessão extraordinária do dia 14.09.2012, na qual se aprovaram modificações na jurisprudência da Corte, com a unificação das Orientações Jurisprudenciais nº 307, 342, 354, 380 e 381 da SBDI-1, relativas ao intervalo intrajornada.

Outra alteração que merece registro diz respeito à revogação do intervalo de quinze minutos constante do artigo 384 da CLT,[22] dispositivo o qual, diga-se de passagem, o plenário do Supremo Tribunal Federal, no julgamento do Recurso Extraordinário (RE) nº 658.312, com repercussão geral reconhecida, havia firmado a tese da respectiva recepção pela Constituição da República de 1988.[23]

6 Conclusão

A reforma trabalhista confere ares mais flexíveis à CLT, notadamente no que se refere à duração do trabalho, aspecto primordial das relações entre empregados e empregadores.

---

[21] BRASIL. Tribunal Superior do Trabalho, Súmula nº 437 INTERVALO INTRAJORNADA PARA REPOUSO E ALIMENTAÇÃO. APLICAÇÃO DO ART. 71 DA CLT (conversão das Orientações Jurisprudenciais nºs 307, 342, 354, 380 e 381 da SBDI-1) – Res. 185/2012, DEJT divulgado em 25, 26 e 27.09.2012 I – Após a edição da Lei nº 8.923/94, a não-concessão ou a concessão parcial do intervalo intrajornada mínimo, para repouso e alimentação, a empregados urbanos e rurais, implica o pagamento total do período correspondente, e não apenas daquele suprimido, com acréscimo de, no mínimo, 50% sobre o valor da remuneração da hora normal de trabalho (art. 71 da CLT), sem prejuízo do cômputo da efetiva jornada de labor para efeito de remuneração. II – É inválida cláusula de acordo ou convenção coletiva de trabalho contemplando a supressão ou redução do intervalo intrajornada porque este constitui medida de higiene, saúde e segurança do trabalho, garantido por norma de ordem pública (art. 71 da CLT e art. 7º, XXII, da CF/1988), infenso à negociação coletiva. III – Possui natureza salarial a parcela prevista no art. 71, §4º, da CLT, com redação introduzida pela Lei nº 8.923, de 27 de julho de 1994, quando não concedido ou reduzido pelo empregador o intervalo mínimo intrajornada para repouso e alimentação, repercutindo, assim, no cálculo de outras parcelas salariais. IV – Ultrapassada habitualmente a jornada de seis horas de trabalho, é devido o gozo do intervalo intrajornada mínimo de uma hora, obrigando o empregador a remunerar o período para descanso e alimentação não usufruído como extra, acrescido do respectivo adicional, na forma prevista no art. 71, caput e §4º da CLT.

[22] BRASIL. Consolidação das Leis Trabalhistas, art. 384 – Em caso de prorrogação do horário normal, será obrigatório um descanso de 15 (quinze) minutos no mínimo, antes do início do período extraordinário do trabalho.

[23] BRASIL. Supremo Tribunal Federal. Recurso Extraordinário (RE) nº 658.312: *Recurso extraordinário. Repercussão geral reconhecida. Direito do Trabalho e Constitucional. Recepção do art. 384 da Consolidação das Leis do Trabalho pela Constituição Federal de 1988. Constitucionalidade do intervalo de 15 minutos para mulheres trabalhadoras antes da jornada extraordinária. Ausência de ofensa ao princípio da isonomia. Mantida a decisão do Tribunal Superior do Trabalho.* O referido acórdão foi anulado, em decisão posterior, por vício processual, estando, atualmente, com vistas ao Ministro Gilmar Mendes.

Tradicionalmente, o tempo admitido como jornada de trabalho era o que o empregado ficava à disposição do empregador. Contudo, em um mundo de relações trabalhistas tão dinâmicas, a CLT voltou-se a flexibilizar a ficção da disponibilidade, trazendo uma série de exceções de intervalos de tempo em que o empregado pode estar no trabalho e, mesmo assim, não estar cumprindo sua jornada, de acordo com os incisos do artigo 4º, §2º, da CLT.

A alteração legislativa também inovou ao acrescentar no rol dos trabalhadores que não têm suas jornadas computadas o teletrabalhador, mesmo que sua jornada seja rigorosamente fiscalizada.

Os acordos de compensação ganharam destaque nas versões tácita ou expressa individual e coletiva. Enquanto o acordo individual tácito poderá regular horas a serem compensadas até mensalmente, o escrito pode expandir esse prazo por seis meses, regular sobre os intervalos para amamentação da mulher e instituir o regime de doze horas seguidas por trinta e seis horas ininterruptas de descanso. Já a convenção e o acordo coletivo podem tratar de compensações anuais e até sobre redução de intervalo intrajornada para, no mínimo, trinta minutos para jornadas superiores a seis horas.

Referências

BEER (de), A.; BLANC, G. *Le travail à distance*: Enjeux et perspective, une analyse documentaire. Paris, França: Associação Internacional Futurrible, 1985.

CASSAR, Vólia Bomfim. *Direito do Trabalho*. 13 ed. Rio de Janeiro: Ed. Forense, 2017.

DELGADO, Maurício Godinho. *Curso de Direito do Trabalho*. 16. ed. São Paulo: Ed. LTR, 2017.

DE MASI, Domenico. *O Ócio Criativo*. São Paulo: Editora Sextante, 1997.

DI MARTINO, Vittorio; WIRTH, Linda. Telework: a new way of working and living. *International Labour Review*, v. 129, 1990, n. 5, p. 2. Disponível em: http://www.oit.org/public/english/support/itcom/downloads/pdf/distance.pdf. Acesso em: 04 set. 2017.

FREITAS JR, Antonio Rodrigues de. *Direito do Trabalho e direitos humanos*. São Paulo: BH Editora e Distribuidora de Livros, 2006.

GARCIA, Gustavo Filipe Barbosa. *Curso de Direito do Trabalho*. 11. ed. Rio de Janeiro: Ed. Forense, 2017.

LOIOLA, Rita. O futuro do trabalho. *Revista Galileu*, 2008. Disponível em: http://revistagalileu.globo.com/Revista/Galileu/0,,EDG86980-7855-216,00-O+FUTURO+DO+TRABALHO.html. Acesso em: 04 set. 2017.

PINTO, Sérgio. *Direito do Trabalho*. 13 ed. São Paulo: Atlas, 2001. p. 437.

SUSSEKIND, Arnaldo. *Comentários à Consolidação das Leis do Trabalho e à legislação complementar*. Ed. Freitas Bastos, 1960.

SÜSSEKIND, Arnaldo. *Instituições de Direito do Trabalho*. 18. ed. São Paulo: Editora LTr, 1999.

Informação bibliográfica deste texto, conforme a NBR 6023:2018 da Associação Brasileira de Normas Técnicas (ABNT):

TUPINAMBÁ, Carolina. Novos tempos: o empregado brasileiro 4.0 e sua jornada de trabalho. *In*: TUPINAMBÁ, Carolina (Coord.). *As novas relações trabalhistas e o futuro do Direito do Trabalho*: as novidades provenientes de leis trabalhistas recentes. Belo Horizonte: Fórum, 2021. (Coleção Fórum as novas relações trabalhistas e o futuro do Direito do Trabalho. Tomo II.). p. 203-218. ISBN 978-65-5518-120-3.

TELETRABALHO, MODERNIDADE NO DIREITO DO TRABALHO

FABIANO ZAVANELLA

1 Teletrabalho: definição e conceito

Teletrabalho é um fenômeno praticado em muitos lugares do mundo e absolutamente positivo. Com o advento e o progresso da tecnologia, especialmente aquela baseada em comunicação via satélite, perdeu o sentido obrigar empregados que representam potencial de qualificação, afeitos à prestação de serviços que requerem mais pensamento e *expertise* do que propriamente mão de obra, a se sujeitarem a horas de inatividade no trânsito ou mesmo a rotinas clássicas da estrutura do contrato de trabalho. Destarte, seja em transporte público ou em veículos próprios, a locomoção foi apontada como o quarto maior problema das cidades para a população. A afirmação está na pesquisa Mobilidade da População Urbana 2017.[1] A questão mais central diz

---

1 Pesquisa Mobilidade da População Urbana 2017, publicada pela Confederação Nacional do Transporte e pela Associação Nacional das Empresas de Transportes Urbanos. Disponível

respeito à falta de integração entre modais, o que levaria à adoção de políticas mais eficientes de mobilidade urbana.

A nomenclatura, teletrabalho, evidencia já, *per si*, uma atuação "a distância" das instalações da instituição empregadora. Naturalmente, foi o avanço dos sistemas e redes de telecomunicação que permitiu, desde o início, o estabelecimento de novas relações de trabalho e sua correspondente disciplina jurídica. Há menos de duas décadas, a manipulação de bancos gigantescos de dados, as atividades de estatística e de probabilidade, como análises de frequências, séries históricas, estudos de médias móveis, tudo isso era realizado manualmente, com o apoio de programas hoje considerados simplórios, como Excel, Access e outros. Hoje, existem *softwares* com algoritmos que tratam, classificam e relacionam volumes imensos de dados. Desse modo, seres humanos estão dispensados de executar tarefas desumanas. Empresas e trabalhadores ganham tempo. E mais, essas atividades podem ser realizadas em qualquer lugar e em qualquer hora do dia ou da noite.

Ressalte-se, entretanto, que, estando a chamada sociedade da informação ainda em curso de evolução, apenas há poucos anos o legislador teve sua atenção despertada para a necessidade de adaptar o sistema legal às novas formas e meios de execução do trabalho. Persiste, ainda, o questionamento entre duas premissas: reinterpretar as normas existentes ou promover nova regulamentação consistente com as inovações tecnológicas. Ou seja, ainda é preciso equalizar a Indústria 4.0 com o direito.

Estão consolidadas três formas de trabalho remoto: trabalho em domicílio, trabalho a distância e teletrabalho. As duas primeiras se caracterizam pelo controle de jornada pelo empregador; o mesmo não ocorre com o teletrabalho (artigo 62 da CLT, inciso III, incluído pela Lei nº 13.467, de 2017). Porém, todas essas formas de trabalho remoto, no fulcro do entendimento legal, estão vinculadas à distribuição justa do uso do tempo do trabalho. Isso porque, no trabalho remoto, os conceitos de tempo e espaço adquirem distintas noções daquelas aplicadas à clássica relação de emprego e, reconheça-se, são noções ainda em maturação, muitas das vezes pouco claras e não completamente definidas. A despeito das alterações promovidas pela Lei nº 13.467, nos seus artigos 75-A até 75-E, buscando estabelecer o que seja o teletrabalho, a definição das ocupações contempladas é aberta e abrangente, de tal maneira que cabem

---

em: https://www.ntu.org.br/novo/upload/Publicacao/Pub636397002002520031.pdf. Acesso em: 30 jan. 2019.

interpretações. Questões surgem a cada momento, em decorrência de inovações, e respeitam, por exemplo, conexão, equipamentos, local de trabalho, ergonomia, remuneração, aspectos sobre os quais a lei também não se pronuncia. Ou, melhor ainda, inexiste legislação específica que contemple satisfatoriamente o teletrabalho.

Repetimos questionamentos levantados por Columbu e Massoni[2] em relação ao artigo 651 da CLT, que trata do local de prestação de serviços. Indagam os pesquisadores como deveria atuar o órgão julgador para dirimir eventuais conflitos de competência quando se tratar de teletrabalho móvel em país diferente daquele onde se localizam as instalações da empresa empregadora – e que, em razão de fuso horário, o tempo se confunde, se acumula ou se separa. Qual seria a lei trabalhista aplicável? Aquela do país da empregadora ou aquela do país da prestação de serviços? E, quanto à jornada, qual a régua para proteger o trabalhador contra abusos e excessos e, ao mesmo tempo, garantir à empresa a melhor produtividade na consecução dos seus projetos e objetivos?

A conceituação do teletrabalho tem sido tema de acalorados debates, mas podemos sintetizar a questão afirmando que a sua intenção é otimizar a produtividade do trabalhador pelo aproveitamento inteligente do seu tempo. Alguns estudiosos estimam que o primeiro defensor desse regime laboral foi Jack Nilles, que iniciou em 1973 um programa de teletrabalho na Universidade de Santiago de Compostela, tencionando reduzir a taxa de rotatividade dos trabalhadores, objetivo que logrou alcançar, aumentando em 18% a produtividade, taxa de rotatividade reduzida a zero e muito menores custos relacionados a instalações. Foi justamente o ano da primeira grande crise do petróleo e, certamente, seu estímulo estava relacionado com as dificuldades de locomoção causadas pela retração da produção de combustível. Entretanto, há quem argumente que, nos Estados Unidos de meados de 1850, o engenheiro J. Edgard Thompson já usava o telégrafo como forma de controle do trabalho a distância de seus empregados em estradas de ferro e preconizava a mesma ferramenta para controle do trabalho remoto de empregados como delegados federais, capatazes de fazendas e outros.

De modo mais abrangente e sistematizado, embora precariamente, como já pudemos ver, o teletrabalho ganhou amplitude a partir dos

2 COLUMBU, Francesca; MASSONI, Túlio de Oliveira. Tempo de trabalho e teletrabalho. *In*: COLNAGO, Lorena de Mello Rezende *et al*. *Teletrabalho*. São Paulo: LTr, 2017. p. 21-22.

últimos anos do século XX. Foi o que ocorreu no Brasil. A primeira iniciativa tida como oficial na implantação desse regime laboral, em toda a América Latina, teve lugar em São Paulo, em 1997, onde foi promovido um seminário destinado a discutir *Home Office/Telecommuting* (em tradução livre, trabalho em domicílio e teletrabalho – nomenclatura hoje atualizada para *telework*). Resultou desse evento a formação de um grupo, liderado por Álvaro Augusto Araújo Melo, que passou a estudar o tema "teletrabalho e novas formas de trabalho", e cujos resultados levaram à criação da Sociedade Brasileira de Teletrabalho e Teleatividades, a Sobratt, entidade reconhecidamente referencial a respeito do tema, em 1999.

A Sobratt, debruçada sobre as questões que envolvem convergência tecnológica e mobilidade corporativa, ancorou pesquisadores e estudiosos que se aprofundaram no assunto, inclusive buscando intercâmbio de informações com entidades de outros países. Em 2006, organizou e realizou o CBT – Congresso Brasileiro de Teletrabalho, com apoio da Escola Superior de Propaganda e *Marketing*, um segundo marco na discussão do tema. Hoje, a Sobratt integra a *Academia Internacional de Teletrabajo*, capítulo América Latina e Caribe, do qual participam Argentina, Bolívia, Brasil, Colômbia, Costa Rica, Chile, Equador, México, Nicarágua, Paraguai, Peru e Uruguai.

Dados obtidos em pesquisas[3] apoiadas pela Sobratt revelam que o teletrabalho, no Brasil, está adotado como política em 45% das 315 empresas pesquisadas. Os segmentos em que o teletrabalho é mais adotado são o de TI/Telecom e serviços, com 16% cada um. E importa ressaltar que, das empresas que adotam o teletrabalho, 28% das vagas nesse regime são ocupadas por empregados que apresentam limitações permanentes, como deficiência visual, auditiva, física ou intelectual. A grande maioria das empresas (80%) está localizada na região Sudeste e quase a metade está inserida na faixa de 101 a 1.000 empregados. Quanto ao faturamento, 30% das empresas estão na faixa de até US$100 milhões, e outros 27%, entre US$101 e US$500 milhões.

A pesquisa identificou que 50% das empresas respondentes já praticam o regime de teletrabalho há mais de três anos. E um dado importante: 60% das 315 empresas respondentes consideram o teletrabalho como uma forma de colaborar com a mobilidade urbana.

---

[3] SAP CONSULTORIA. *Pesquisa Home Office 2018*. Disponível em: http://www.sobratt.org.br/index.php/01122018-pesquisa-home-office-2018/. Acesso em: 04 fev. 2019.

Entretanto, a preocupação com a eventual precarização do emprego por causa da automação crescente – que Jouberto de Quadros Pessoa Cavalcante chama de "desemprego tecnológico" – não é nova. Já em meados da década de 1980, o legislador brasileiro demonstrou real preocupação com a proteção jurídica do emprego, respondendo ao temor de que o mundo do trabalho, da forma como então era conhecido, pudesse ser afetado pelas implementações tecnológicas. Vamos nos lembrar da adoção da Política Nacional de Informática, por meio da Lei nº 7.232/1984, instituindo entre seus princípios o estabelecimento de "mecanismos e instrumentos para assegurar o equilíbrio entre os ganhos de produtividade e os níveis de emprego na automação dos processos produtivos". Foi a partir dessa preocupação que os deputados constituintes fizeram inserir na Constituição de 1988, no art. 7º, inciso XXVII, a "proteção em face da automação, na forma da lei".

É de todo pertinente lembrar que, em 2013, foram identificadas violações gravíssimas feitas pelos Estados Unidos em sistemas brasileiros de comunicação, tendo inclusive afetado contas de correio eletrônico da então presidente Dilma Rousseff. Depois de um feroz discurso da presidente na Assembleia Geral das Nações Unidas, o governo brasileiro propôs, e o Congresso Nacional aprovou, em 2014, o Marco Civil da Internet e, em 2018, a Lei Geral de Proteção de Dados (Lei nº 13.709), que segue o modelo do Regulamento Geral sobre a Proteção de Dados da União Europeia.

O instituto do teletrabalho foi idealizado para empregados que desenvolvam atividades intelectuais de *expertise* específica e que não necessitem estar, presencialmente, nas instalações da empresa para a sua consecução. Não se confunde com o trabalho em domicílio porquanto pode ser realizado mesmo num veículo em movimento, por meio de conexão telemática. Também difere do trabalho a distância, porque este pode ter o tempo de suas tarefas controlado pelo empregador, o que não se dá com o teletrabalho. A título de exemplo, podemos citar como teletrabalhadores os contabilistas, auditores, jornalistas, editores, tradutores, todos esses detentores de conhecimentos específicos e que trabalham com projetos definidos e, evidentemente, com prazos, mas sem o controle rígido das horas trabalhadas. O que o empregador espera é o projeto pronto.

Pensemos em vantagens e desvantagens.

O teletrabalho repercute não apenas na vida empresarial, mas no entorno das corporações e, finalmente, na sociedade em geral, posto que não se trata somente do uso e aplicação de novas tecnologias e ferramentas, mas de propor nova forma de vida para trabalhadores, suas famílias e praticamente todo o seu círculo de relacionamento.

Para as empresas, podemos anotar como vantagens do teletrabalho:

- reduz gastos com estrutura edificada e outros custos financeiros com aluguéis de imóveis;
- aumenta a produtividade, ao reduzir o tempo de deslocamento entre residência e local de trabalho e o estresse que resulta desse deslocamento;
- é alternativa diante de situações de catástrofes naturais (enchentes, secas, tremores de terra etc.), que interrompem a cadeia de produção.

Para o país como um todo, há vantagens no teletrabalho a serem consideradas:

- reduz os acidentes *in itinere* (um estudo da OMS – Organização Mundial de Saúde estima que 3% do PIB dos países são perdidos em acidentes de trânsito; no Brasil, apenas no primeiro semestre de 2018, os acidentes graves representaram uma perda de mais de R$96 bilhões e resultaram em perto de 20 mil mortes);
- contribui para uma nova e mais racional distribuição da população;
- pode diminuir o consumo de energia (o Instituto Brasileiro de Petróleo, Gás e Biocombustíveis registra que, em 2017, a demanda mundial por energia primária subiu 2,2%, um ponto percentual a mais do que em 2016);
- facilita a inserção de grupos vulneráveis.

E, afinal, para os trabalhadores, o teletrabalho pode melhorar a qualidade de vida porque permite conciliar a vida profissional com a vida familiar, propicia mais tempo para atividades extraprofissionais e reduz o estresse causado pelo trânsito e o tempo improdutivo durante deslocamentos. Também promove ao trabalhador autonomia de organização do tempo e do método de trabalho. Contribui para melhorar o índice de empregabilidade e, do mesmo ponto de vista econômico, faz o trabalhador economizar dinheiro. A mulher, que, dos trabalhadores, a despeito de mudanças sociais protetivas que vêm sendo implementadas nas últimas décadas, ainda é um dos mais sacrificados, reduz o tempo de ausência e pode dedicar mais tempo aos filhos e às providências que lhes dizem respeito, no âmbito social, com menos pressão.

Tudo isso faz parte do plano ideal. Porém, nem tudo são flores. O teletrabalhador pode sofrer de isolamento, sentir-se alienado da visão global da empresa. Além disso, pode ser esquecido pelo mercado –

"quem não é visto não é lembrado". Sem treinamento adequado, pode tender a misturar atividades familiares e profissionais, criando desconfortos às vezes graves.

Um exemplo lapidar é o da Yahoo, que, em 2013, suspendeu todo o teletrabalho de grande parte dos trabalhadores que operavam em casa. A decisão gerou numerosas críticas à empresa, acusando-a de retrógrada e de incapaz de adequada gestão de tempo e de integração dos funcionários. A própria OIT divulgou nota lamentando a decisão. Entretanto, a resposta da CEO da Yahoo, Marissa Mayer, leva a uma reflexão importante. Ela afirmou que, embora as pessoas sejam mais produtivas quando trabalham sozinhas, são muito mais colaborativas e inovadoras quando estão juntas. Segundo Mayer, algumas das melhores decisões se originam dos contatos pessoais mais informais, como as conversas nos corredores e na hora do cafezinho. A conclusão óbvia: os empregadores ainda não conseguem satisfatoriamente fazer a gestão do vínculo do teletrabalhador com a empresa.

E também há a casuística. Uma desvantagem a considerar, para o trabalhador, é o discurso gerencial – praticado desde o fordismo – de que o investimento aplicado em tecnologia é sempre voltado para o aumento da produtividade, com uma mensagem adicional: que o teletrabalhador é a fonte responsável pela sua própria produtividade. Complementa-se o discurso mencionando, de passagem, que esse aumento eventualmente se reverteria em vantagens para o empregado, mas que, na prática, raramente ocorre. E mais: na análise psicossocial, o teletrabalhador costuma ser instado a carregar uma "culpa", uma sensação de dívida para com a empresa, porque lhe é insculpida a noção de que trabalha menos do que aquele que dá expediente na empresa.

Idealmente, a condução decente dessa relação trabalhista depende de bom senso, ética e boa gestão por parte do empregador. Caso nada disso esteja em pauta em determinadas relações, surge a necessidade da negociação coletiva, assumida pelos sindicatos, para disciplinar o não disciplinado ou indisciplinado.

Nossa constatação é de que o instituto do teletrabalho precisa ser construído, no Brasil, a partir do preenchimento das lacunas da lei por meio de dois eixos: a ampliação do escopo da legislação e a efetiva atuação dos sindicatos, na negociação coletiva.

Vamos nos valer de um comentário de Jouberto de Quadros Pessoa Cavalcante, que ressalta:

> Apesar de um sistema normativo estatal omisso, a proteção jurídica do emprego diante das inovações tecnológicas no direito pátrio encontra amparo em três pilares:

> a) no princípio da função social da empresa (aspecto principiológico);
> b) na negociação coletiva de trabalho como instrumento de proteção jurídica do emprego (aspecto formal) e
> c) no direito de informação e de consulta dos representantes dos trabalhadores (aspecto material).
> Acrescentem-se a esse princípio e direitos outros que compõem o sistema de garantia da dignidade do trabalhador, bem como a possibilidade de serem adotadas políticas públicas, e propostas ações judiciais por parte do Ministério Público, da Defensoria Pública e entidades sindicais envolvendo a temática.[4]

Um entrave para a negociação coletiva eficaz, no Brasil, é a unicidade sindical, a proibição, por lei, da existência de mais de um sindicato na mesma base de atuação. A unicidade sindical tem sido criticada porque restringe a oportunidade de escolhas e, em decorrência, a liberdade sindical. Columbu e Massoni, por exemplo, defendem a unidade sindical, como consagrada na Convenção nº 87, da OIT.[5] Uma convenção que jamais pôde ser ratificada pelo Brasil em razão de nossa própria Constituição.

Entretanto, a Reforma Trabalhista logrou dar certa compensação à ausência de ratificação do Brasil à Convenção 87, com as novidades que trouxe, especialmente na questão da negociação coletiva e na facultatividade da contribuição sindical. Além disso, há o respaldo da Recomendação nº 184 da OIT (parte V, números 11 e 12), que trata da preservação do direito de sindicalização e do direito à negociação coletiva em regime de trabalho em domicílio, no qual, forçosamente, inclui-se o teletrabalho.

O desafio que se coloca para as entidades sindicais de trabalhadores é uma adaptação para que consigam negociar em nome de seus associados com paridade de armas em relação aos sindicatos patronais.

2 Experiências estrangeiras

Comecemos por registrar a experiência de nosso vizinho mais próximo. Segundo informa Viviana Laura Díaz,[6] a Argentina teve

---

4 CAVALCANTE, Jouberto de Quadros Pessoa. *Sociedade, Tecnologia e a Luta pelo Emprego.* São Paulo: LTR, 2018. p. 99-100.

5 COLUMBU, Francesca; MASSONI, Túlio de Oliveira. Por uma concepção democrática de categoria sindical. *Revista do Direito do Trabalho*, ano 40, v. 159, set./out. 2014, p. 176.

6 DÍAZ, Viviana Laura. *Teletrabajo y Neurotecnología.* Buenos Aires: Granica, 2018. p. 256 e *passim.*

seu primeiro projeto de lei relacionado ao teletrabalho em 2003, num momento em que o trabalho remoto naquele país já ocupava cerca de dois milhões de pessoas, algo como 12,5% da força laboral. Entretanto, órgãos governamentais argentinos só instalaram o teletrabalho a partir de 2011, depois que muitas empresas privadas já o praticavam, principalmente as de informática, de administração e, relata Díaz como um caso emblemático, empresas do setor petroleiro.

Na Europa, a Espanha figura como um dos primeiros países a legislar sobre o trabalho em domicílio, com a Lei do Estatuto dos Trabalhadores, aprovada pelo Real Decreto Legislativo nº 1/1995. Não é, porém, uma legislação moderna. Tem sido considerada restritiva, por não definir satisfatoriamente o teletrabalho nem esclarecer os direitos de representação, no seu artigo 13. O Acordo Interconfederativo de Negociação Coletiva, de 2003, trouxe alguma luz sobre o tema, mas limitando-se a pactuar que o contrato de trabalho deva ser consensual e fazer constar igualdade de direitos entre o teletrabalhador e os demais. Uma reforma trabalhista algo mais profunda foi realizada em 2012, mas ainda não suficiente para corrigir as lacunas do modelo espanhol. Uma das discussões que persistem é o fato de que haver um contrato específico para o teletrabalho contraria o conceito de igualdade.

Registre-se que, em 2002, o Acordo Marco Europeu sobre o Teletrabalho – também conhecido como Carta Europeia para o Teletrabalho – exarou esta definição no seu artigo 2:

> Uma forma de organização e/ou realização do trabalho, utilizando as tecnologias da informação, no marco de um contrato ou de uma relação laboral, na qual um trabalho, que também poderia ser realizado nos locais do empresário, se executa habitualmente fora desses locais.[7]

Sem esquecer que já se passaram 17 anos da edição desse acordo, verifica-se, na leitura, uma definição de extrema vaguidade, evidentemente superada, que nos impele a avançar no debate para melhor esclarecimento.

Para a OIT, conforme a Convenção nº 177, de 1996, e a Recomendação nº 184, do mesmo ano, o teletrabalho é uma forma de organização do trabalho com as seguintes características:

- o trabalho é realizado em lugar distinto do estabelecimento principal do empregador ou das instalações de produção, de

---

7 UNIÃO EUROPEIA. *Acordo Marco Europeu sobre o Teletrabalho*. Disponível em: http://europa.eu/rapid/press-release_IP-02-1057_pt.htm. Acesso em: 29 jan. 2019.

modo que o trabalhador não mantenha contato pessoal com os demais trabalhadores;

- o contato com a empresa empregadora é realizado por meio de tecnologias de comunicação;
- o teletrabalho pode ser realizado em linha direta, por meio de conexão informática, ou sem uso desse recurso;
- o trabalho pode ser organizado de maneira individual ou coletiva, contemplando a totalidade ou parte das tarefas do trabalhador;
- sua implementação pode ser em regime de autônomo ou assalariado.

São definições claramente suplantadas pelas condições propiciadas pelas inovações tecnológicas, pelo globalismo e pelas diferentes formas de relações trabalhistas que surgiram após a emissão desses documentos pela OIT. Com olhos de hoje, 2019, temos que o teletrabalhador é empregado de uma instituição. Tem vínculo empregatício formal. Trabalha remotamente e não está sujeito a controle de jornada.

Em Portugal, o Código do Trabalho, promulgado por lei federal em 2003,[8] incorporou a regulação do Acordo Macro Europeu sobre o Teletrabalho – algo que a Espanha não conseguiu fazer. A conceituação do teletrabalho está no artigo 165: (i) regime de subordinação jurídica; ii) habitualmente fora da empresa; e iii) com recurso a tecnologias de informação e de comunicação. Um traço distintivo da definição portuguesa em relação ao teletrabalho é o fato de incluí-lo, conceitualmente, dentro da chamada economia colaborativa. De resto, uma classificação que pode sofrer mudanças, em obediência ao ritmo do mercado de trabalho. É a opinião, por exemplo, de Duarte Abrunhosa e Souza, da Faculdade de Direito da Universidade do Porto, que considera que "o conceito legal de teletrabalho {no Código português} é imperfeito e assume conceitos vagos e genéricos que deveriam ser mais concretizados numa futura revisão do regime".[9]

No Reino Unido, uma lei promulgada em junho de 2014 dá direito a todos os trabalhadores de requerer flexibilização da jornada, inclusive de trabalhar em casa por período de tempo parcial ou integral. A lei – disponível neste endereço: https://www.gov.uk/flexible-working – permite o benefício aos pais com filhos de até 16 anos

---

8 CÓDIGO DO TRABALHO. *Lei portuguesa atualizada em 2018*. Disponível em http://cite.gov.pt/asstscite/downloads/legislacao/CT20032018.pdf. Acesso em: 31 jan. 2019.

9 SOUZA, Duarte Abrunhosa e. O enquadramento legal do teletrabalho em Portugal. *Revista Derecho Social y Empresa*, n. 6, dez. 2016, p. 17. Disponível em: https://www.ajj.pt/publicacoes/3.

e a qualquer trabalhador que esteja empregado na mesma empresa há pelo menos 26 semanas. O empregador que negar esse direito pode ser processado pelo trabalhador.

Na Itália, foi aprovada a Lei nº 81, de 22 de maio de 2017, que se semelha grandemente à lei brasileira da reforma trabalhista. Diferentemente, para melhor, da lei brasileira, a italiana trata explicitamente do teletrabalho em alguns pontos essenciais: equilíbrio entre a vida profissional e familiar, no seu artigo 18, e a obrigação do empregador de fornecer os equipamentos necessários e garantir o seu funcionamento adequado. Além disso, a lei também delimita a jornada de trabalho diária e semanal, fazendo com que o tema seja pactuado em acordo coletivo.

A França é outro país que avançou bastante na proteção do teletrabalhador, inclusive legislando sobre o "direito à desconexão", por meio do artigo 55 da Lei nº 2016-1088, de 08 de agosto de 2016, *in litteris* "o exercício pleno por parte do empregado do seu direito de desconectar". No Brasil, o mais próximo que temos disso é a compensação financeira pela disponibilidade, chamada de sobreaviso (conforme a Súmula nº 428 do TST).

3 Conclusões

O Fórum Econômico Mundial, que se reúne anualmente em Davos, na Suíça, divulgou o Relatório "*Future of Jobs*" relativo a 2018. Foram pesquisadas 313 empresas globais de vários setores da indústria, representando mais de 15 milhões de empregados, de 20 países (que representam 70% do PIB mundial): África do Sul, Alemanha, Argentina, Austrália, Brasil, China, Cingapura, Coreia do Sul, Estados Unidos, Federação Russa, Filipinas, França, Índia, Indonésia, Japão, México, Reino Unido, Suíça, Tailândia e Vietnã.

Ainda que considerada a tendência liberal dominante no Fórum Econômico Mundial, portanto temperada de grande otimismo, cabe registrar algumas tendências indicadas no levantamento para o período de 2018-2022, em quatro perspectivas tecnológicas que condicionam mudanças positivas no crescimento do mercado: uso intensivo de internet móvel de alta velocidade, inteligência artificial, adoção de análise de *big data* e tecnologia de nuvem. Diz o relatório que essas tendências foram apontadas por 85% dos respondentes.

Outra tendência expressiva – cerca de 37% das empresas – é de robotização, principalmente robôs estacionários, mas também robôs não humanoides e drones aéreos e subaquáticos. Como resultado, 59% das empresas esperam modificar substancialmente sua base geográfica de operação, tanto em produção como em distribuição.

Quanto ao mercado de trabalho, duas considerações se chocam no relatório. A primeira é que 74% das empresas dizem considerar essencial o aproveitamento de mão de obra local; a segunda é que 64% das empresas consideram a mão de obra sua maior preocupação. Cerca de 50% das empresas acreditam que, a partir de 2022, reduzirão sua mão de obra pela adoção de robôs, mas, curiosamente, 38% das empresas esperam aumentar a força de trabalho em razão da criação de novas tarefas criadas pela automação. Um percentual semelhante de empresários considera que a automação deve modificar bastante o perfil atual dos trabalhadores, fazendo aumentar a terceirização e o teletrabalho, principalmente para tarefas de alta especialização. As empresas brasileiras pesquisadas pelo Fórum Econômico Mundial elaboraram uma lista das novas funções que emergiram com a automação e que são exercidas preferencialmente dentro do regime de teletrabalho: desenvolvedores e analistas de *software* e aplicativos; executivos de análise de dados; cientistas de vendas; profissionais de *marketing*; gerentes de operação; representantes de vendas (atacado e manufatura); técnicos de produtos; especialistas de recursos humanos; analistas financeiros; profissionais de rede e de base de dados; consultores de finanças e de investimentos. É digno de registro o fato de, em 2008, o Serpro ter sido a primeira empresa da administração pública brasileira a praticar o teletrabalho.

Do mesmo modo que o capital ganhou mobilidade com a globalização e a transnacionalização, como se pode observar, o teletrabalho é movimento inexorável nas relações de trabalho. E não é demais repisar a noção de que a sua vinculação à questão da melhoria da qualidade da mobilidade urbana é indiscutível, porque sustentável e porque permite produtividade racional. É um avanço que já está levando a outros avanços, em todo o mundo. Entretanto, ainda falta sistematização mais adequada dessa novidade nem tão recente. Cabe ao legislador procurar conexão com a realidade para obter que o direito acompanhe as evoluções da tecnologia.

Referências

CONFEDERAÇÃO NACIONAL DO TRANSPORTE E ASSOCIAÇÃO NACIONAL DAS EMPRESAS DE TRANSPORTES URBANOS. *Pesquisa Mobilidade da População Urbana 2017*. Disponível em: https://www.ntu.org.br/novo/upload/Publicacao/Pub636397002002520031.pdf. Acesso em: 30 jan. 2019.

CAVALCANTE, Jouberto de Quadros Pessoa. *Sociedade, Tecnologia e a Luta pelo Emprego*. São Paulo: LTR, 2018. p. 99-100.

CÓDIGO DO TRABALHO. *Lei portuguesa atualizada em 2018*. Disponível em: http://cite.gov.pt/asstscite/downloads/legislacao/CT20032018.pdf. Acesso em: 31 jan. 2019.

COLUMBU, Francesca; MASSONI, Túlio de Oliveira. Por uma concepção democrática de categoria sindical. *Revista do Direito do Trabalho*, ano 40, v. 159, set./out. 2014, p. 176.

COLUMBU, Francesca; MASSONI, Túlio de Oliveira. Tempo de trabalho e teletrabalho. *In*: COLNAGO, Lorena de Mello Rezende *et al*. *Teletrabalho*. São Paulo: LTr, 2017. p. 21-22.

DÍAZ, Viviana Laura. *Teletrabajo y Neurotecnología*. Buenos Aires: Granica, 2018. p. 256 e *passim*.

FÓRUM ECONÔMICO MUNDIAL. *Report Future of Jobs*. Disponível em: http://www3.weforum.org/docs/WEF_Future_of_Jobs_2018.pdf. Acesso em: 20 jan. 2019.

MAPELLI, Aline *et al*. (Orgs.). *Os impactos das novas tecnologias no direito e na sociedade*. Erechim: Deviant, 2018.

NASCIMENTO, Amauri Mascaro. *Direito do Trabalho na Constituição de 1988*. São Paulo: Saraiva, 1989.

ROCHA, Cháris Telles Martins da; AMADOR, Fernanda Spanier. *O teletrabalho*: conceituação e questões para análise. Cad. EBAPE.BR, v. 16, n. 1, Rio de Janeiro, jan./mar. 2018.

SAP CONSULTORIA EM RECURSOS HUMANOS. *Pesquisa Home Office 2018*. Disponível em: http://www.sobratt.org.br/index.php/01122018-pesquisa-home-office-2018/. Acesso em: 04 fev. 2019.

SOUZA, Duarte Abrunhosa e. O enquadramento legal do teletrabalho em Portugal. *Revista Derecho Social y Empresa*, n. 6, dez. 2016, p. 17. Disponível em: https://www.ajj.pt/publicacoes/3.

STOLZ, Sheila MARQUES, Carlos Alexandre Michaello (Orgs.). *Teletrabalho*. São Paulo: LTr, 2017.

UNIÃO EUROPEIA. *Acordo Marco Europeu sobre o Teletrabalho*. Disponível em: http://europa.eu/rapid/press-release_IP-02-1057_pt.htm. Acesso em: 29 jan. 2019.

Informação bibliográfica deste texto, conforme a NBR 6023:2018 da Associação Brasileira de Normas Técnicas (ABNT):

ZAVANELLA, Fabiano. Teletrabalho, modernidade no direito do trabalho. *In*: TUPINAMBÁ, Carolina (Coord.). *As novas relações trabalhistas e o futuro do Direito do Trabalho*: as novidades provenientes de leis trabalhistas recentes. Belo Horizonte: Fórum, 2021. (Coleção Fórum as novas relações trabalhistas e o futuro do Direito do Trabalho. Tomo II.). p. 219-231. ISBN 978-65-5518-120-3.

REFLEXÕES EM TORNO DO REGIME JURÍDICO DO TELETRABALHO

RODOLFO PAMPLONA FILHO

LEANDRO FERNANDEZ

1 Introdução

A evolução das ferramentas tecnológicas conduz à superação de modelos tradicionais das relações sociais e, com velocidade nunca antes vivenciada pela humanidade, à constante reinvenção dos padrões concebidos a partir das novas realidades.

Inevitavelmente, o direito, ramo do conhecimento responsável pela regulação dessas relações, encontra-se diante do desafio de oferecer respostas adequadas e socialmente aceitáveis a problemas surgidos a cada dia.

No presente trabalho, examinaremos uma das mais importantes inovações no mundo do trabalho decorrentes da evolução da tecnologia da informação: o teletrabalho, especialmente à luz da Lei nº 13.467/17.

A Lei da Reforma Trabalhista consagrou a disciplina geral da matéria no ordenamento brasileiro e, como veremos, talvez haja contribuído muito mais para a criação de novos problemas do que para a solução dos desafios já presentes no direito do trabalho.

Analisaremos, aqui, as formalidades contratuais no teletrabalho, os requisitos para a alteração entre o regime presencial e o de teletrabalho, bem como as inquietantes reflexões relativas à responsabilidade por despesas com aquisição e manutenção de equipamentos e infraestruturas.

O cumprimento do itinerário proposto depende, porém, previamente, da compreensão da própria figura jurídica do teletrabalho. Será este o objeto do tópico a seguir.

2 Teletrabalho: compreensão

Um dos principais recursos manejados pelos Poderes Executivo e Legislativo para convencimento da sociedade quanto à necessidade de uma reforma trabalhista consistiu no argumento do caráter anacrônico da Consolidação das Leis do Trabalho, a qual seria incapaz de disciplinar as novas formas de desenvolvimento das relações trabalhistas. O exemplo normalmente invocado era o do *home office*, do trabalho remoto ou, na terminologia que veio a ser consagrada na nova legislação, do teletrabalho.

É bem verdade que qualquer diploma legislativo – e, de maneira geral, qualquer obra da inteligência humana – é suscetível a lacunas e passível de atualização.

Entretanto, a afirmação genérica da idade avançada da CLT nada diz sobre o valor do seu conteúdo, mesmo porque ela foi alvo de dezenas de alterações, da maior ou menor expressão, nas últimas décadas.

Nessa ordem de ideias, mencionar o teletrabalho como um exemplo de relação trabalhista que estaria à margem da velha CLT não deixa de ser uma expressão de ignorância, com o devido respeito.

Desde o ano de 2011, em virtude da Lei nº 12.551, prevê a Consolidação, em seu art. 6º, que, se presentes os requisitos da relação de emprego, não há falar em distinção entre trabalho presencial no estabelecimento do empregador e trabalho remoto, bem como que os meios telemáticos e informatizados de comando, controle e supervisão, tipicamente utilizados no teletrabalho, equiparam-se aos meios pessoais e diretos de comando, controle e supervisão do trabalho alheio para fins de configuração da subordinação jurídica.

Em outras palavras: há anos o legislador consagrou a regra de acordo com a qual o empregado submetido ao teletrabalho é subordinado ao empregador da mesma maneira que o trabalhador que presta seus serviços presencialmente, sendo àquele aplicável a mesma disciplina de proteção do labor.

Embora não houvesse detalhamento na legislação acerca da dinâmica contratual, a orientação era inequívoca quanto à submissão às mesmas regras que incidiam em relação aos demais trabalhadores.

Todavia, sob a propaganda da novidade, a Lei nº 13.467/17 veio a consagrar regulamentação a respeito do teletrabalho em seus arts. 62, inciso III, e 75-A a 75-E. Como veremos adiante, alguns desses dispositivos nada estabelecem de novo, ao passo que outros certamente ensejarão severas controvérsias, ante a ausência de tratamento analítico dos respectivos temas, criando um potencial cenário de ameaça à segurança jurídica – a qual, aliás, foi outro dos propalados objetivos da reforma.

O legislador perdeu, ademais, a importante oportunidade de explicitar a isonomia de direitos e oportunidades do teletrabalhador em relação aos empregados presenciais, bem como de criar mecanismos capazes de assegurar a participação do teletrabalhador no cotidiano da empresa e em entes ou órgãos de representação da coletividade.[1]

Conceitua o novo art. 75-B da CLT, em seu *caput*, o teletrabalho como a "prestação de serviços preponderantemente fora das dependências do empregador, com a utilização de tecnologias de informação e de comunicação que, por sua natureza, não se constituam como trabalho externo". Em seu parágrafo único, esclarece o dispositivo que o "comparecimento às dependências do empregador para a realização de atividades específicas que exijam a presença do empregado no estabelecimento não descaracteriza o regime de teletrabalho".

O conceito legal brasileiro aproxima-se bastante daquele consagrado no Código do Trabalho de Portugal (art. 165)[2] e no Acordo-Quadro Europeu sobre Teletrabalho (item 2).[3]

A partir da nova previsão legal brasileira e das referências estrangeiras mencionadas, é possível identificar que o teletrabalho consiste em uma modalidade de trabalho a distância caracterizada pela

---

1 Vide, a propósito, os arts. 169 e 171 do Código do Trabalho de Portugal, assim como os itens 9 e 10 do Acordo-Quadro Europeu sobre Teletrabalho.

2 Artigo 165. Noção de teletrabalho. Considera-se teletrabalho a prestação laboral realizada com subordinação jurídica, habitualmente fora da empresa e através do recurso a tecnologias de informação e de comunicação.

3 *El teletrabajo es una forma de organización y/o de realización del trabajo, utilizando las tecnologías de la información en el marco de un contrato o de una relación de trabajo, en la cual un trabajo que podría ser realizado igualmente en los locales de la empresa se efectúa fuera de estos locales de forma regular.* Disponível em: https://www.uned.ac.cr/viplan/images/acuerdo-marco-europeo-sobre-teletrabajo.pdf.

prestação de serviços com intensa utilização de recursos de tecnologia da informação.

Em regra, a atividade desenvolvida pelo teletrabalhador poderia perfeitamente ser executada no interior do estabelecimento do empregador. Entretanto, por conveniência das partes ou por interesse empresarial na gestão do espaço e dos recursos humanos, o labor é predominantemente prestado de maneira remota, muitas vezes a partir da residência do empregado.

Assim, o teletrabalho não se confunde com o trabalho externo, em que a execução dos serviços pressupõe o deslocamento para fora do estabelecimento do empregador para a realização, por exemplo, de entregas ou visitas a clientes ou parceiros comerciais.

Assentadas essas premissas, avancemos ao exame das formalidades contratuais estabelecidas pela Lei nº 13.467/17 em relação ao teletrabalho.

3 Formalidades contratuais

A regra geral no direito do trabalho é a desnecessidade de adoção de forma específica no contrato de emprego, seja sob a ótica da validade do ato jurídico, seja sob a perspectiva da prova do ato. Pactuações tácitas são ordinariamente possíveis, aspecto vinculado ao caráter de "contrato-realidade" dessa espécie de negócio jurídico (CLT, art. 442).

A exigência de forma específica é excepcional, estando normalmente atrelada ao resguardo de normas de ordem pública ou à proteção de interesses dos trabalhadores.

A Lei nº 13.467/17 instituiu, em relação ao teletrabalho, um conjunto de requisitos formais, cuja presença deve constar expressamente do contrato.

Em primeiro lugar, a própria *submissão ao regime de teletrabalho* deve ser explicitada no contrato de emprego (art. 75-C, *caput*, da CLT).

A exigência, aqui, aproxima-se da determinação legal existente quanto aos trabalhadores externos, em relação aos quais deve haver o registro de tal condição, pelo empregador, na CTPS e na ficha de registro de empregado (CLT, art. 62, inciso I).

Discussão que tende a ocupar a atenção da jurisprudência nos anos vindouros diz respeito à definição da natureza da formalidade prevista no art. 75-C celetista, isto é, se estamos diante de um requisito para a válida pactuação do regime de teletrabalho (*ad solemnitatem*) ou de um mecanismo de simples prova de tal ajuste (*ad probationem*).

O debate possui relevante interesse prático, uma vez que uma das principais inovações da reforma trabalhista foi a fixação da presunção relativa – e bastante questionável – de não enquadramento do teletrabalhador na disciplina celetista de duração do trabalho (art. 62, inciso III).

Assim, no primeiro caso, a ausência de expressão previsão contratual quanto à adoção do teletrabalho conduziria o intérprete a concluir pela invalidade da adoção desse regime de trabalho, com o consequente afastamento da presunção fixada no art. 62, inciso III, da CLT e o reconhecimento da submissão do obreiro às regras gerais de limitação da duração do labor.

Parece-nos, entretanto, que a tendência será a de reconhecer o estabelecimento em cláusula contratual do regime de teletrabalho como formalidade destinada somente à prova do ato – tal qual a exigência de anotação na CTPS e na ficha de registro de empregado da condição de trabalhador externo –, sendo possível, em sua ausência, a produção de outras provas para demonstração da avença.

Com efeito, o dispositivo não prevê sanção para o caso de inobservância da forma escrita, de modo que a validade da declaração de vontade dela não dependerá (Código Civil, art. 107).

Vale registrar que idêntica é a solução consagrada no Código do Trabalho de Portugal, que dispõe, em seu art. 166, item 7, que a "forma escrita é exigida apenas para prova da estipulação do regime de teletrabalho".

Prevê também o novo art. 75-C da CLT que deve constar do contrato do teletrabalhador o *rol específico de atividades que serão realizadas pelo empregado*.

A novidade pode render ensejo à formulação de pleitos de pagamento de diferenças salariais por acúmulo de função, com fundamento na violação da boa-fé objetiva e na ruptura do equilíbrio contratual, nas hipóteses em que o trabalhador venha a desempenhar tarefas não elencadas no contrato.

Também aqui inexiste no texto legal a previsão de sanção para as situações de determinação, pelo empregador, da realização de atividades não elencadas no rol fixado no contrato.

Por isso, a tendência jurisprudencial deverá ser a de reconhecer na previsão uma formalidade com a simples finalidade de prova da pactuação do teletrabalho. Não ajustada cláusula que preveja o rol de atividades do obreiro, será aplicada a regra geral estabelecida no art. 456, parágrafo único, da CLT, compreendendo-se que o "empregado se obrigou a todo e qualquer serviço compatível com a sua condição pessoal".

A Lei da Reforma Trabalhista dispôs, ainda, que a *alteração entre o regime de trabalho presencial e o de teletrabalho (e vice-versa)* deve ser prevista em aditivo contratual (art. 75-C, §§1º e 2º, da CLT).

É interessante observar que, em relação a outra situação de alteração contratual com impactos na duração do trabalho, exigiu o legislador a participação do ente sindical (CLT, art. 58-A, §2º). No âmbito do teletrabalho, entretanto, é suficiente a manifestação de vontade no plano do contrato individual de trabalho.

O tema da alteração entre os regimes de labor (presencial e teletrabalho) envolve diversas controvérsias, que serão posteriormente examinadas.

Estabelece o art. 75-D celetista que também devem constar do contrato de emprego do teletrabalhador as *disposições relativas à responsabilidade pela aquisição, manutenção ou fornecimento dos equipamentos tecnológicos e da infraestrutura* necessária e adequada à prestação do trabalho remoto, bem como ao reembolso de despesas arcadas pelo empregado. Ante suas importantes repercussões, a matéria será analisada de maneira específica adiante.

Assim, em síntese, fixa a Lei nº 13.467/17 que devem constar expressamente do contrato de emprego do teletrabalhador os seguintes dados:

a) submissão ao regime de teletrabalho;
b) as atividades que serão realizadas pelo empregado;
c) a alteração entre o regime de trabalho presencial e o de teletrabalho e vice-versa (aditivo contratual);
d) as disposições relativas à responsabilidade pela aquisição, manutenção ou fornecimento dos equipamentos tecnológicos e da infraestrutura necessária e adequada à prestação do trabalho remoto, bem como ao reembolso de despesas arcadas pelo empregado.

Convém observar, a propósito, que o rol de cláusulas contratuais exigidas na pactuação do teletrabalho no Brasil aproxima-se daquele consagrado no art. 166, item 5, do Código do Trabalho de Portugal, a seguir transcrito:

> 5 - O contrato está sujeito a forma escrita e deve conter: a) Identificação, assinaturas e domicílio ou sede das partes; b) Indicação da atividade a prestar pelo trabalhador, com menção expressa do regime de teletrabalho, e correspondente retribuição; c) Indicação do período normal de trabalho; d) Se o período previsto para a prestação de trabalho em regime de teletrabalho for inferior à duração previsível do contrato de trabalho,

a atividade a exercer após o termo daquele período; e) Propriedade dos instrumentos de trabalho bem como o responsável pela respetiva instalação e manutenção e pelo pagamento das inerentes despesas de consumo e de utilização; f) Identificação do estabelecimento ou departamento da empresa em cuja dependência fica o trabalhador, bem como quem este deve contactar no âmbito da prestação de trabalho.

A regulamentação é complementada pelo art. 218, item 1, alínea "c", do CTP, de acordo com o qual "por acordo escrito, pode ser isento de horário de trabalho o trabalhador que se encontre numa das seguintes situações: (...) c) teletrabalho e outros casos de exercício regular de atividade fora do estabelecimento, sem controlo imediato por superior hierárquico".

A principal distinção entre a disciplina portuguesa e a brasileira, no particular, diz respeito à necessidade de indicação da duração do trabalho ou da previsão de isenção de restrições de horário de labor naquele ordenamento, ao passo que, no atual sistema jurídico pátrio, o ajuste do regime de teletrabalho importa, ao menos em conformidade com a literalidade do dispositivo legal, automaticamente na presunção de afastamento das regras gerais de limitação do tempo de trabalho.

4 Alteração entre regime presencial e de teletrabalho

Visando contemplar a dinâmica das relações econômicas e sociais, prevê o art. 75-C, §§1º e 2º, da CLT a possibilidade de alteração entre os regimes presencial e de teletrabalho, mediante aditivo contratual, nos seguintes termos:

a) a alteração do regime presencial para o de teletrabalho exige mútuo acordo entre as partes;
b) a alteração entre o regime de teletrabalho e o presencial pode ser determinada unilateralmente pelo empregador, que deverá garantir um prazo de transição de no mínimo quinze dias.

A novel disciplina enseja diversos questionamentos interessantes.

Primeiramente, é importante observar que a transição do regime presencial para o de teletrabalho não pode ser operada por decisão unilateral do empregador, pressupondo manifestação de vontade positiva por parte do obreiro, dado o caráter voluntário – ao menos em tese, sem consideração em relação a eventuais contingências concretas na explicitação da vontade do trabalhador – que informa tal modalidade de prestação dos serviços.

Precisamente por isso, a recusa do empregado à modificação do seu regime para o de teletrabalho não pode ser reputada como falta contratual, não ensejando a aplicação de sanções. Nesse sentido, registre-se a título de informação, é a previsão contida no item 3[4] do Acordo-Quadro Europeu sobre Teletrabalho.

Vale salientar, também, que o novel dispositivo legal exige a celebração de aditivo contratual para a alteração do regime presencial para o de teletrabalho, sem ressalvar a possibilidade de existência, no contrato de trabalho, de cláusula que preveja a concordância do trabalhador com a realização, em momento futuro, de tal alteração.

É dizer: ainda que haja no contrato cláusula de assemelhado teor, a redação do art. 75-C, §1º, da CLT exige que haja manifestação de vontade específica, concreta, antes da efetiva alteração do regime de trabalho.

Ainda que se entenda que a celebração de aditivo contratual escrito destina-se apenas à prova do ato – conforme acreditamos que tenderá a ser o posicionamento predominante –, a demonstração da existência de manifestação de vontade específica do trabalhador anteriormente à modificação do regime é indispensável à sua validade.

Nessa ordem de ideias, salientamos, por relevante, que eventual cláusula contratual, celebrada no momento da admissão do obreiro, que preveja a prévia concordância do trabalhador em relação a qualquer futura transferência para o regime de teletrabalho, com a renúncia do obreiro ao direito de recusa diante de dada proposta concreta, será nula, em conformidade com o disposto no art. 424[5] do Código Civil, tendo em vista a caracterização do contrato de emprego, em regra, como contrato de adesão.

Em segundo lugar, a matéria suscita a relevante discussão a respeito de qual seria a condição mais benéfica ao trabalhador: o trabalho presencial ou o teletrabalho?

A resposta, parece-nos, envolve certa margem de subjetivismo.

Deveras, por um lado, o teletrabalho permite a redução das despesas do trabalhador com vestuário e transporte e reduz – ou mesmo elimina – o tempo investido em deslocamentos, permitindo

---

4 *3) Carácter voluntario. (...) El paso al teletrabajo en tanto que tal, puesto que modifica* únicamente *la manera en que se efectúa el trabajo, no afecta al estatus laboral del trabajador. La negativa de un empleado a teletrabajar no es, en sí, un motivo de rescisión de la relación laboral ni de modificación de las condiciones de trabajo de este trabajador.*

5 Art. 424. Nos contratos de adesão, são nulas as cláusulas que estipulem a renúncia antecipada do aderente a direito resultante da natureza do negócio.

maior convívio familiar por parte do empregado e melhor organização do seu tempo.

Por outro lado, a adoção do regime de teletrabalho importa na presunção de afastamento das regras de limitação da duração do labor, com o potencial de criação de um estado de diluição da exigência da prestação de serviços ao longo do dia e da noite, com a possibilidade de frustração do efetivo convívio familiar. Ademais, pode resultar na realização de despesas pelo trabalhador com equipamentos e infraestrutura para a prestação dos serviços (tema que abordaremos adiante). Por fim, alija, ao menos em certa medida, o obreiro do convívio com os colegas de trabalho e da participação no cotidiano da empresa, inclusive para a defesa de interesses comuns dos trabalhadores.

Assim, a avaliação quanto à ocorrência ou não de alteração contratual lesiva em razão da modificação do regime de trabalho demanda certa valoração pessoal – dos envolvidos e do julgador –, com a possibilidade de criação de insegurança jurídica no exame do tema.

Embora seja possível afirmar que o legislador considerou, sob a ótica da licitude, ambas as alterações contratuais como neutras, já que não estabeleceu a nulidade de qualquer delas – vale recordar, a propósito, que o art. 468 de CLT reputa nula a alteração contratual, bilateral ou unilateral, em prejuízo ao trabalhador –, também reconheceu, implicitamente, que a passagem do regime de teletrabalho para o presencial representa o deslocamento de uma condição de trabalho mais gravosa para uma menos gravosa. Isso porque a realização de tal alteração pode ser determinada unilateralmente pelo empregador (*ius variandi*), a exemplo do que ocorre com a cessação da prestação dos serviços em sistema de prorrogação habitual de jornada, em horário noturno ou em condições insalubres ou perigosas.

Esse é o esforço hermenêutico necessário à compatibilização dos parágrafos do art. 75-C com o art. 468, ambos da CLT.

Contudo, em verdade, parece-nos que a harmonização entre os aludidos dispositivos não foi objeto de preocupação por parte do legislador, o qual pretendeu consagrar o teletrabalho como instrumento da empresa para organização do seu espaço físico e processo produtivo e para gestão do pessoal, não como uma opção para o empregado de uma modalidade de trabalho que prestigie algumas das suas escolhas existenciais.

Para alcançar essa conclusão, é interessante cotejar o art. 75-C, §§1º e 2º, da CLT com a disciplina sobre o tema contida no art. 166 do Código do Trabalho de Portugal.

No sistema jurídico português, é direito do empregado exigir seu enquadramento no regime de teletrabalho, desde que compatível com a atividade por ele desempenhada, sem direito de oposição por parte do empregador, nos casos de: a) trabalhador vítima de violência doméstica (art. 195); b) trabalhador com filho com idade até 3 anos.

É interessante destacar, no particular, que a proposta de Estatuto do Trabalho apresentada no Senado Federal em 2018 pretende alterar o cenário legislativo pátrio, conferindo ao empregado um direito subjetivo em extensão mais ampla do que aquela reconhecida no ordenamento português. De fato, de acordo com o texto é "direito do trabalhador passar do regime presencial para o de teletrabalho, quando este seja compatível com a atividade desempenhada e o empregador disponha de recursos e meios para fazê-lo" (art. 111, §1º).[6]

Por fim, deve-se observar que o exercício do *ius variandi* na alteração do regime de teletrabalho para o presencial não é absoluto, devendo ser concretizado em conformidade com a boa-fé objetiva.

Imagine o leitor a situação do empregado que pactua com seu patrão a modificação do regime presencial para o de teletrabalho, com o propósito de exercer suas atividades a partir de outro estado da federação, no qual, por questões familiares, terá de encontrar-se durante os próximos meses ou anos. Ou mesmo hipótese do trabalhador que ajusta a modificação para o regime de teletrabalho e realiza uma série de despesas para a estruturação da sua residência para acomodação do seu labor.

Considere que, após duas semanas da alteração contratual, decide o empregador exercer seu *ius variandi* e determinar o retorno do obreiro ao regime de trabalho presencial, frustrando as expectativas criadas a partir da sua anterior – e recente – manifestação de vontade em que concordou com o desenvolvimento do teletrabalho.

A conduta patronal, em tais casos, sem dúvidas, consiste em abuso de direito (Código Civil, art. 187), violando a proibição do comportamento contraditório, a ensejar a possibilidade de postulação de reconhecimento da invalidade da alteração unilateral ou mesmo a reparação dos prejuízos por ela provocados.

5 Aquisição e manutenção de equipamentos e infraestrutura

Prevê o novo art. 75-D, *caput*, da CLT que as "disposições relativas à responsabilidade pela aquisição, manutenção ou fornecimento dos equipamentos tecnológicos e da infraestrutura necessária e adequada

---

6 Disponível em: https://www25.senado.leg.br/web/atividade/materias/-/materia/133210.

à prestação do trabalho remoto, bem como ao reembolso de despesas arcadas pelo empregado, serão previstas em contrato escrito". Em seu parágrafo único, é estabelecido que as "utilidades mencionadas no *caput* deste artigo não integram a remuneração do empregado".

A leitura do *caput* do citado artigo sugere a possibilidade de livre – questão sempre complexa numa relação social em que uma das partes é, por definição, hipossuficiente – estipulação acerca das despesas com equipamentos e infraestrutura, inclusive com a atribuição ao empregado da responsabilidade por seu custeio total.

O tema é delicado e exige cuidadosa reflexão.

No direito do trabalho, os custos e riscos da atividade econômica recaem sobre o empregador (CLT, art. 2º), que não pode transferi-los aos empregados.

Nessa linha de intelecção, uma primeira interpretação do novo art. 75-D da CLT seria no sentido da impossibilidade de estabelecimento de qualquer responsabilidade do trabalhador em relação às despesas com equipamentos e infraestrutura, admitindo-se apenas a regulamentação quanto à forma de custeio ou fornecimento pelo empregador ou, no máximo, quanto ao procedimento de reembolso das despesas adiantadas pelo trabalhador para fins de aquisição ou manutenção dos instrumentos, procedimento que seria excepcional, ante a intangibilidade salarial (Convenção nº 95 da Organização Internacional do Trabalho).

Nesse sentido, inclusive, foi editado o Enunciado nº 70 da 2ª Jornada de Direito Material e Processual do Trabalho, com o seguinte teor: "O contrato de trabalho deve dispor sobre a estrutura e sobre a forma de reembolso de despesas do teletrabalho, mas não pode transferir para o empregado seus custos, que devem ser suportados exclusivamente pelo empregador. Interpretação sistemática dos artigos 75-D e 2º da CLT à luz dos artigos 1º, IV, 5º, XIII e 170 da Constituição da República e do artigo 21 da Convenção 155 da OIT".

A mesma lógica é acompanhada pelo texto da proposta de Estatuto do Trabalho apresentada no Senado Federal em 2018, prevendo que é "do empregador a responsabilidade pela aquisição, manutenção ou fornecimento dos equipamentos e da infraestrutura necessária e adequada à prestação do trabalho remoto, bem como pelo reembolso de despesas arcadas pelo empregado" (art. 112, *caput*).[7]

Sem dúvidas, o custeio total das despesas com equipamentos e infraestrutura pelo trabalhador está proscrito no ordenamento brasileiro,

7 Disponível em: https://www25.senado.leg.br/web/atividade/materias/-/materia/133210.

por importar em transferência dos custos e riscos da atividade econômica do empregador, bem como em vulneração à intangibilidade salarial.

Entretanto, parece-nos que há uma situação intermediária a autorizar alguma modalidade de compartilhamento das despesas entre trabalhador e empresa, sem que isso represente violação aos princípios do direito do trabalho.

Conquanto os arts. 75-A a 75-E da CLT não estabeleçam como cláusula contratual obrigatória no teletrabalho a referente à destinação dos equipamentos utilizados pelo obreiro,[8] é altamente recomendável que conste do contrato a sua finalidade, nomeadamente em relação à possibilidade de seu uso para atividades não relacionadas ao trabalho, a fim de que sejam evitadas – ou, ao menos, reduzidas – futuras controvérsias.

É possível, por exemplo, que o empregado tenha interesse na utilização da conexão de internet com maior capacidade, disponibilizada pelo empregador para a realização das suas tarefas, para fins de aproveitamento por ele próprio e por sua família. É possível, também, que interesse ao trabalhador a utilização de moderníssimo equipamento de informática (a exemplo de uma impressora 3D), concedido em razão do contrato de trabalho, com o propósito de desenvolvimento de atividades particulares – profissionais, inclusive, desde que não se constituam em ato de concorrência e não tenha sido fixada proibição contratual quanto a essa destinação.

Em tais casos, parece-nos possível a pactuação do compartilhamento das despesas com os equipamentos e infraestrutura, desde que não seja transferida, na prática, a totalidade ou quase totalidade dos custos ao trabalhador.

Na repartição das despesas, deve-se levar em consideração que, em regra, quanto mais elevado o custo do equipamento ou da infraestrutura ou mais específicas as suas características, menos provável seria sua aquisição por parte do trabalhador para o desenvolvimento de suas atividade particulares, sendo razoável que o empregador seja responsável por arcar com parcela substancial do investimento em aquisição e manutenção.

---

8 A questão possui disciplina específica no art. 168, itens 2 e 3, do Código do Trabalho de Portugal: "2 - O trabalhador deve observar as regras de utilização e funcionamento dos instrumentos de trabalho que lhe forem disponibilizados. 3 - Salvo acordo em contrário, o trabalhador não pode dar aos instrumentos de trabalho disponibilizados pelo empregador uso diverso do inerente ao cumprimento da sua prestação de trabalho".

Naturalmente, havendo cláusula contratual que vede sua utilização para finalidade diversa da realização das atividades inerentes ao vínculo empregatício, caberá exclusivamente ao empregador a responsabilidade pelas despesas, sendo nulo o ajuste em sentido diverso (CLT, art. 9º).

Aqui, dois aspectos merecem consideração.

O primeiro deles diz respeito aos equipamentos ou à infraestrutura com finalidade ergonômica ou, de modo geral, atrelados à preservação da higidez do ambiente de trabalho. Em linha de princípio, compete ao empregador o seu custeio, em conformidade com o disposto no art. 21 da Convenção nº 155 da OIT: "As medidas de segurança e higiene do trabalho não deverão implicar nenhum ônus financeiro para os trabalhadores".

Todavia, se deles o trabalhador fizer uso para outras atividades, desvinculadas do contrato de emprego, parece-nos possível a adoção da solução anteriormente mencionada, com o estabelecimento de alguma modalidade de compartilhamento das responsabilidades pela aquisição e manutenção.

O segundo ponto refere-se à utilização, pelo trabalhador, da sua própria energia elétrica ou da sua própria conexão de internet para o desempenho das tarefas decorrentes do contrato.

Não é dado ao empregador considerar tal uso como uma benesse para si ou como uma espécie de "contraprestação" por haver "concedido" ao obreiro a possibilidade de laborar no regime de teletrabalho.

No período destinado ao trabalho, esses insumos são indispensáveis à concretização dos objetivos empresariais, não podendo seu custeio ser transferido ao empregado, sob pena de violação à Convenção nº 95 da OIT e ao art. 2º da CLT.

Se não for possível determinar o tempo de duração do trabalho para fins de quantificação do valor correspondente ao período de utilização da energia elétrica e da internet do próprio trabalhador para a realização das suas tarefas, deverá ser estabelecida uma estimativa razoável, que será observada para reembolso ao empregado.

Interessa-nos ainda a questão da responsabilidade quanto às despesas com equipamentos e infraestrutura nas hipóteses em que, inobservado o disposto no art. 75-D celetista, não houver previsão contratual sobre a matéria.

No Código do Trabalho de Portugal, a solução adotada foi a adoção da presunção no sentido de que o custeio recairia sobre o empregador, de acordo com seu art. 168, item 1, *in verbis*: "Na falta de estipulação no contrato, presume-se que os instrumentos de trabalho respeitantes a tecnologias de informação e de comunicação utilizados pelo trabalhador pertencem ao empregador, que deve assegurar as respetivas instalação e manutenção e o pagamento das inerentes despesas".

No Brasil, inexiste correspondente previsão. Contudo, a resposta deve ser idêntica à consagrada no ordenamento português, seja em razão da regra geral de responsabilidade do empregador em relação aos ônus da atividade econômica (CLT, art. 2º), seja em virtude da possibilidade de invocação do direito comparado (CLT, art. 8º) quando compatível com a principiologia do sistema jurídico pátrio, como ocorre no presente caso.

Por fim, é importante destacar que eventuais falhas em equipamentos, sistemas operacionais ou meios de comunicação que redundem em atraso na prestação dos serviços não podem ser imputados ao trabalhador – ressalvada, naturalmente, a hipótese de o próprio obreiro, embora adequadamente treinado, haver provocado a falha –, sob pena, também aqui, da transferência dos riscos da atividade econômica ao empregado.

6 Considerações finais

O teletrabalho consiste em uma modalidade de trabalho a distância caracterizada pela prestação de serviços com intensa utilização de recursos de tecnologia da informação.

A Lei nº 13.467/17 buscou regulamentar o tema no direito pátrio, mas, como visto, diversos são os questionamentos e as lacunas surgidos a partir da novel legislação.

Compete, agora, à doutrina e à jurisprudência o oferecimento dos seus melhores esforços para a construção de soluções seguras para os desafios impostos pelos impactos da evolução tecnológica sobre o mundo do trabalho.

Informação bibliográfica deste texto, conforme a NBR 6023:2018 da Associação Brasileira de Normas Técnicas (ABNT):

PAMPLONA FILHO, Rodolfo; FERNANDEZ, Leandro. Reflexões em torno do regime jurídico do teletrabalho. *In*: TUPINAMBÁ, Carolina (Coord.). *As novas relações trabalhistas e o futuro do Direito do Trabalho*: as novidades provenientes de leis trabalhistas recentes. Belo Horizonte: Fórum, 2021. (Coleção Fórum as novas relações trabalhistas e o futuro do Direito do Trabalho. Tomo II.). p. 233-246. ISBN 978-65-5518-120-3.

PRIMEIRAS IMPRESSÕES SOBRE A REGULAMENTAÇÃO DO REGIME DE TELETRABALHO NO BRASIL

CARLOS AUGUSTO PINTO DE VASCONCELLOS JUNIOR

1 Inserção do teletrabalhador no capítulo II, título II, da CLT, que trata da duração do trabalho

A Lei nº 13.467/2017 alterou a Consolidação das Leis do Trabalho (CLT) a fim de "adequar" a legislação às novas relações de trabalho.

Com as inovações tecnológicas existentes, surgiu a necessidade de regulamentar o regime de teletrabalho, mormente porque as empresas, inclusive as estrangeiras, já estavam contratando empregados no referido regime, sem que existisse legislação exauriente no Brasil.[1]

---

[1] Cite-se, por exemplo, o dispositivo do seguinte julgado: "Acordam os Magistrados integrantes da 2ª Turma do Tribunal Regional do Trabalho da 4ª Região: por maioria, vencido o relator no que refere à determinação de retorno dos autos à origem, dar provimento ao recurso ordinário do demandante para declarar a existência de vínculo de emprego do acionante com a ré no período de 01/03/2008 a 28/02/2013 (data em que despedido sem justa causa), na função de editor e *na modalidade de teletrabalho*, com a determinação

A reforma trabalhista resolveu parcialmente esse impasse ao regulamentar o regime de teletrabalho através da inclusão do capítulo II-A no título II da CLT e do inciso III ao art. 62 da sobredita legislação, conforme será demonstrado ao longo deste artigo.

Antes, porém, é necessário definir o que vem a ser teletrabalho. Pois bem, a definição desse instituto pode ser extraída do *caput* do art. 75-B da CLT, segundo a qual pode ser considerada como a prestação de serviços *preponderantemente* fora das dependências do empregador, *com a utilização de tecnologias de informação e de comunicação*, que, por sua natureza, não se constituem trabalho externo.[2]

O parágrafo único do art. 75-B da CLT acentua que o comparecimento às dependências do empregador para a realização de atividades específicas que exijam a presença do empregado no estabelecimento não descaracteriza o regime de teletrabalho.

Entretanto, embora a regulamentação fosse necessária e a sua inclusão na CLT seja louvável, a nosso ver criou um tratamento diferenciado para iguais e, por conta disso, causará verdadeira insegurança jurídica.

Conforme visto, a reforma trabalhista inseriu o inciso III ao art. 62 da CLT, excluindo do capítulo II, título II, da CLT, denominado *Da duração do trabalho*, os empregados em regime de teletrabalho, através de fundamento inegavelmente contraditório, que será abordado abaixo.

Ocorre que os outros dois empregados excluídos do capítulo da jornada de trabalho, previstos no art. 62, I e II, da CLT, inegavelmente possuem certas peculiaridades, além dos referidos dispositivos legais não possuírem natureza absoluta, até mesmo porque o próprio direito à vida comporta exceção, nos termos do art. 5º, XLVII, "a" c/c art. 84, XIX, ambos da CRFB/88.

O art. 62, I, da CLT excluiu do capítulo da jornada de trabalho os empregados que exercem atividade externa incompatível com a

---

de anotação do contrato laboral na CTPS do reclamante, a ser efetuada pela reclamada, determinando, ainda, o retorno dos autos à Origem para análise dos demais pleitos da inicial, sob pena de supressão de instância, restando prejudicada a análise do restante do apelo do autor" (grifo nosso). Processo: 0000795-89.2013.5.04.0009, Segunda Turma, Relator: Carlos Henrique Selbach, Julgamento: 22 jun. 2017, Publicação: 29 jun. 2017. Disponível em: https://pje.trt4.jus.br/visualizador/pages/conteudo.seam?p_tipo=2&p_grau=2&p_id=izGGVKUhcmrfN5%2F5oMAy%2Bw%3D%3D&p_idpje=Vra1eK9Zn%2BU%3D&p_num=Vra1eK9Zn%2BU%3D&p_npag=x. Acesso em: 01 nov. 2017.

2 A definição de teletrabalho pode ser realizada, ainda, da seguinte forma: "De origem etimológica grega, tele significa a distância. O teletrabalho é modalidade especial de trabalho a distância" (BARROS, Alice Monteiro de. *Contratos e regulamentações especiais de trabalho*: peculiaridades, aspectos controvertidos e tendências. São Paulo: LTr, 2008. p. 512).

fixação de horário de trabalho, desde que tal condição seja anotada na Carteira de Trabalho e Previdência Social e no registro de empregados. Do mesmo modo, o art. 62, II, da CLT excluiu do capítulo da jornada de trabalho os gerentes, assim considerados os exercentes de cargos de gestão, que se equiparam, para efeito do disposto neste artigo, aos diretores e chefes de departamento ou filial.

O inciso II do art. 62 deve ser lido e interpretado em conjunto com o parágrafo único do sobredito dispositivo legal, pois, conforme será demonstrado abaixo, eles se complementam. Veja-se: "O regime previsto neste capítulo será aplicável aos empregados mencionados no inciso II deste artigo, quando o salário do cargo de confiança, compreendendo a gratificação de função, se houver, for inferior ao valor do respectivo salário efetivo acrescido de 40%". Ou seja, a exclusão desses empregados foi motivada porque o primeiro, previsto no art. 62, I, da CLT, realiza o seu trabalho com incompatibilidade de fiscalização da jornada de trabalho; e o segundo, previsto no art. 62, II, da CLT, exerce cargo de gestão e se confunde com os sócios, pois possui poderes para fiscalizar os demais empregados e não é fiscalizado.[3]

A "reforma trabalhista" criou uma terceira espécie de exclusão do capítulo II, título II, da CLT, prevista no inciso III do art. 62 da CLT, qual seja: o teletrabalhador.

Cremos, no entanto, que a decisão pela inclusão do teletrabalhador no referido capítulo II deva ser analisada no caso concreto, conforme a possibilidade ou não de fiscalização da jornada de trabalho, como ocorre com o trabalhador externo.

Porém, o legislador, ao inserir o inciso III no art. 62 da CLT, tentou milagrosamente afastar essa hipótese, em contradição ao que havia mencionado quanto à garantia aos teletrabalhadores à percepção de todos os direitos que lhes são devidos e, ainda, em relação à própria possibilidade de fiscalização da jornada de trabalho, pois os meios telemáticos evoluíram consideravelmente nos últimos anos e, hoje em dia, é possível a fiscalização até mesmo de maneira mais incisiva do que aquela realizada presencialmente.[4]

---

[3] Em relação aos referidos incisos, cabe consignar que, "para que se apliquem as regras daquele artigo (62 da CLT), é preciso que o empregador *não* possa (no caso dos empregados externos) ou pelo menos *não* deva (no caso dos gerentes) exercer o controle, sob pena de inviabilizar ou no mínimo prejudicar o andamento dos serviços" (VIANA, Márcio Túlio. *In*: RENAULT, Luiz Otávio Linhares e outro (Coord.). *O que há de novo em direito do trabalho*. São Paulo: LTr, 1997. p. 87).

[4] Quanto à fiscalização, imperioso destacar que "o excesso de conectividade nas relações de trabalho está ligado diretamente ao volume de labor a ser desenvolvido diariamente. Os

Ao que parece, até mesmo pelos fundamentos extraídos dos incisos I e II do art. 62 da CLT, o legislador presumiu que fosse inviável a fiscalização da jornada de trabalho pelo empregador dos empregados submetidos ao regime de teletrabalho, sendo este um fundamento com o qual não concordamos, pois, conforme mencionado anteriormente, nenhuma lei possui natureza absoluta, inclusive esse dispositivo legal.

Entretanto, após a leitura atenta do parecer substitutivo emitido em relação ao Projeto de Lei nº 6.787/2016, a compreensão mudou de figura. Isso porque o próprio relator do projeto na Câmara dos Deputados, deputado federal Rogério Marinho,[5] consignou, inclusive, que a norma serviu tão somente para reduzir os custos das empresas, estabelecendo garantias mínimas para afastar o risco de fiscalização ou condenação judicial. Senão, vejamos:

> *O fato é que é inegável o impacto positivo que o teletrabalho pode trazer para empregadores*, empregados e até mesmo para a sociedade como um todo. *Isso porque ele proporciona redução nos custos da empresa*, maior flexibilidade do empregado para gerenciar o seu tempo, otimizando o equilíbrio entre o seu tempo de trabalho e de convivência com a família, *aumento da produtividade*, diminuição do número de veículos circulantes nas cidades, em suma, traz mais qualidade de vida para as pessoas. *O empregado pode gerar resultados mais efetivos com o teletrabalho do que se estiver fisicamente na sede da empresa.*
>
> Há que se considerar que *o desenvolvimento tecnológico atual permite a realização de tarefas independentemente de onde o trabalhador esteja, diante da alta conectividade e dos recursos que permitem o acesso remoto e seguro aos dados empresariais, sendo possível o envio de e-mails, o acesso de arquivos que se encontrem na empresa, a realização de reuniões por teleconferência, ou seja, instrumentos suficientes para que o trabalho seja realizado sem quaisquer comprometimentos.*
>
> Note-se que o fato de o empregado estar em local distinto da sede da empresa não retira a responsabilidade do empregador, *o que fica evidente a partir da redação do art. 6º da CLT*, na redação que lhe foi dada pela Lei nº 12.551, de 15 de dezembro de 2011, segundo o qual "*não se distingue*

---

meios informatizados – vinculados a uma atividade de trabalho – ainda que, potencialmente, possam estabelecer maior flexibilidade na rotina do trabalhador, ampliam, sobremaneira, a possibilidade de fiscalização do trabalho diário do mesmo" (MELO, Sandro Nahmias. Teletrabalho, controle de jornada e direito à desconexão. *Revista LTr*, São Paulo, ano 81, n. 09, 2017, p. 1.094).

[5] Parecer substitutivo do relator da reforma trabalhista na Câmara dos Deputados. p. 43-44. Disponível em: http://www.camara.gov.br/proposicoesWeb/prop_mostrarintegra?codteor=1544961&filename=SBT+1+PL678716+%3D%3E+PL+6787/2016. Acesso em: 20 set. 2017.

> *entre o trabalho realizado no estabelecimento do empregador, o executado no domicílio do empregado e o realizado a distância, desde que estejam caracterizados os pressupostos da relação de emprego"*, para completar, em seu parágrafo único, que *"os meios telemáticos e informatizados de comando, controle e supervisão se equiparam, para fins de subordinação jurídica, aos meios pessoas e diretos de comando, controle e supervisão do trabalho alheio"*. Assim, resta evidente que a legislação já se antecipou como que esperando pela regulamentação do teletrabalho.
>
> Desse modo, o que se objetiva com a inclusão do teletrabalho em nosso Substitutivo é *estabelecer garantias mínimas para que as empresas possam contratar sob esse regime sem o risco de a Inspeção do Trabalho autuá-las ou a Justiça do Trabalho condená-las por descumprimento das normas trabalhistas,* ao mesmo tempo em que se *garante ao empregado a percepção de todos os direitos que lhes são devidos.*
>
> Nesse contexto, vemos que a adoção do teletrabalho em nosso País já é uma realidade e a sua adoção pela gama enorme de órgãos do poder público mencionados, órgãos de todos os Poderes da República, ressalte-se, vem apenas referendar a atualidade do tema e a necessidade de vê-lo tratado na CLT, visando a conferir segurança jurídica na sua utilização tanto aos empregadores quanto aos empregados.
>
> Na elaboração do Substitutivo, *o primeiro cuidado foi o de excluir os empregados em regime de teletrabalho da abrangência do Título da CLT relativo à duração do trabalho, por intermédio da inclusão de um inciso III ao art. 62 da Consolidação.* Em seguida, incorporamos o Capítulo II-A ao Título II para tratar, especificamente, do teletrabalho, conceituando-o e definindo os direitos e obrigações dos empregados e dos empregadores nesse regime de trabalho. (Grifos acrescidos)

Vê-se, pois, que o próprio relator confessou pelo menos quatro aspectos extremamente importantes no referido parecer, que vão servir de fundamento para a inserção do teletrabalhador no capítulo II, título II da CLT, quais sejam: i) o desenvolvimento tecnológico atual permite a realização de tarefas independentemente de onde o trabalhador esteja, diante da alta conectividade e dos recursos que permitem o acesso remoto e seguro aos dados empresariais; ii) não se distingue entre o trabalho realizado no estabelecimento do empregador, o executado no domicílio do empregado e o realizado a distância, assim como os meios telemáticos e informatizados de comando, controle e supervisão se equiparam, para fins de subordinação jurídica; iii) pretendeu estabelecer garantias mínimas para que as empresas possam contratar sob esse regime sem o risco de a Inspeção do Trabalho autuá-las ou a Justiça do Trabalho condená-las por descumprimento das normas trabalhistas, pois isso proporciona redução nos custos da empresa ao mesmo tempo em que se garante ao empregado a percepção de todos os direitos que lhes são devidos; e, contraditoriamente, iv) o primeiro cuidado foi o de excluir os empregados em regime de teletrabalho da abrangência do título da CLT relativo à duração do trabalho, por intermédio da inclusão de um inciso III ao art. 62 da Consolidação.

Ultrapassada a presente questão, impende consignar que, embora a reforma trabalhista tenha transformado o parágrafo único do art. 4º da CLT em §1º, sem qualquer alteração substancial, e tenha incluído o §2º, estabelecendo hipóteses que não podem ser consideradas, como tempo à disposição do empregador, o *caput* do referido artigo permaneceu inalterado, prevendo que se considera como tempo de efetivo serviço o período em que o empregado esteja à disposição do empregador.

Vale dizer, ademais, que a reforma trabalhista também não alterou a redação do art. 6º da CLT, alterado pela Lei nº 12.551/2011, tendo o relator na Câmara dos Deputados, inclusive, citado o referido dispositivo legal quando da elaboração do parecer substitutivo, conforme mencionado linhas acima. Contudo, o referido dispositivo legal conflita com os artigos que regem o regime de teletrabalho, notadamente com os artigos 62, III, e 75-A da CLT.[6]

Explica-se.

Dispõe o art. 6º da CLT que não se distingue entre o trabalho realizado no estabelecimento do empregador, o executado no domicílio do empregado e o realizado a distância, desde que estejam caracterizados os pressupostos da relação de emprego.

O parágrafo único do art. 6º da CLT foi além ao estabelecer que os meios telemáticos e informatizados de comando, controle e supervisão se equiparam, para fins de subordinação jurídica, aos meios pessoais e diretos de comando, controle e supervisão do trabalho alheio.[7]

---

[6] A possibilidade de controle da jornada de trabalho pelo empregador – de tão evidente – também foi mencionada pela doutrina especializada. Senão, vejamos: "O intérprete não pode perder de vista a fragilidade do art. 62 perante a CF, já destacada acima, tendo sua sobrevivência dependido da atipicidade do trabalho e da incompatibilidade do controle pelo empregador. Mas há ainda um outro grão de sal a ser acrescido a esse raciocínio: o art. 6º da CLT. Por desconhecimento ou pela pressa com que a reforma foi engendrada em 2017, o legislador se esqueceu de reformar o art. 6º da CLT, que havia sido reescrito pela Lei 12.551/2011. E haverá dois aspectos relevantes para extração do art. 6º, em franca rota de colisão com o art. 62, III" (SILVA, Homero Batista Mateus da. *Comentários à reforma trabalhista*. São Paulo: Editora Revista dos Tribunais, 2017. p. 54).

[7] A regulamentação do regime de teletrabalho não pode prejudicar os empregados. Nesse sentido, "os tribunais espanhóis (STSJ de Madrid de 30 de setembro de 1999 – AS. 3321), por exemplo, quando definem pela relação empregatícia do teletrabalhador, realçam que as novas tecnologias não poderão servir de burla à legislação vigente e assimilam a presença física à virtual, destacando que o empregador recebe por meio da *internet* a mesma prestação de

A reforma trabalhista apenas previu que o regime de teletrabalho fosse realizado por empregado, e não trabalhador em geral,[8] equiparando o teletrabalhador ainda mais à regra descrita no art. 6º da CLT. Então, indaga-se: o art. 6º da CLT não se aplicaria aos teletrabalhadores apenas para reduzir os custos das empresas, como mencionado no parecer substitutivo ao projeto que deu origem à reforma trabalhista?[9] Fica a reflexão...

Os tribunais do trabalho aplicavam antes da regulamentação do regime de teletrabalho o art. 6º da CLT, combinado com o art. 62, I, da CLT e com o art. 7º, XIII, da CRFB/88, de modo que a inclusão do teletrabalhador no capítulo da duração do trabalho estava condicionada apenas à possibilidade de fiscalização da jornada de trabalho, assim como ocorre com o trabalhador externo.

Portanto, ao não revogar o art. 6º da CLT, o legislador alterou apenas a previsão legal da presunção relativa, que era aplicada aos teletrabalhadores antes do advento da Lei nº 13.467/2017, prevista no artigo 62, I, passando a considerar, a partir da reforma, o recém-incluído artigo 62, III, ambos da CLT.

A propósito, assim como não era possível aplicar o art. 62, I, da CLT isoladamente, sem fazer a correspondente correlação com o art. 6º da CLT e o art. 7º, XIII, da CRFB/88, também não é possível aplicar o art. 62, III, da CLT de forma isolada. Isso porque a legislação trabalhista deve ser interpretada em sua integralidade, inclusive com

---

serviços que receberia se o empregado estivesse na empresa, sendo idêntico o resultado do trabalho para as partes. Concluem que o avanço tecnológico não poderá implicar retrocesso social, favorecendo a precariedade do emprego" (BARROS, Alice Monteiro de. *Contratos e regulamentações especiais de trabalho*: peculiaridades, aspectos controvertidos e tendências. São Paulo: LTr, 2008. p. 518).

8 Quanto ao vínculo empregatício, cabe mencionar que "o capítulo do teletrabalho tem a virtude de reconhecer a existência dessa atividade como uma forma de relação de emprego – não como trabalho autônomo, eventual ou impessoal – e tem a virtude de admitir que acidentes de trabalho podem ocorrer, portanto, dentro da casa do empregado e não exclusivamente dentro das dependências do empregador" (SILVA, Homero Batista Mateus da. *Comentários à reforma trabalhista*. São Paulo: Editora Revista dos Tribunais, 2017. p. 56).

9 Há vozes afirmando que não. Veja-se: "É preciso refletir se a reforma atinge os fundamentos da República Federativa do Brasil de preservar a dignidade da pessoa humana e atribuir valor social ao trabalho, art. 1º, incisos III e IV da CF/88. Na parte do teletrabalho, não se protege o trabalhador como parte hipossuficiente da relação. Ao contrário, buscou-se livrar o empregador da observância do direito constitucional do trabalhador à proteção da jornada, submetendo-o à uma perigosa hiperconexão digital, sem o correspondente pagamento por parte dos donos da produção, o que é preciso ser alertado à sociedade brasileira" (MELO, Geraldo Magela. *O teletrabalho na nova CLT*. Disponível em: https://www.anamatra.org.br/ARTIGOS/25552-O-TELETRABALHO-NA-NOVA-CLT. Acesso em: 30 out. 2017).

os princípios que alicerçam – ou que deveriam alicerçar – a sua criação e/ou alteração, como no caso da reforma trabalhista.

Dessa forma, a presente controvérsia poderá ser dirimida através dos princípios protetores do direito do trabalho, mediante a aplicação do princípio da norma mais favorável[10] e da primazia da realidade sobre a forma. O primeiro prevê que, no caso de haver conflito entre duas ou mais normas jurídicas vigentes que sejam aplicáveis à mesma situação jurídica, deverá prevalecer a norma mais favorável, enquanto o segundo, por outro lado, é autoexplicativo.[11]

É exatamente o que acontece no caso do teletrabalhador, tendo em vista que existem duas normas conflitantes, em vigor, que podem ser aplicadas neste caso, até mesmo porque a definição extraída do art. 75-B da CLT se amolda perfeitamente aos ditames do art. 6º do referido dispositivo legal, pois tanto o empregado que presta serviços nas dependências físicas da empresa quanto o teletrabalhador são de fato

---

10 Silva, embora não cite expressamente o princípio da norma mais favorável, menciona que, "na verdade, se fôssemos aplicar o art. 6º em todo seu alcance, o art. 62, III, e os arts. 75-A a 75-E ficariam em xeque. Como não se pode promover interpretação que, dentre várias existentes, seja aquela que mais reduza a eficácia da norma, entendemos que a única forma de salvação da reforma de 2017, neste particular, é considerar que o teletrabalho somente retira o direito às horas extras quando for incompatível com o controle de jornada – inacessível, inatingível, inexequível. Não serve como justificativa para cassar as horas extras do empregado o simples desinteresse do empregador, os custos dos aplicativos e programas específicos para a mensuração ou a necessidade de prestação de contas" (SILVA, Homero Batista Mateus da. *Comentários à reforma trabalhista*. São Paulo: Editora Revista dos Tribunais, 2017. p. 55).

11 Digno de nota que os princípios do direito do trabalho não foram alterados pela reforma, pois, se assim fosse, a lógica seria invertida, já que os princípios influenciam a criação e/ou alteração das normas, ainda mais considerando a desigualdade existente na relação de emprego firmada entre empregador (ser coletivo, detentor do capital) e o empregado (ser individual, detentor da mão de obra). Do mesmo modo, impende destacar "que fique bem claro, a Lei nº 13.467/17 não tem dono. Não é uma lei superior às demais. Não faz letra morta da Constituição Federal e dos Tratados Internacionais relativos aos Direitos Humanos e aos Direitos Sociais. Não supera os princípios, conceitos e institutos jurídicos do Direito do Trabalho. Não tem o poder de transformar os juízes em autômatos, desprovidos de consciência e sentimentos, ou de impedir que os juízes cumpram a sua função" (SOUTO MAIOR, Jorge Luiz. *A 'reforma' trabalhista era para retirar direitos, reconhecem os 'donos da bola'*. Disponível em: http://www.jorgesoutomaior.com/blog/a-reforma-trabalhista-era-para-retirar-direitos-reconhecem-os-donos-da-bola. Acesso em: 02 nov. 2017). E, por fim, urge consignar que "violar um princípio é muito mais grave que transgredir uma norma qualquer. A desatenção ao princípio implica ofensa não apenas a um específico mandamento obrigatório, mas a todo o sistema de comandos. É a mais grave forma de ilegalidade ou inconstitucionalidade, conforme o escalão do princípio atingido, porque representa insurgência contra todo o sistema, subversão de seus valores fundamentais, contumélia irremissível a seu arcabouço lógico e corrosão de sua estrutura mestra. Isto porque, com ofendê-lo, abatem-se as vigas que o sustêm e alui-se toda a estrutura nelas esforçada" (MELLO, Celso Antônio Bandeira de. *Curso de Direito Administrativo*. 12. ed. São Paulo: Malheiros, 2000. p. 748).

empregados, sendo certo que o trabalho desempenhado pelo segundo pode ser – e certamente será – fiscalizado através dos meios telemáticos e informatizados de comando, controle e supervisão.

Para facilitar a visualização do problema ocasionado pela reforma trabalhista, trazemos os seguintes exemplos hipotéticos: a) suponha-se, no primeiro caso, que um empregado comum, que não esteja inserido no regime de teletrabalho, é instado fora de seu horário de trabalho e das dependências da empresa para elaborar um relatório, responder *e-mail* ou mensagem de um cliente ou do próprio empregador; b) considere-se, no segundo caso, que um suposto empregado externo trabalhe das 10h às 23h30min, com apenas 30 minutos para refeição e descanso, e o empregador não consiga comprovar a impossibilidade de fiscalização da jornada de trabalho deste trabalhador. Nos dois casos os empregados se beneficiarão dos direitos estabelecidos no capítulo II, título II, da CLT.

Por outro lado, o teletrabalhador, segundo interpretação literal do art. 62, III, da CLT, em situação idêntica ao primeiro exemplo e análoga ao segundo exemplo, anteriormente citados, naquele caso específico, ironicamente não fará jus àquelas parcelas oriundas do capítulo da jornada de trabalho, sem qualquer fundamento coerente – tão somente subversivo, isto é, o estabelecimento de garantias mínimas para afastar o risco de fiscalização ou condenação judicial, com a consequente redução dos custos das empresas – mesmo com a atual redação do art. 6º da CLT.

E pior: o problema ocasionado pela reforma trabalhista ficará ainda mais visível quando o teletrabalhador estiver laborando nas dependências físicas do empregador, através do permissivo consignado no parágrafo único do art. 75-B da CLT.

Ora, não é crível presumir que o empregador deixará de fiscalizar a jornada de trabalho do *empregado* em regime de teletrabalho, ainda mais porque, conforme restou consignado pelo relator da reforma trabalhista, no parecer anteriormente citado, "o desenvolvimento tecnológico atual permite a realização de tarefas independentemente de onde o trabalhador esteja, diante da alta conectividade e dos recursos que permitem o acesso remoto e seguro aos dados empresariais"[12] e, também, pois a reforma autorizou o trabalho *subordinado* nas dependências da

---

[12] Trecho retirado do parecer substitutivo do relator da reforma trabalhista na Câmara dos Deputados. p. 43-44. Disponível em: http://www.camara.gov.br/proposicoesWeb/prop_mostrarintegra?codteor=1544961&filename=SBT+1+PL678716+%3D%3E+PL+6787/2016. Acesso em: 20 set. 2017.

empresa, até mesmo porque, nos dizeres de Malatesta,[13] o ordinário se presume (a fiscalização), e o extraordinário se prova (a impossibilidade de fiscalização).

Por óbvio, o empregador possui meios – e muitos, diga-se de passagem – para fiscalizar o teletrabalhador, e certamente o fará, cobrando a ativação do mencionado empregado a qualquer hora do dia, inclusive fora da jornada constitucional básica de oito horas diárias e quarenta e quatro semanais, e talvez em horário noturno, sem ao menos custear os direitos estabelecidos no capítulo II, título II, da CLT, em desacordo, por exemplo, ao art. 7º, IX, XIII e XVI, da CRFB/88, combinado com art. 6º da CLT.[14] [15]

Nesse viés, cabe consignar que o empregador, através do seu poder diretivo, fiscalizará o labor do empregado submetido ao regime de teletrabalho, inclusive para mensurar os gastos extraordinários decorrentes deste referido regime, como aqueles, por exemplo, com ar-condicionado e energia elétrica, o que ratifica a necessidade de inserção do teletrabalhador no capítulo que trata da duração do trabalho.[16]

Por oportuno, cumpre mencionar alguns exemplos quanto à possibilidade de fiscalização da jornada de trabalho do teletrabalhador: a) sistemas de *login* e *logout*; b) cobrança de metas, com a consequente

---

13 MALATESTA, Nicola Framarino dei. *A lógica das provas em matéria criminal*. p. 132. Disponível em: http://www.ibccrim.org.br/DPE2014/docs/flavio/malatesta.pdf. Acesso em: 20 set. 2017.

14 A possibilidade de fiscalização dos teletrabalhadores pelo empregador também foi enfatizada por Garcia, ao consignar que "o poder de controle do empregador, assim, pode ser exercido por meio de recursos de telefonia e da informática, em especial com a utilização da *internet*" (GARCIA, Gustavo Filipe Barbosa. *Reforma trabalhista*. Salvador: JusPodivm, 2017. p. 94).

15 Ainda quanto à fiscalização, impende destacar que "a *internet* permite, inclusive, aferir o tempo de conexão do terminal do empregado, bem como quando foi acessado pela última vez o teclado. Esse controle revela, sem dúvida, a subordinação jurídica, que poderá estar ainda quando a execução do serviço seja desconectada (*off line*). Tudo irá depender da análise do programa de informática utilizado" (BARROS, Alice Monteiro de. *Contratos e regulamentações especiais de trabalho*: peculiaridades, aspectos controvertidos e tendências. São Paulo: LTr, 2008. p. 517).

16 Melo, ao comentar o regime de teletrabalho a partir do advento da reforma trabalhista, defende que "os teletrabalhadores que sofrerem vigilância dos períodos de conexão, controle de *login* e *logout*, localização física, pausas ou ligações ininterruptas para saber o andamento dos trabalhos, especialmente se de forma periódica, estão enquadrados na disposição do art. 7º da CF/88 e no art. 6º, parágrafo único da CLT e possuem direito à proteção da jornada, inclusive eventuais horas extras" (MELO, Geraldo Magela. *O teletrabalho na nova CLT*. Disponível em: https://www.anamatra.org.br/ARTIGOS/25552-O-TELETRABALHO-NA-NOVA-CLT. Acesso em: 30 out. 2017).

quantificação do trabalho realizado diariamente;[17] c) utilização das próprias regras descritas na Portaria nº 373/2011 do MTE e na Portaria nº 1.510/2009; d) aplicativos[18] ou sistemas que permitem ativação através do celular, *tablet*, *Ipad*, computador etc. ou pela internet com gestão em nuvem;[19] [20] e) controle remoto ao computador do teletrabalhador; e f) *timesheet*.[21]

O empregador poderá, ainda, agendar reuniões através de Skype, vídeo ou audioconferências fora do horário de trabalho dos

---

17 Salienta-se, ainda, que, "se o trabalhador se encontra, por exemplo, em conexão direta e permanente, por meio do computador, com o centro de dados da empresa, o empregador poderá fornecer instruções, controlar a execução de trabalho e comprovar a qualidade e a quantidade de tarefas de forma instantânea, como se o empregado estivesse no estabelecimento do empregador" (BARROS, Alice Monteiro de. *Contratos e regulamentações especiais de trabalho*: peculiaridades, aspectos controvertidos e tendências. São Paulo: LTr, 2008. p. 517).

18 Há menção na internet sobre um aplicativo inovador. A matéria menciona que "o sistema de ponto eletrônico e relógio é desenvolvido por meio de um aplicativo, o Tecbio Web e pode ser utilizado em tablets, smartphones e computadores com câmera. 'No nosso sistema, o ponto eletrônico é batido por meio do celular. Basta o funcionário acionar o aplicativo e tirar uma foto que já ficam registradas a hora, o local em que ele está e ainda a foto dele no local de trabalho. É mais segurança jurídica tanto para o trabalhador, quando para a empresa', contou". Disponível em: https://blogdobg.com.br/potiguar-cria-um-dos-aplicativos-de-ponto-eletronico-mais-modernos-do-mundo/. Acesso em: 30 out. 2017.

19 Disponível em: https://www.metadados.com.br/blog/3-problemas-controle-da-jornada-de-trabalho-remoto-que-ja-tem-solucao/. Acesso em: 20 set. 2017.

20 Quanto ao tema, impende mencionar que "a doutrina (citando Francisco Pérez de Los Cobos e Thibault Aranda, Javier) faz referência a um programa operativo específico (software aplicativo), que permite registrar o tempo de trabalho, bem como pausas, erros, falsas manobras, cadência de trabalho e recebimento de instruções" (BARROS, Alice Monteiro de. Contratos e regulamentações especiais de trabalho: peculiaridades, aspectos controvertidos e tendências. São Paulo: LTr, 2008. p. 517).

21 Através de simples busca na internet, foi possível verificar que *timesheet* "é o termo usado para definir um sistema onde você registra o tempo gasto com cada atividade realizada em seu trabalho diariamente. O sistema é usado para fazer o controle de horas trabalhadas em projetos dentro de uma empresa, facilitando assim, a gestão do tempo da equipe. Originalmente esse apontamento de horas era feito por meio de folhas de papel, porém, atualmente, os métodos mais encontrados são tabelas de excel e softwares de timesheet online, deixando esse processo mais rápido, simples e prático". Disponível em: http://blog.hashtrack.io/afinal-o-que-e-timesheet/. Acesso em: 01 nov. 2017. Ainda quanto ao tema, cabe consignar aresto de acórdão julgado pelo Egrégio TRT-1ª Região (RJ), no qual a reclamada realizava a fiscalização da jornada de trabalho, entre outras formas, também através de *timesheet*, ocasionando o reconhecimento do vínculo empregatício – que, inclusive, este pedido foi mantido pelo TST: "Merece, ainda, destaque o fato incontroverso de utilização, por parte da recorrida, do timesheet (fls. 117/124) - funcionando como espécie de folha de horas em que se resume todas as diligências efetuadas por um determinado utilizador, entre certo intervalo de tempo -, o que acaba por sepultar a autonomia suscitada pela ré" (Processo: 0152800-24.2006.5.01.0010, 10ª Turma, Relatora: Desembargadora Rosana Salim Villela Travesedo, Julgamento: 15 fev. 2012, Publicação: 05 mar. 2012. Disponível em: http://consulta.trtrio.gov.br/portal/downloadArquivoPdf.do?sqDocumento=23645583. Acesso em: 01 nov. 2017).

empregados e, pasmem, não arcar com os direitos previstos no capítulo II, título II, da CLT.

Tanto é assim que o Instituto Brasileiro de Governança Trabalhista (IBGTR)[22] recomenda ao empregador a utilização de controles sistemáticos adequados da jornada de trabalho dos empregados remotos.[23]

Ou seja, o empregador poderá – o que, diga-se de passagem, é o mais aconselhável – estabelecer as regras do regime de teletrabalho em regulamento da empresa, na *intranet*, no contrato de trabalho ou em aditivo contratual, visando se resguardar de uma futura ação trabalhista, como foi recomendado, inclusive, pelo IBGTR.

É facultado ao empregador, seja pessoalmente ou por meio do sindicato patronal, ainda, negociar coletivamente com o sindicato obreiro os aspectos relacionados ao teletrabalho, conforme dicção do art. 611-A, VIII, da CLT, porém essa negociação não poderá ser realizada de modo que os empregados renunciem a direitos constitucionalmente assegurados, como é o caso, por exemplo, da inclusão desses trabalhadores no capítulo II, título II ,da CLT, sob pena de violar, entre outros, o artigo 7º, IX, XIII e XVI, da Constituição da República, os próprios dispositivos previstos no referido capítulo, além dos artigos 4º, *caput*, 6º e 9º da CLT.

E há, ainda, além dos fundamentos anteriormente aduzidos, outros extremamente importantes que devem ser considerados no caso do teletrabalhador, isto é, a limitação temporal do trabalho e o direito à desconexão.

Admitir que o teletrabalhador não fará jus aos direitos estabelecidos no capítulo da duração do trabalho, ainda que fiscalizado, redundará numa ausência de limitação da jornada de trabalho e, consequentemente, também do direito à desconexão, o que viola, além dos dispositivos mencionados anteriormente, também os arts. 6º, 217, §3º, e 227 da CFBR/88.[24]

---

22 Associação civil, sem fins lucrativos, que tem por objetivo congregar especialistas e interessados em governança trabalhista, tanto do Brasil como do exterior, proporcionando-lhes condições de pesquisa e livre debate de ideias; promover seminários, conferências, cursos, congressos, painéis, ciclos e fóruns de debates sobre temas relacionados à governança trabalhista e manter intercâmbio e colaboração com as demais entidades afins, sejam nacionais ou estrangeiras. Disponível em: http://www.ibgtr.com.br/o-ibgtr/. Acesso em: 15 out. 2017.

23 Disponível em: http://www.ibgtr.com.br/trabalho-remoto-x-trabalho-externo/. Acesso em: 20 set. 2017.

24 Quanto ao tema, cabe trazer à colação importante contribuição feita pelo festejado ex-ministro do TST Süssekind, ao defender que "dentre os preceitos que se universalizam visando à proteção do trabalho humano têm lugar de relevo os referentes à limitação do tempo de trabalho. Se as duas principais obrigações resultantes da relação de emprego são o trabalho prestado pelo empregado e o salário pago pelo empregador, torna-se evidente a importância

Quanto à *limitação da jornada de trabalho*, impende consignar que a Segunda Turma do TST, através de acórdão prolatado nos autos do Processo TST-ACPU-AIRR-1362-27.2011.5.15.0093,[25] de relatoria do ministro José Roberto Freire Pimenta, julgado em 05 de abril de 2017 e publicado em 11 de abril de 2017, negou provimento aos agravos de instrumento interpostos pelas partes, mantendo-se o acórdão regional que condenou a reclamada ao pagamento de danos morais coletivos, bem como, entre outros pedidos, para que "abstenha-se de submeter seus empregados a regime de trabalho extraordinário superior ao limite legal de 2 horas diárias, sem qualquer justificativa legal, nos temos do art. 59, c/c art. 61, ambos da CLT".

O referido acórdão consignou que o tribunal *a quo* demonstrou que "a reclamada submetia corriqueiramente seus empregados ao cumprimento de jornada extenuante, acima do limite de horas extras permitidas". Mencionou, ainda, que a "jornada de trabalho excessiva potencializa expressivamente o risco de o empregado sofrer acidente de trabalho ou desenvolver uma doença ocupacional, bem como afeta diretamente no seu convívio social e familiar".

Por outro lado, quanto ao *direito à desconexão*, imperioso mencionar que a Sétima Turma do TST, através de acórdão prolatado nos autos do Processo TST-AIRR-2058-43.2012.5.02.0464,[26] de relatoria do ministro Cláudio Mascarenhas Brandão, julgado em 18 de outubro de 2017 e publicado em 27 de outubro de 2017, negou provimento ao agravo de instrumento empresarial, mantendo-se integralmente o acórdão de

---

do sistema jurídico que impõe limites à duração do trabalho, cujos fundamentos são: a) de natureza biológica, porque elimina ou reduz os problemas psicofisiológicos oriundos da fadiga; b) de caráter social, por ensejar a participação do trabalhador em atividades recreativas, culturais ou físicas, propiciar-lhe a aquisição de conhecimentos e ampliar-lhe a convivência com a família; c) de ordem econômica, porquanto restringe o desemprego e aumenta a produtividade do trabalhador, mantendo-o efetivamente na população economicamente ativa. A relevância do tema justificou, aliás, a inserção do seguinte preceito na Declaração Universal dos Direitos do Homem (N. Y., 1948): 'Art. XXIV – Todo homem tem direito a repouso e lazer, inclusive a limitação razoável das horas de trabalho e a férias remuneradas periódicas'. A limitação do tempo de trabalho contempla vários aspectos: a) jornada normal de trabalho; b) intervalo intrajornada; c) intervalo entre duas jornadas; d) trabalho extraordinário; e) descanso semanal (SÜSSEKIND, Arnaldo. *Direito constitucional do trabalho*. Rio de Janeiro: Renovar, 2010. p. 231-232).

[25] Acórdão prolatado pelo Colendo TST. Disponível em: aplicacao5.tst.jus.br/consultaDocumento/acordao.do?anoProcInt=2015&numProcInt=82520&dtaPublicacaoStr=11/04/2017%20 07:00:00&nia=6882011. Acesso em: 03 nov. 2017.

[26] Acórdão prolatado pelo Colendo TST. Disponível em: http://aplicacao5.tst.jus.br/consultaDocumento/acordao.do?anoProcInt=2014&numProcInt=268717&dtaPublicacaoStr=27/10/2017%2007:00:00&nia=7023411. Acesso em: 03 nov. 2017.

origem, que condenou a reclamada ao pagamento de danos morais por ter violado o direito à desconexão do empregado.

Cumpre colacionar, ainda, as razões que fundamentaram a manutenção do referido acórdão pelo colendo TST, que podem ser aplicadas, sem sombra de dúvidas, aos empregados submetidos ao regime de teletrabalho, senão:

> [...] Não fossem suficientes as argumentações expostas e a sustentação doutrinária do reconhecimento do direito aludido, há que se acrescentar o arcabouço constitucional que ampara o direito ao lazer, com referência expressa em vários dispositivos, a exemplo dos artigos 6º; 7º, IV; 217, §3º; e 227. O direito à desconexão certamente ficará comprometido, com a permanente vinculação ao trabalho, se não houver critérios definidos quanto aos limites diários, os quais ficam atrelados à permanente necessidade do serviço. Resultaria, enfim, em descumprimento de direito fundamental e no comprometimento do princípio da máxima efetividade da Carta Maior.
> Finalmente, a proteção não se limita ao direito interno. Mencione-se, na mesma linha, diversos diplomas normativos internacionais, que, ou o reconhecem de modo expresso, ou asseguram o direito à limitação do número de horas de trabalho, ora destacados: artigos 4º do Complemento da Declaração dos Direitos do Homem (elaborado pela Liga dos Direitos do Homem e do Cidadão em 1936); XXIV da Declaração Universal dos Direitos Humanos, de 1948; 7º do Pacto Internacional Relativo aos Direitos Econômicos, Sociais e Culturais, de 1966; e 7º, "g" e "h" do Protocolo de San Salvador (Protocolo Adicional à Convenção Interamericana Sobre Direitos Humanos em Matéria de Direitos Econômicos, Sociais e Culturais), os dois últimos ratificados pelo Brasil.
> Diante do exposto, mostra-se incontroversa a conduta antijurídica da empresa que violou direito fundamental decorrente de normas de ordem pública. Os danos causados, pela sua natureza *in re ipsa*, derivam na própria natureza do ato e independem de prova. Presente o nexo de causalidade entre este último e a conduta patronal, está configurado o dever de indenizar, razão pela qual permanecem incólumes os dispositivos apontados como violados. [...]

O tema ora abordado é de extrema relevância para simplesmente não haver limitação da jornada de trabalho, direito à desconexão e, ainda, àqueles disciplinados no título II, capítulo II, da CLT, razão pela qual a conclusão, portanto, deve ser a mesma adotada para os trabalhadores externos. Em sendo possível a fiscalização da jornada de trabalho e laborando de forma extraordinária ou noturna, por exemplo, farão jus os empregados aos adicionais de horas extras e noturnos, além de outros previstos no capítulo que trata da jornada de trabalho.

Seguindo a mesma linha de raciocínio, impende colacionar o Enunciado nº 71, aprovado na 2ª Jornada de Direito Material e Processual do Trabalho, realizada em Brasília/DF pela Associação Nacional dos Magistrados da Justiça do Trabalho (ANAMATRA), nos dias 9 e 10 de outubro de 2017, o qual defende o pagamento de horas extras aos teletrabalhadores.[27]

Conclusão diversa, com a devida vênia aos que pensam o contrário, será recepcionada pelo empregador como um cheque em branco, autorizando-o a ativar os teletrabalhadores fora dos seus respectivos horários de trabalho, sem ao menos assumir os custos de sua atividade empresária, como contraditoriamente, repita-se, tentou fazer crer o parecer substitutivo do relator da reforma trabalhista, anteriormente citado. Ou seja, o empregador poderá explorar a mão de obra do teletrabalhador, sem o direito à desconexão e em jornadas extenuantes, embora a possibilidade de fiscalização seja notória e evidente (arts. 374, I e II, do CPC), sem qualquer contrapartida pecuniária.

2 Responsabilidade pelos custos do teletrabalho

O artigo 75-D, *caput*, da CLT assentou que o contrato será firmado apenas de forma escrita e deverá estabelecer a responsabilidade pela aquisição, manutenção ou fornecimento dos equipamentos tecnológicos e da infraestrutura necessária e adequada à prestação do trabalho remoto, bem como o reembolso de despesas arcadas pelo empregado.

Contudo, embora as partes devam negociar os custos do teletrabalho e reembolsos de eventuais despesas suportadas pelo empregado, conforme mencionado no parágrafo anterior, a reforma não tratou especificamente sobre qual das partes contratantes deve suportar os custos e tampouco quais custos são esses.

Pois bem, os empregadores poderão sustentar que não é justo arcarem com os custos do teletrabalho, tendo em vista que o empregado

---

[27] Assim dispõe o Enunciado nº 71: "Teletrabalho: horas extras. São devidas horas extras em regime de teletrabalho, assegurado em qualquer caso o direito ao repouso semanal remunerado. Interpretação do art. 62, III e do parágrafo único do art. 6º da CLT conforme o art. 7º, XIII e XV, da Constituição da República, o artigo 7º, 'E', 'G' e 'H' Protocolo Adicional à Convenção Americana sobre Direitos Humanos em Matéria de Direitos Econômicos, Sociais e Culturais ('Protocolo de San Salvador'), promulgado pelo decreto 3.321, de 30 de dezembro de 1999, e a Recomendação 116 da OIT". Disponível em: http://www.jornadanacional.com.br/listagem-enunciados-aprovados-vis1.asp. Acesso em: 01 nov. 2017.

terá mais "facilidades", pois não precisará permanecer no trânsito corriqueiro das grandes cidades do país, poderá almoçar em casa e também passar "mais tempo" com a sua família.

Defendemos, aqui, que os custos necessários ao desenvolvimento do teletrabalho, desde que excedam as despesas ordinárias do teletrabalhador, devam ser suportados pelo empregador – por exemplo, com computador, *nobreak*, impressora, *toner*, mesa, cadeira, estante, telefone, seguro desses equipamentos, internet, energia elétrica –, pois não é dado ao patrão transferir os custos de sua atividade econômica aos empregados comuns e tampouco aos teletrabalhadores, em decorrência ao princípio da alteridade, extraído do artigo 2º, *caput*, da CLT.[28]

Nesse mesmo sentido caminha o entendimento do ministro do TST Belmonte,[29] ao defender, desde os idos de 2007, que "deve caber aos empregadores a assunção dos gastos com equipamentos e sua instalação".[30]

Ainda na mesma linha de raciocínio, cumpre trazer à colação o Enunciado nº 70, aprovado na 2ª Jornada de Direito Material e Processual do Trabalho, realizada em Brasília/DF pela ANAMATRA, nos dias 9 e 10 de outubro de 2017, que também defende a impossibilidade de transferência do custeio dos equipamentos aos teletrabalhadores.[31]

---

[28] Quanto ao tema, impende consignar que "não obstante certa imprecisão da Lei, nesse tópico, o fato é que a CLT segue a diretriz geral de que os custos e encargos relativos ao contrato empregatício e à prestação de serviços nele contratada cabem ao empregador, ao invés de ao empregado. Isso é o que deflui do próprio conceito de empregador explicitado pela ordem jurídica. De fato, o art. 2º, caput, da CLT, enfatiza ser empregador 'a empresa, individual ou coletiva, que, *assumindo os riscos da atividade econômica*, admite, assalaria e dirige a prestação de serviço' (grifos dos autores). Nesse quadro, a regra do art. 75-D da CLT tem de ser interpretada em harmonia com a regra do art. 2º, caput, da mesma CLT, colocando sob ônus do empregador esses custos inerentes ao trabalho" (DELGADO, Maurício Godinho; DELGADO, Gabriela Neves. *A reforma trabalhista no Brasil*: com os comentários à Lei n. 13.467/2017. São Paulo: LTr, 2017. p. 139).

[29] BELMONTE, Alexandre Agra. Problemas jurídicos do teletrabalho. *Revista LTr*, São Paulo, ano 43, n. 111, 2007, p. 465.

[30] Esse também é o entendimento de Melo, ao consignar que, "em relação ao art. 75-D da CLT, observa-se que não ocorre a transferência para o empregado das despesas relativas à atividade, pois essas são do empregador, pelo princípio da alteridade. Apenas determina-se que o reembolso das despesas deve ser previsto em contrato escrito. Por isso, deve ser disciplinado o prazo para os pedidos de reembolso por parte do trabalhador, os documentos que serão necessários e a disponibilidade de equipamentos e material que podem ser adquiridos ou se o empregador realizará a aquisição diretamente, como prevê claramente o art. 168, item I, do CT de Portugal" (MELO, Geraldo Magela. *O teletrabalho na nova CLT*. Disponível em: https://www.anamatra.org.br/ARTIGOS/25552-O-TELETRABALHO-NA-NOVA-CLT. Acesso em: 30 out. 2017).

[31] Eis o teor do Enunciado nº 70: "*Teletrabalho: custeio de equipamentos*. O contrato de trabalho deve dispor sobre a estrutura e sobre a forma de reembolso de despesas do teletrabalho, mas não pode transferir para o empregado seus custos, que devem ser suportados exclusivamente

Se, por um lado, o teletrabalhador terá essas supostas "facilidades", por outro lado, o empregador deixará de arcar com os custos de uma estrutura física – ao menos do tamanho que precisaria se todos os empregados trabalhassem na sede ou filial da empresa –, com, por exemplo, aluguel, condomínio, água, energia elétrica, IPTU, internet, telefone, mobiliário, computador, *nobreak*, impressora, toner, passagem dos empregados e outros custos necessários ao desenvolvimento de atividades especificas.

No entanto, ainda assim o empregador poderá sustentar que ao menos as despesas arcadas habitualmente pelos teletrabalhadores, como, por exemplo, contas de energia elétrica, internet e telefone, deverão permanecer com eles, e os equipamentos já utilizados em sua rotina diária, como computador e aparelho celular, não devam ser indenizados.

Porém, como o empregado terá de permanecer em casa durante a jornada de trabalho, com o computador, *nobreak* e o ventilador, ar-condicionado[32] ou aquecedor ligados, provavelmente haverá substancial aumento em suas despesas mensais, e apenas a diferença entre as faturas anteriores e o aumento ocasionado pelo teletrabalho deverão ser reembolsados pelo empregador, pois o empregado não poderá ser prejudicado financeiramente com o trabalho remoto.

Contudo, se essa prática for entendida como invasiva, as partes poderão estabelecer um valor fixo mensal, mediante inspeção prévia, sem a necessidade de comprovação documental. Para tanto, o regulamento da empresa, contrato de trabalho ou termo aditivo deverá estabelecer um critério objetivo para a mensuração desses gastos, pois, senão, o empregado utilizará esses equipamentos fora do horário de trabalho e tentará fazer com que os custos sejam suportados pelo empregador, o que não parece ser razoável.

O empregador poderá estipular, seja em contrato, aditivo ou regulamento de sua empresa, uma tabela com a média dos possíveis gastos extraordinários do empregado, exemplificada abaixo:

pelo empregador. Interpretação sistemática dos artigos 75-D e 2º da CLT À luz dos artigos 1º, IV, 5º, XIII e 170 da Constituição da República e do artigo 21 da Convenção 155 DA OIT". (Original grifado). Disponível em: http://www.jornadanacional.com.br/listagem-enunciados-aprovados-vis1.asp. Acesso em: 01 nov. 2017.

32 Apenas para relembrar que em cidades como o Rio de Janeiro, é bastante difícil trabalhar em casa, com a temperatura extremamente elevada, sem nem sequer ligar – e manter ligado ao menos enquanto estiver trabalhando – o ar-condicionado ou, no mínimo, o ventilador.

1 hora de trabalho com ar-condicionado, ventilador ou computador (modelo, marca, ano) ligado.	R$1,00 cada (valor fictício).
44 horas de trabalho com ar-condicionado, ventilador ou computador (modelo, marca, ano) ligado.	R$44,00 cada (valor fictício).
220 horas de trabalho com ar-condicionado, ventilador ou computador (modelo, marca, ano) ligado.	R$220,00 cada (valor fictício).

No caso do telefone celular, a melhor solução é que fique em nome do empregador, sendo também disposto contratualmente os custos e as regras para sua utilização, sob pena de o empregado sofrer descontos no salário pela utilização pessoal, através de critérios objetos e devidamente comprovados, na forma do artigo 462 da CLT.

Temos que o serviço de *internet* – desde que o empregado não possua antes da aceitação do teletrabalho ou que o empregador tenha requerido que o referido serviço seja de maior velocidade – deva ser contratado diretamente pelo empregado e o valor seja reembolsado ou pago pelo empregador, senão o patrão terá controle ainda mais incisivo de todas as atividades que o empregado fizer na *internet* fora do horário de trabalho, inclusive acessos a bancos, *e-mail* pessoal, etc.

Acreditamos, ainda, que a manutenção, suporte e substituição dos equipamentos – sendo estes últimos de propriedade do empregador – utilizados pelo empregado no teletrabalho deverão ficar a cargo do patrão, assim como o contrato ou termo aditivo deverá estabelecer uma indenização relativa à eventual depreciação dos equipamentos de propriedade do empregado, desde que sejam utilizados como instrumentos de teletrabalho. Nesse mesmo viés é o entendimento do ministro do TST Belmonte,[33] ao sustentar, também desde o ano de 2007, que, "por certo, também caberá ao empregador as despesas com o funcionamento e manutenção do equipamento, fornecimento de programas e gastos de energia elétrica".

[33] BELMONTE, Alexandre Agra. Problemas jurídicos do teletrabalho. *Revista LTr*, São Paulo, ano 43, n. 111, 2007, p. 465.

Não é demais relembrar que a Convenção nº 155 da OIT previu, especificamente no artigo 21, que "as medidas de segurança e higiene do trabalho não deverão implicar nenhum ônus financeiro para os trabalhadores".[34]

E mais: o Acordo Marco Europeu sobre Teletrabalho (AMET) também dispõe que, em regra, os custos necessários ao desenvolvimento do teletrabalho devem ser suportados pelo empregador.[35]

A alimentação, de igual modo, também deve permanecer inalterada. Se o empregado tem direito a recebê-la, seja por acordo individual ou coletivo, seja por convenção coletiva, a empresa deverá continuar efetuando o pagamento do benefício, até mesmo, se for o caso, para permanecer se beneficiando dos incentivos fiscais, caso inscrita do Programa de Alimentação do Trabalhador (PAT), instituído pela Lei nº 6.321/1976 e regulamentado pelo Decreto nº 05/1991.

Quanto ao vale-transporte, há de se considerarem duas possibilidades: i) o trabalho fora das dependências do empregador; e ii) o trabalho realizado nas dependências do empregador para a realização de atividades específicas que exijam a presença do empregado, conforme autorizado pelo parágrafo único do artigo 75-B da CLT.

No primeiro caso, não haverá necessidade de o empregador arcar com o vale-transporte, pois o empregado estará fora das dependências do empregador, num local por si escolhido, por meio das tecnologias de informação e de comunicação. No segundo caso, entretanto, o empregador deverá arcar com os valores necessários ao deslocamento do empregado, pois haverá deslocamento entre a residência do empregado e o local de trabalho e vice-versa, conforme dispõe o artigo 1º da Lei nº 7.418/1985.

O empregador poderá persuadir o empregado a usar os seus próprios equipamentos, sem a necessidade de comprar novos ou indenizá-los; porém, essa prática poderá gerar um problema futuro, ou seja, o empregador poderá dispensar o teletrabalhador ou persuadi-lo a fazer acordo de dispensa, realizando o pagamento das verbas rescisórias

---

[34] Disponível em: http://www.ilo.org/brasilia/convencoes/WCMS_236163/lang--pt/index.htm. Acesso em: 01 nov. 2017.

[35] Equipamentos. Todas as questões relacionadas aos equipamentos e os custos são claramente definidos antes de iniciar o trabalho. Como regra geral, o empregador é responsável pelo fornecimento, instalação e manutenção dos equipamentos necessários para o teletrabalho regular, a menos que o teletrabalhador utilize o seu próprio equipamento. Se o teletrabalho é feito regularmente, o empregador cobre os custos diretamente relacionados com esse trabalho, particularmente aqueles relacionados às comunicações. O empregador fornecerá ao teletrabalhador um serviço adequado para o suporte técnico. Citação retirada do livro de ESTRADA, Manuel Martín Pino. *Teletrabalho & Direito*. Curitiba: Juruá, 2014. p. 74.

ou as descritas no artigo 484-A da CLT, no prazo de obsolescência dos equipamentos, sem ao menos indenizá-lo por isso.

Ocorrendo a rescisão do contrato de trabalho, seja através de demissão ou acordo com o empregador, conforme mencionado anteriormente, o empregado ficará com os equipamentos em estado de obsolescência para conseguir novo emprego em regime de teletrabalho, e o empregador, por sua vez, poderá se utilizar dessa prática de maneira sucessiva.

Dessa forma, o contrato ou termo aditivo firmado para que o empregado labore em regime de teletrabalho deverá estabelecer outra indenização em caso de demissão quando os equipamentos de propriedade do empregado estiverem se tornando ou já estiverem obsoletos, de modo a desestimular o patrão a praticar maliciosamente as atividades descritas nos parágrafos anteriores, assim como para evitar que o patrão transfira os riscos do empreendimento ao teletrabalhador.

Quanto à natureza jurídica das parcelas, cumpre mencionar que o parágrafo único do artigo 75-D da CLT previu que as utilidades estabelecidas no *caput* do referido artigo não integram a remuneração do empregado, chancelando o disposto no artigo 457, §2°, da CLT, segundo o qual as importâncias, ainda que habituais, pagas a título de ajuda de custo, auxílio-alimentação, vedado seu pagamento em dinheiro, diárias para viagem, prêmios e abonos não integram a remuneração do empregado, não se incorporam ao contrato de trabalho e não constituem base de incidência de qualquer encargo trabalhista e previdenciário.

Ou seja, as parcelas negociadas entre as partes poderão ser pagas ou reembolsadas pelo empregador, sem a necessidade dessa empresa pagar encargos sobre essas verbas, a não ser que se utilize desse permissivo legal para fraudar parcelas que possuem inegavelmente a natureza salarial, com o disfarce de indenizatórias, nos termos do artigo 9° da CLT.

A responsabilidade pelos custos da atividade empresarial já foi apreciada pelo Poder Judiciário em diversas oportunidades, inclusive em relação às empregadas contratadas como manicures, que poderá servir de norte para eventual ação trabalhista mediante a aplicação da analogia (art. 8° da CLT), tendo a 4ª Turma do TRT-1ª Região, através de acórdão proferido no Processo n° 0000702-52.2011.5.01.0245, julgado em 29.01.2013 e publicado no Diário Oficial do dia 14.02.2013, entendido que a reclamada tem o dever legal de ressarcir à reclamante os valores gastos com a aquisição do material e dos produtos necessários à realização de seu trabalho, uma vez que os riscos do negócio cabem exclusivamente ao empregador (art. 2° da CLT).

3 Aspectos sobre medicina e segurança do trabalho voltados para o regime de teletrabalho

O artigo 75-E da CLT estabeleceu que é dever do empregador instruir os empregados, de forma expressa e ostensiva, quanto às precauções necessárias a fim de evitar doenças e acidentes de trabalho. O empregado, por outro lado, deverá assinar termo de responsabilidade, comprometendo-se a seguir as instruções fornecidas pelo empregador conforme o parágrafo único do artigo 75-E da CLT.

De plano, cumpre relatar que a saúde do trabalhador e a sua segurança, a partir da instauração do trabalho livre e remunerado, têm constituído uma preocupação constante dos estudiosos do direito do trabalho. Um importante aspecto representativo da necessidade dessa reflexão é o trabalho realizado em ambiente e condições de risco, capazes de provocar severas sequelas na boa saúde do empregado.

Pois bem, a Constituição da República prevê que a empresa deve cumprir a sua função social, mas também necessita preencher diversos comandos normativos, *verbi gratia*, a dignidade da pessoa humana e o valor social do trabalho, previstos, respectivamente, no art. 1°, incisos III e IV; a solidariedade, prevista no art. 3°, inciso I; promover a justiça social, a livre iniciativa, a função social da propriedade e a redução das desigualdades sociais, constantes, simultaneamente, do artigo 170, *caput* e incisos III e VII.

Logo em seguida, o artigo 3° da Constituição Federal enumera os objetivos fundamentais da República Federativa do Brasil, razão pela qual a empresa – além de cumprir o seu papel social – deve precipuamente promover o bem de todos os seus empregados, inclusive os teletrabalhadores, em especial quanto à saúde e segurança dos trabalhadores, em estrita observância ao princípio norteador da dignidade da pessoa humana,[36] cumulado também com os princípios da precaução e prevenção.

De outra parte, releva reiterar que o artigo 5°, *caput*, da Constituição da República também garante aos empregados o direito à vida, à

---

[36] Canotilho sustenta que a dignidade da pessoa humana foi consagrada em primeira linha como princípio fundamental, de modo a servir de norte ao intérprete da norma, senão: "Da mesma forma, não foi por acidente que a dignidade não constou no rol de direitos e garantias fundamentais, tendo sido consagrada em primeira linha como princípio (e valor) fundamental, que, como tal, deve servir de norte ao intérprete, ao qual incumbe a missão de assegurar-lhe a necessária forma normativa" (CANOTILHO, J. J. Gomes. *In*: SARLET, Ingo W. e outros. (Coord.). *Comentários à Constituição do Brasil*. São Paulo: Saraiva/Almedina, 2013. p. 124).

liberdade, à igualdade e à segurança. E, ainda, cabe consignar que o *caput* e inciso VI do artigo 170 da Constituição Federal dispõem que a valorização do trabalho humano, de modo a possibilitar a vida digna, deve se pautar, entre outros princípios, na defesa do meio ambiente, incluindo-se neste o do trabalho e, por via de consequência, também o local de teletrabalho.[37]

Em paralelo, a importância do meio ambiente para o Constituinte Originário Brasileiro é tão latente que previu um capítulo específico na Carta Magna, de número VI, denominado "do meio ambiente", para tratar do tema, no qual há um artigo, sob o número 225, que possui seis parágrafos, sendo o primeiro parágrafo subdividido em sete incisos.

A tutela do meio ambiente não é um fim em si mesmo, tendo em vista que o bem maior que se pretende garantir é a qualidade de vida,[38] embora, repita-se, comporte exceções, por exemplo, em caso de guerra declarada, nos termos dos artigos 5º, XLVII, "a" c/c 84, XIX, ambos da Carta Magna.

O direito ao meio ambiente foi inicialmente reconhecido como direito fundamental através da Declaração do Meio Ambiente, que foi utilizada pela Conferência das Nações Unidas em Estocolmo, especificamente em junho de 1972, cujos princípios instituem o prolongamento da Declaração Universal dos Direitos do Homem.[39]

A par disso, impende registrar que os incisos XXII e XXVIII do artigo 7º da Carta Magna preveem determinados direitos aos trabalhadores urbanos e rurais, mormente em relação à diminuição

---

[37] Defende Melo: "Por outro lado, o meio ambiente do trabalho não se restringe ao local de trabalho estrito do trabalhador. Ele abrange o local de trabalho, os instrumentos de trabalho, o modo da execução das tarefas e a maneira como o trabalhador é tratado pelo empregador ou tomador de serviço e pelos próprios colegas de trabalho" (MELO, Raimundo Simão de. *Direito ambiental do trabalho e a saúde do trabalhador*: responsabilidades legais, dano material, dano moral, dano estético indenização pela perda de uma chance, prescrição. 5. ed. São Paulo: LTr, 2013. p. 29).

[38] O que é importante – escrevemos de outra feita – é que se tenha a consciência de que o direito à vida, como matriz de todos os demais direitos fundamentais do homem, é que há de orientar todas as formas de atuação no campo da tutela do meio ambiente. Cumpre compreender que ele é um fator preponderante, que há de estar acima de quaisquer outras considerações, como as de desenvolvimento, como as de respeito ao direito de propriedade, como as da iniciativa privada. Também estas são garantidas no Texto Constitucional, mas, a toda evidência, não podem primar sobre o direito fundamental à vida, que está em jogo quando se discute a tutela da qualidade do meio ambiente. É que a tutela da qualidade do meio ambiente é instrumental, no sentido de que, através dela, o que se protege é um valor maior: a qualidade da vida (SILVA, José Afonso da. *Teoria do conhecimento constitucional*. São Paulo: Malheiros, 2014. p. 543).

[39] SILVA, José Afonso da. *Teoria do conhecimento constitucional*. São Paulo: Malheiros, 2014. p. 542-543.

dos riscos inerentes ao trabalho, através de normas de medicina e segurança do trabalho, bem como no que concerne ao seguro contra a infortunística, financiado pelo empregador.

Digno de nota que o doutrinador Zangrando exemplifica as normas internacionais que tratam da temática segurança e medicina do trabalho,[40] importando citar, sem a pretensão de limitar a matéria, as Convenções nº 155 e 161 da OIT.

Com efeito, o artigo 16, itens 1 e 2, da Convenção nº 155 da OIT dispõe, em breve síntese, sobre a exigência aos empregadores para que os equipamentos, as operações, os processos e o meio ambiente do trabalho estejam seguros e sem riscos para a saúde e segurança dos trabalhadores, inclusive quanto aos agentes e substâncias químicas, físicas e biológicas; enquanto, por outro lado, o artigo 5º da Convenção nº 161 da OIT disciplina como as empresas devem garantir esses direitos na prática.[41]

---

[40] No âmbito do direito internacional do trabalho, diversas são as recomendações e convenções da OIT versando sobre segurança e medicina trabalho. Podemos indicar as seguintes: Convenção nº 16 (Exame Médico de Menores no Trabalho Marítimo); Convenção nº 113 (Exame Médico dos Pescadores); Convenção nº 115 (Proteção contra as Radiações); Convenção nº 120 (Higiene no Comércio e nos Escritórios); Convenção nº 124 (Exame Médico dos Adolescentes para o Trabalho Subterrâneo nas Minas); Convenção nº 125 (Certificado de Capacidade dos Pescadores); Convenção nº 127 (Peso Máximo das Cargas); Convenção nº 134 (Prevenção de Acidentes de Trabalho dos Marítimos); Convenção nº 136 (Proteção contra os Riscos de Intoxicação provocados pelo Benzeno); Convenção nº 139 (Prevenção e Controle de Riscos profissionais causados pelas Substâncias ou Agentes Cancerígenos); Convenção nº 148 (Proteção dos Trabalhadores contra os Riscos Profissionais devidos à Contaminação do Ar, ao Ruído e às Vibrações no Local de Trabalho); Convenção nº 152 (Segurança e Higiene dos Trabalhadores Portuários); Convenção nº 155 (Segurança e Saúde dos Trabalhadores); Convenção nº 161 (Serviços de Saúde do Trabalho); Convenção nº 162 (Utilização do Asbesto com Segurança); Convenção nº 170 (Segurança na Utilização de Produtos Químicos no Trabalho) (ZANGRANDO, Carlos Henrique da Silva. *Resumo do direito do trabalho*. 6. ed. Rio de Janeiro: Trabalhistas, 2003. p. 658).

[41] Artigo 5º da Convenção 161 da OIT: "Sem prejuízo da responsabilidade de cada empregador a respeito da saúde e da segurança dos trabalhadores que emprega, e tendo na devida conta a necessidade de participação dos trabalhadores em matéria de segurança e saúde no trabalho, os serviços de saúde no trabalho devem assegurar as funções, dentre as seguintes, que sejam adequadas e ajustadas aos riscos da empresa com relação à saúde no trabalho: a) identificar e avaliar os riscos para a saúde, presentes nos locais de trabalho; b) vigiar os fatores do meio de trabalho e as práticas de trabalho que possam afetar a saúde dos trabalhadores, inclusive as instalações sanitárias, as cantinas e as áreas de habitação, sempre que esses equipamentos sejam fornecidos pelo empregador; c) prestar assessoria quanto ao planejamento e à organização do trabalho, inclusive sobre a concepção dos locais de trabalho, a escolha, a manutenção e o estado das máquinas e dos equipamentos, bem como, sobre o material utilizado no trabalho; d) participar da elaboração de programas de melhoria das práticas de trabalho, bem como dos testes e da avaliação de novos equipamentos no que concerne aos aspectos da saúde; e) prestar assessoria nas áreas da saúde, da segurança e da higiene no trabalho, da ergonomia e, também, no que concerne aos equipamentos de proteção individual e coletiva; f) acompanhar a saúde dos trabalhadores em relação com

No mesmo sentido, cabe salientar que, conforme o magistério de Barros, "os riscos causados pelo trabalho aliam-se aos riscos surgidos do progresso tecnológico e que, ciente disso, a CLT, desde 1943, dispõe sobre segurança e medicina do Trabalho, no capítulo V, do Título II, do art. 154 ao 201".[42]

Ademais, considerando que a fiscalização e supervisão previstas no artigo 196 da Constituição Federal, em face da previsão trabalhista contida nos artigos 190 e 200 da CLT, são de responsabilidade do Ministério do Trabalho e Emprego, representado pelos auditores-fiscais do Trabalho, o referido ministério aprovou, através da Portaria MTB nº 3.214/1978, as Normas Regulamentadoras (NR) números 1 a 36, aplicáveis ao capítulo V, título II, da referida Consolidação, relativas à segurança e medicina do trabalho.

Em adição, cabe consignar que o empregador tem o dever legal de "cumprir e fazer cumprir as normas de segurança e medicina do trabalho", "instruir os empregados, através de ordens de serviço, quanto às precauções a tomar no sentido de evitar acidentes do trabalho ou doenças ocupacionais", "adotar as medidas que lhes sejam determinadas pelo órgão regional competente" e "facilitar o exercício da fiscalização pela autoridade competente", previstos, respectivamente, nos incisos de I a IV do artigo 157 da CLT.

O empregador deve, ainda de forma exemplificativa, realizar exames médicos prévios e periódicos, às suas expensas, nos termos do artigo 168 da referida legislação e da NR-07 do MTE,[43] colocar "assentos que assegurem postura correta ao trabalhador, capazes de evitar posições incômodas ou forçadas, sempre que a execução da tarefa exija que trabalhe sentado, conforme disposição contida no artigo 199, *caput* da CLT, realizar a análise ergonômica do trabalho, devendo a mesma abordar, no mínimo, as condições de trabalho, conforme

o trabalho; g) promover a adaptação do trabalho aos trabalhadores; h) contribuir para as medidas de readaptação profissional; i) colaborar na difusão da informação, na formação e na educação nas áreas da saúde e da higiene no trabalho, bem como na da ergonomia; j) organizar serviços de primeiros socorros e de emergência; k) participar da análise de acidentes de trabalho e das doenças profissionais". Disponível em: http://www.ilo.org/brasilia/convencoes/WCMS_236240/lang--pt/index.htm. Acesso em: 01 nov. 2017.

42 BARROS, Alice Monteiro de. *Curso de direito do trabalho*. 3. ed. São Paulo: LTr, 2007. p. 1.035.

43 Belmonte defende que "deve caber aos empregadores a assunção dos gastos com equipamentos e sua instalação de acordo com as normas de ergonomia destinadas à prevenção de acidentes do trabalho, provocados por doenças ocupacionais. Como o empregador pode responder pelos acidentes do trabalho, deve ser o maior interessado na observância das normas de segurança e medicina do trabalho" (BELMONTE, Alexandre Agra. Problemas jurídicos do teletrabalho. *Revista LTr*, São Paulo, ano 43, n. 111, 2007, p. 465).

estabelecido nesta Norma Regulamentadora", disposta no item 17.1.2 da NR-17 do MTE.

Ainda quanto à segurança e medicina do trabalho, cabe consignar que o item 17.3 e os subitens da NR-17, referindo-se aos mobiliários dos postos de trabalho, determina "sempre que o trabalho puder ser executado na posição sentada, o posto de trabalho deve ser planejado ou adaptado para esta posição" e, do mesmo modo, também deve atender aos requisitos ali estabelecidos.

Nesse diapasão, urge consignar que as normas de segurança e medicina do trabalho são um direito do empregado, justamente por serem essenciais à sua saúde e à segurança, a fim de que os locais de prestação de serviço sejam fiscalizados, sujeitando ainda os empregadores a adotar medidas preventivas e a fornecer equipamentos que reduzam e/ou eliminem a nocividade à saúde e/ou segurança dos trabalhadores.

É possível verificar, portanto, que transferir a responsabilidade pela fiscalização das normas de Segurança e Medicina do Trabalho para o empregado não eximirá o empregador de sua responsabilidade,[44] como ocorre, por exemplo, quando este deixa de fiscalizar a real utilização do equipamento de proteção individual, até mesmo porque, se o teletrabalhador deixar de utilizá-lo, poderá ser dispensado por justa causa, conforme dispõe o artigo 482, "h", combinado com 158, parágrafo único, "b", ambos da CLT.[45]

Ainda quanto ao tema, urge obtemperar que a 2ª Jornada de Direito Material e Processual do Trabalho aprovou, nos dias 9 e 10 de outubro de 2017, o Enunciado nº 72 da ANAMATRA, sustentando que a mera assinatura do termo de responsabilidade pelo empregado, se comprometendo a cumprir as instruções do empregador, não tem o

---

[44] Nesse viés, imperioso destacar que, "pela lógica do teletrabalho, que estende, em alguma medida, o conceito de meio ambiente do trabalho também para o ambiente privado do trabalhador, pode-se falar, em tese, abstratamente, na possibilidade de responsabilidade empresarial pelos danos da infortunística do trabalho também nesses casos" (DELGADO, Mauricio Godinho; DELGADO, Gabriela Neves. *A reforma trabalhista no Brasil*: com os comentários à Lei n. 13.467/2017. São Paulo, LTr, 2017. p. 139-140).

[45] Assim também dispõe a Súmula nº 289 do Colendo TST: "INSALUBRIDADE. ADICIONAL. FORNECIMENTO DO APARELHO DE PROTEÇÃO. EFEITO (mantida) - O simples fornecimento do aparelho de proteção pelo empregador não o exime do pagamento do adicional de insalubridade. Cabe-lhe tomar as medidas que conduzam à diminuição ou eliminação da nocividade, entre as quais as relativas ao uso efetivo do equipamento pelo empregado". Disponível em: http://www3.tst.jus.br/jurisprudencia/Sumulas_com_indice/Sumulas_Ind_251_300.html#SUM-289. Acesso em: 11 out. 2017.

condão de afastar eventual condenação a título de danos decorrentes do teletrabalho.[46]

A responsabilidade do empregador no caso de doença adquirida pelo empregado no exercício de suas funções laborativas, ora denominada de hérnia lombar de disco (lombociatalgia), no caso do trabalho realizado em domicílio – que pode ser aplicado aos teletrabalhadores por meio da analogia (art. 8º da CLT) –, foi constatada, inclusive por prova pericial, de modo que foi reconhecida a garantia provisória de emprego, assim como a condenação da reclamada ao pagamento de pensão mensal e danos morais pelo Egrégio TRT-02 – SP,[47] sendo mantida pelo Colendo TST.[48]

Importa trazer à baila aresto do referido acórdão, tendo em vista que os temas se interligam, e esta hipótese, sem dúvida alguma, poderá ocorrer aos empregados submetidos ao regime de teletrabalho caso os empregadores não fiscalizem, tanto prévia quanto periodicamente, os respectivos ambientes de trabalho, *in verbis*:

> O D. Juízo de origem acolheu integralmente o laudo pericial, verificando a culpa da ré, na modalidade negligência, porque a reclamante estava "exposta a risco potencial de alterações posturais da coluna vertebral"

---

46 *Teletrabalho: responsabilidade civil do empregador por danos*. A mera subscrição, pelo trabalhador, de termo de responsabilidade em que se compromete a seguir as instruções fornecidas pelo empregador, previsto no art. 75-E, parágrafo único, da CLT, não exime o empregador de eventual responsabilidade por danos decorrentes dos riscos ambientais do teletrabalho. Aplicação do art. 7º, XXII da Constituição c/c art. 927, parágrafo único, do Código Civil. (Original grifado). Disponível em: http://www.jornadanacional.com.br/listagem-enunciados-aprovados-vis1.asp. Acesso em: 01 nov. 2017.

47 Eis o teor da ementa: "TRABALHO EXTERNO, PARTE DELE EM DOMICÍLIO. DOENÇA DO TRABALHO. INDENIZAÇÃO DEVIDA. O art.6º da CLT afasta qualquer possibilidade de distinção entre o trabalho que se realiza no estabelecimento do empregador e aquele executado no domicílio do empregado. Ainda, o artigo 154 do mesmo diploma estabelece que cabe à empresa observar o quanto disposto no Capítulo V ('Da Segurança e da Medicina do Trabalho') em 'todos os locais de trabalho', pelo que o trabalho externo não isenta o empregador do cumprimento do quanto disposto no artigo 157 da CLT. Segue, assim, competindo ao empregador promover ações de orientação e suporte ao trabalhador na prestação do seu trabalho, onde quer que ele se desenvolva, de modo a prevenir doenças decorrentes do labor exercido em proveito do empreendimento. Omitindo-se a empresa, e advindo o dano, é devida a indenização. Recurso patronal a que se nega provimento". Processo: 0121500-47.2007.5.02.0021, Quarta Turma, relator: Desembargador Ricardo Artur Costa e Trigueiros, julgamento: 11 mai. 2010, publicação: 21 maio 2010. Disponível em: http://trtcons.trtsp.jus.br/consulta/votos/turmas/20100511_20100060468_r.htm. Acesso em: 02 nov. 2017.

48 Processo: TST-AIRR-0121500-47.2007.5.02.0021, Quinta Turma, relatora: Ministra Kátia Magalhães Arruda, julgamento: 18 abr. 2012, publicação: 27 abr. 2012. Disponível em: aplicacao5.tst.jus.br/consultaDocumento/acordao.do?anoProcInt=2011&numProcInt=192389&dtaPublicacaoStr=27/04/2012%2007:00:00&nia=5663902. Acesso em: 02 nov. 2017.

bem como porque ela "nunca foi submetida a exames médicos periódicos, a fim de ser diagnosticada a patologia em condições precoces, evitando-se o agravamento da doença" (fls. 204), condenando a ré ao pagamento de indenização da estabilidade provisória, pensão mensal equivalente a 25% dos rendimentos desde a dispensa até os 65 anos da reclamante, e indenização por danos morais no importe de R$30.000,00.

Do mesmo modo, cabe ressaltar que o entendimento também é seguido pelo Egrégio TRT-03 – MG, com uma pequena complementação, ao assentar que o simples fato de o trabalhador laborar em sua residência, de *per si*, não afasta a responsabilidade do empregador quanto às normas de medicina e segurança do trabalho.[49]

Discordamos do acórdão, entretanto, quando menciona "que não há como exigir do empregador, em semelhante circunstância (trabalho em domicílio), a fiscalização cotidiana dos serviços prestados, inclusive quanto à efetiva observância pelo empregado das normas de segurança e medicina", fundamentando a suposta impossibilidade na garantia de inviolabilidade do domicílio, prevista no artigo 5º, XI, da Constituição da República.

Explica-se.

Temos que o local escolhido pelo teletrabalhador é considerado como extensão da empresa e se insere na expressão "em todos os locais

---

[49] EMENTA: INDENIZAÇÃO POR DANOS MORAIS. DOENÇA PROFISSIONAL. CULPA DO EMPREGADOR. EMPREGADO EM DOMICÍLIO. O fato de o empregado trabalhar em domicílio não constitui, por si só, motivo para eximir o empregador da observância das normas de segurança e medicina do trabalho, colocando o trabalhador à margem da proteção legal que deve abranger "todos os locais de trabalho", sem distinção (artigo 154 da CLT). É certo que não há como exigir do empregador, em semelhante circunstância, a fiscalização cotidiana dos serviços prestados, inclusive quanto à efetiva observância pelo empregado das normas de segurança e medicina, mesmo porque a casa é asilo inviolável do indivíduo, ninguém nela podendo penetrar sem o consentimento do morador, salvo em caso de flagrante delito ou desastre, ou para prestar socorro, ou, durante o dia, por determinação judicial, nos termos da garantia estatuída no artigo 5º, inciso XI, da Constituição Federal. Essa particularidade, sem dúvida, constitui elemento que vai interferir na gradação da culpa do empregador em relação a eventual doença profissional constatada, mas não permite isentá-lo do cumprimento de obrigações mínimas, como a de instruir os empregados quanto às precauções a tomar no sentido de evitar acidentes do trabalho ou doenças ocupacionais, nos termos do artigo 157, II, da CLT, além de fornecer mobiliário adequado, orientando o empregado quanto à postura correta (artigo 199 da CLT), pausas para descanso, etc. Verificado o descumprimento dessas obrigações primordiais pelo empregador, em face da sua omissão negligente no tocante aos cuidados com a saúde da empregada, é inegável a sua culpa no surgimento da doença profissional constatada, incidindo sua responsabilidade pela compensação do dano moral sofrido pela obreira. Processo: 00208-2006-143-03-00-2, Turma Recursal de Juiz de Fora, relator: Desembargador Heriberto de Castro, julgamento: 02 set. 2008, publicação: 17 set. 2008. Disponível em: http://as1.trt3.jus.br/consulta/detalheProcesso2.htm. Acesso em: 02 nov. 2017.

de trabalho" prevista no artigo 154 da CLT, como bem apontado no referido acórdão, até mesmo porque, repita-se, o artigo 6º do referido diploma legal não foi revogado pela reforma trabalhista.

Acreditamos, portanto, que a regra de inviolabilidade deva ser mitigada para esse tipo de trabalho e disciplinada contratualmente – seja em contrato ou termo aditivo –, prevendo a possibilidade não apenas de inspeção prévia como também de forma periódica, com a outorga do teletrabalhador, para que não haja problema futuro. Mas, por outro lado, se o empregador deixar de inserir cláusula para esse fim, por óbvio, poderá incluí-la através de aditivo contratual ou até mesmo realizar a inspeção através de concordância verbal do teletrabalhador, sendo justificada através das considerações tecidas abaixo.

Assim, tanto o empregador quanto a SRTE poderão inspecionar o local de trabalho do teletrabalhador, sendo o primeiro o maior interessado e tendo, ainda, o dever legal, pois poderá responder por eventuais infortúnios;[50] e o teletrabalhador, por outro lado, além de ter direito que o ambiente seja inspecionado, também se beneficiará com a fiscalização, pois esse ato tem o condão de evitar a ocorrência de doenças ou acidentes laborais,[51] mas deverão cumprir alguns requisitos para efetuar a sobredita fiscalização.

Porém, como a reforma trabalhista foi omissa, a regra que poderá ser utilizada, mediante a aplicação da analogia (art. 8º da CLT), é aquela

---

50 Estrada, desde os idos de 2007, já defendia essa tese, ao consignar que "o autor do presente trabalho entende com este acórdão (RR-167340-46.2004.5.03.0025, Relator Min. Vieira de Mello Filho) que existe acidente de trabalho e sua respectiva indenização não só no âmbito do teletrabalho como também nos mundos virtuais, nas redes sociais, na convergência tecnológica, na computação em nuvem ou *cloud computing* e a robótica, porque tudo isto é controlado por trabalhadores seja na empresa ou em qualquer lugar que estes escolherem, claro, sempre e quando a empresa permitir, mas salienta-se que o teletrabalhador sendo autônomo também tem direito à indenização por acidente de trabalho como foi dito anteriormente no início do capítulo". E ainda: "O acidente de trabalho pode acontecer no teletrabalho, ou seja, à distância, pois o teletrabalhador tanto subordinado como autônomo estão sujeitos aos riscos decorrentes da relação de trabalho nos lugares onde estiverem, além disso, existe legislação tratando sobre acidentes de trabalho fora do local da empresa, claro, não trata sobre teletrabalho, mas fazendo uma interpretação extensiva é possível de chegar sem nenhum problema aos acidentes de trabalho nesta modalidade laboral e já que é uma execução de serviços usando a internet, é muito viável estender mais ainda a interpretação, envolvendo mundos virtuais, redes sociais, convergência tecnológica, a computação em nuvem ou *cloud computing* e até a robótica" (ESTRADA, Manuel Martín Pino. *Teletrabalho & Direito*. Curitiba: Juruá, 2014. p. 87-88).

51 Vê-se, então que "como decorrência, pode o empregador inspecionar o local de trabalho, mediante prévio aviso, aliás, de acordo com o disposto na Convenção n. 81, da OIT, ratificada pelo Brasil. De igual sorte, poderá a DRT inspecioná-lo, conforme estabelece a Recomendação n. 184, que acompanha a Convenção n. 177". BELMONTE, Alexandre Agra. Problemas jurídicos do teletrabalho. Revista LTr, São Paulo, ano 43, n. 111, 2007, p. 465.

estabelecida para os empregadores domésticos, tendo em vista que o artigo 44 da LC nº 150/2015 inseriu o artigo 11-A na Lei nº 10.593/2002,[52] que trata da possibilidade de fiscalização, por auditor-fiscal do Trabalho, nas dependências do empregador doméstico, desde que ocorra agendamento e entendimento prévios entre a fiscalização e o empregador.[53]

Da mesma forma, agora em âmbito internacional, por exemplo, o Acordo Marco Europeu sobre Teletrabalho – AMET[54] dispõe, de forma absolutamente correta e aqui sintetizada, que, "para evitar a correta aplicação das normas de saúde e segurança, o empregador, os representantes dos trabalhadores e/ou as autoridades competentes têm acesso ao local de teletrabalho, dentro dos limites da legislação e acordos coletivos".

E ainda prossegue: "Se o teletrabalhador trabalha em casa, este acesso está sujeito à notificação prévia e consentimento. O teletrabalhador tem direito a pedir inspeção".

Entendimento diverso, no entanto, inviabilizará a fiscalização por parte do MTE e do empregador, mas, por outro lado, não os eximirão das despesas e indenizações de eventual acidente ou doença laboral,[55] o que não nos parece razoável.

4 Conclusão

A Lei nº 13.467/2017 regulamentou o regime de teletrabalho no Brasil, porém acabou criando um tratamento diferenciado para iguais e,

---

52 Art. 44. A Lei nº 10.593, de 6 de dezembro de 2002, passa a vigorar acrescida do seguinte art. 11-A: "Art. 11-A. A verificação, pelo Auditor-Fiscal do Trabalho, do cumprimento das normas que regem o trabalho do empregado doméstico, no âmbito do domicílio do empregador, dependerá de agendamento e de entendimento prévios entre a fiscalização e o empregador. §1º A fiscalização deverá ter natureza prioritariamente orientadora. §2º Será observado o critério de dupla visita para lavratura de auto de infração, salvo quando for constatada infração por falta de anotação na Carteira de Trabalho e Previdência Social ou, ainda, na ocorrência de reincidência, fraude, resistência ou embaraço à fiscalização. §3º Durante a inspeção do trabalho referida no caput, o Auditor-Fiscal do Trabalho far-se-á acompanhar pelo empregador ou por alguém de sua família por este designado".

53 Do mesmo modo, Batista: "Por fim, resta saber se a fiscalização do trabalho avançará na tese de que a inviolabilidade do lar de ser mitigada quando este deixa de ser ambiente de recato e intimidade e passa a ser a extensão da fábrica. Consideramos salutar a solução encontrada pelo art. 44 da LC 150/2015, para a fiscalização do trabalho dos domésticos, cuja analogia recomendamos" (SILVA, Homero Batista Mateus da. *Comentários à reforma trabalhista*. São Paulo: Editora Revista dos Tribunais, 2017. p. 56).

54 O trecho do Acordo Marco Europeu Sobre Teletrabalho foi retirado da obra de ESTRADA, Manuel Martín Pino. *Teletrabalho & Direito*. Curitiba: Juruá, 2014. p. 76.

55 As despesas a que nos referimos em relação à União Federal são os benefícios previdenciários devidos em caso de acidentes ou doenças laborais, desde que cumpridos os requisitos legais.

por conta disto, causará verdadeira insegurança jurídica. Dessa forma, sendo possível a fiscalização da jornada e ativando-se em jornada extraordinária, fará jus o teletrabalhador ao adicional de horas extras e, se for o caso, aos demais direitos previstos no capítulo que trata da jornada de trabalho, sob pena de violação, aos arts. 6°, 7°, IX, XIII, XVI, 217, §3°, e 227 da CRFB/88 e arts. 4°, *caput*, e 6°, 9° e todo o capítulo II, título II da CLT.

Vale dizer, ademais, que é facultado ao empregador, seja pessoalmente ou por meio do sindicato patronal, negociar coletivamente com o sindicato obreiro os aspectos relacionados ao teletrabalho, conforme dicção do art. 611-A, VIII da CLT, porém esta negociação não poderá ser realizada de modo que os empregados renunciem a direitos constitucionalmente assegurados, sob pena de nulidade.

Os custos necessários ao desenvolvimento do teletrabalho, desde que excedam as despesas ordinárias do teletrabalhador, devem ser suportados pelo empregador, por exemplo, com computador, *nobreak*, impressora, *toner*, mesa, cadeira, estante, telefone, seguro desses equipamentos, internet, energia elétrica, pois não é dado ao patrão transferir os custos de sua atividade econômica aos empregados comuns e tampouco aos teletrabalhadores, em decorrência ao princípio da alteridade extraído do artigo 2°, *caput*, da CLT. Contudo, se essa prática for entendida como invasiva, as partes poderão estabelecer um valor fixo mensal, mediante inspeção prévia, sem a necessidade de comprovação documental. Para tanto, o regulamento da empresa, contrato de trabalho ou termo aditivo deverá estabelecer um critério objetivo para a mensuração desses gastos, pois, senão, o empregado utilizará esses equipamentos fora do horário de trabalho e tentará fazer com que os custos sejam suportados pelo empregador, o que não parecer ser razoável.

A manutenção, suporte e substituição dos equipamentos – sendo estes últimos de propriedade do empregador – utilizados pelo empregado no teletrabalho deverão ficar a cargo do patrão, assim como o contrato ou termo aditivo deverá estabelecer uma indenização relativa à eventual depreciação dos equipamentos de propriedade do empregado, desde que sejam utilizados como instrumentos de teletrabalho.

No caso do telefone celular, a melhor solução é que fique em nome do empregador, sendo também dispostos contratualmente os custos e as regras para sua utilização, sob pena de o empregado sofrer descontos no salário pela utilização pessoal, através de critérios objetos e devidamente comprovados, na forma do artigo 462 da CLT.

O serviço de *internet* – desde que o empregado não possua antes da aceitação do teletrabalho ou que o empregador tenha requerido que o referido serviço seja de maior velocidade – deve ser contratado diretamente pelo empregado e o valor seja reembolsado ou pago pelo empregador, senão o patrão terá controle ainda mais incisivo de todas as atividades que o empregado fizer na internet fora do horário de trabalho, inclusive acessos a bancos.

A alimentação, de igual modo, também deve permanecer inalterada. Se o empregado tem direito a recebê-la, seja por acordo individual ou coletivo, seja por convenção coletiva, a empresa deverá continuar efetuando o pagamento do benefício, até mesmo, se for o caso, para permanecer se beneficiando dos incentivos fiscais conferidos, caso inscrita do Programa de Alimentação do Trabalhador (PAT), instituído pela Lei nº 6.321/1976 e regulamentado pelo Decreto nº 05/1991.

Haverá necessidade de pagamento do vale-transporte apenas quando o teletrabalhador precisar desempenhar atividades específicas que exijam a sua presença física nas dependências do empregador, conforme autorizado pelo parágrafo único do artigo 75-B da CLT, pois haverá deslocamento entre a residência do empregado e o local de trabalho e vice-versa, conforme dispõe o artigo 1º da Lei nº 7.418/1985.

O empregador poderá persuadir o empregado a usar os seus próprios equipamentos, sem a necessidade de comprar novos ou indenizá-los; porém, essa prática poderá gerar um problema futuro, ou seja, o empregador poderá dispensar o teletrabalhador ou persuadi-lo a fazer acordo de dispensa, realizando o pagamento das verbas rescisórias ou as descritas no artigo 484-A da CLT, no prazo de obsolescência dos equipamentos, sem ao menos indenizá-lo por isso.

Ocorrendo a rescisão do contrato de trabalho, seja através de demissão ou acordo com o empregador, conforme mencionado anteriormente, o empregado ficará com os equipamentos em estado de obsolescência para conseguir novo emprego em regime de teletrabalho, e o empregador, por sua vez, poderá se utilizar dessa prática de maneira sucessiva. Dessa forma, o contrato ou termo aditivo firmado para que o empregado labore em regime de teletrabalho deverá estabelecer uma indenização em caso de demissão quando os equipamentos de propriedade do empregado estivem se tornando ou já estiverem obsoletos, de modo a desestimular o patrão a praticar maliciosamente as atividades descritas nos parágrafos anteriores, assim como para evitar que o patrão transfira os riscos do empreendimento ao teletrabalhador.

A natureza jurídica dessas parcelas será indenizatória, conforme os arts. 75-D e 457, §2º, da CLT, salvo se utilizar desse permissivo legal para fraudar parcelas que possuem inegavelmente a natureza salarial, com o disfarce de indenizatórias, nos termos do artigo 9º da CLT.

Em adição, cabe consignar que o empregador tem o dever legal de "cumprir e fazer cumprir as normas de segurança e medicina do trabalho", "instruir os empregados, através de ordens de serviço, quanto às precauções a tomar no sentido de evitar acidentes do trabalho ou doenças ocupacionais", "adotar as medidas que lhes sejam determinadas pelo órgão regional competente" e "facilitar o exercício da fiscalização pela autoridade competente", previstos, respectivamente, nos incisos de I a V do artigo 157 da CLT, sob pena de indenização, na forma do art. 7º, XXII e XXVIII, da CRFB/88.

É possível verificar, portanto, que transferir a responsabilidade pela fiscalização das normas de segurança e medicina do trabalho para o empregado não eximirá o empregador de sua responsabilidade, como ocorre, por exemplo, quando este deixa de fiscalizar a real utilização do equipamento de proteção individual, até mesmo porque, se o teletrabalhador deixar de utilizá-lo, poderá ser dispensado por justa causa, conforme dispõe o artigo 482, "h", combinado com 158, parágrafo único, "b", ambos da CLT.

A regra de inviolabilidade deva ser mitigada para esse tipo de trabalho e disciplinada contratualmente – seja em contrato ou aditivo –, prevendo a possibilidade não apenas de inspeção prévia como também de forma periódica, com a outorga do teletrabalhador, para que não haja problema futuro. Mas, por outro lado, se o empregador deixar de inserir cláusula para esse fim, por óbvio, poderá incluí-la através de aditivo contratual ou até mesmo realizar a inspeção através de outorga verbal do teletrabalhador, sendo justificada através das considerações tecidas abaixo.

Assim, tanto o empregador quanto a SRTE/MTE poderão inspecionar o local de trabalho do teletrabalhador, sendo o primeiro o maior interessado e ainda ter o dever legal, pois poderá responder por eventuais infortúnios; e o teletrabalhador, por outro lado, além de ter direito que o ambiente seja inspecionado, também se beneficiará com a fiscalização, pois esta tem o condão de evitar a ocorrência de doenças ou acidentes laborais, mas deverão cumprir alguns requisitos para efetuarem a sobredita fiscalização.

Porém, como a reforma trabalhista foi omissa, a regra que poderá ser utilizada mediante a aplicação da analogia é aquela estabelecida para os empregadores domésticos, tendo em vista que o artigo 44 da LC nº 150/2015 inseriu o artigo 11-A na Lei nº 10.593/2002, que trata da possibilidade de fiscalização, por auditor-fiscal do Trabalho, nas dependências do empregador doméstico, desde que ocorra o agendamento e o entendimento prévios entre a fiscalização e o empregador.

Informação bibliográfica deste texto, conforme a NBR 6023:2018 da Associação Brasileira de Normas Técnicas (ABNT):

VASCONCELLOS JUNIOR, Carlos Augusto Pinto de. Primeiras impressões sobre a regulamentação do regime de teletrabalho no Brasil. *In*: TUPINAMBÁ, Carolina (Coord.). *As novas relações trabalhistas e o futuro do Direito do Trabalho*: as novidades provenientes de leis trabalhistas recentes. Belo Horizonte: Fórum, 2021. (Coleção Fórum as novas relações trabalhistas e o futuro do Direito do Trabalho. Tomo II.). p. 247-279. ISBN 978-65-5518-120-3.

AUTONOMIA DA VONTADE FRENTE AO DESPORTO DE ALTO RENDIMENTO

CRISTINA RIPARDO

RICARDO MIGUEL

1 Introdução[1]

Assunto que tem frequentado as principais manchetes desportivas da mídia mundial se refere aos casos de atletas transgêneros.[2]

Não se trata da discussão de se reconhecer alguém como homem ou mulher. Mais que isso, a controvérsia é o equilíbrio da competição, coletiva ou individual, por possivelmente haver uma desigualdade decorrente da própria formação genética mais forte no homem que na

---

1 Parte do presente trabalho foi objeto de artigo já publicado no qual foi analisada a questão da idade como direito fundamental e exigências eventualmente discriminatórias: MIGUEL, Ricardo Georges Affonso. Idade como fator de discriminação na formação desportiva sob a ótica luso brasileira. *In:* VARGAS, Angelo (Coord.). *Direito Desportivo*. Temas Transversais. 1. ed. Rio de Janeiro: Autografia, 2017.

2 Disponível em: https://veja.abril.com.br/esporte/caso-tifanny-so-controle-de-testosterona-nao-tira-a-vantagem/. Acesso em: 09 maio 2018.

mulher. Mas o assunto é delicado e não se esgota no desporto. Transcende ramos jurídicos ou mesmo médicos e fisiológicos. Também tem alcance ideológico e sociológico, entre outros.

"O desporto não é uma ilha, é transversal a muitos setores de atividade."[3] Questões relevantes do mundo contemporâneo afetam o desporto, que, mesmo com sua autonomia e especificidade legislativa, sofre interferência de ocorrências sociais que se espalham pelo mundo sem fronteiras cada vez mais rápido.[4]

A problemática em estudo não é nova e era resolvida por medições da quantidade do hormônio testosterona no organismo. Porém, com a possibilidade de reconhecimento legal de outro sexo aliado às doses hormonais compatíveis, a manifestação da vontade da opção sexual ganha extremo relevo, pois é capaz de alterar a sistemática de diferenciação entre os sexos por modalidade desportiva.

Para alguns, essa diferenciação gera uma vantagem indevida no desporto. Para outros, trata-se de uma vantagem como outra qualquer, já que algumas pessoas têm aptidão para uma modalidade de prática desportiva, como, por exemplo, ter braços mais longos ou maior altura.

Sem a pretensão de esgotar qualquer dos temas do estudo, bem como de encontrar solução para a controvérsia, pensamos em trazer para o debate a legitimidade de alguém manifestar livremente a sua vontade na opção sexual, com total autonomia, e assim influenciar o equilíbrio de competições desportivas profissionais de alto rendimento de forma involuntária, naturalmente.

Para tanto, será necessário analisar nos âmbitos brasileiro e norte-americano – dada a diferença de modelos jurídicos – a questão de igualdade de sexos, assim como o sistema de prática de desporto de alto rendimento, observando os princípios de não discriminação e legalidade e, também, a principiologia jusdesportiva do equilíbrio da competição e o *fair play*.

2 Princípio da igualdade e sua aplicação desportiva

O artigo 5º, I, da Constituição da República Federativa do Brasil dispõe que homens e mulheres são iguais em direitos e obrigações, colocando a igualdade de gênero no patamar de direito fundamental.

---

3 MESTRE, Alexandre Miguel. *O Desporto na Constituição Europeia*. Coimbra: Almedina, 2004.

4 MELO FILHO, Álvaro. *Nova Lei Pelé*: avanços e impactos. Rio de Janeiro: Maquinária, 2011. p. 272.

Já no inciso XIII está assegurada a liberdade ao trabalho e ao exercício da profissão.

Considerando a regra prevista na Lei Geral do Desporto de que o atleta profissional é empegado, pois necessário o contrato especial de trabalho desportivo, nos termos do art. 3º, §1º, I, a análise desses dispositivos constitucionais e infraconstitucionais nos leva à conclusão que não se está a tratar de uma inclusão no desporto de alto rendimento. Trata-se de igualdade de gêneros, respeitadas as diferenças para a prática desportiva e no trabalho.

A pessoa tem autonomia total de sua vontade assegurada para escolher sua profissão. Portanto, pode escolher ser um atleta profissional. Tem direito constitucional de acesso ao desporto (art. 217 da CRFB), o que é muito diferente de dizer que tem acesso assegurado ao desporto profissional de alto rendimento.

Esse é exatamente o escopo de abordagem do presente estudo, que se traduz na seguinte indagação: pode uma pessoa se enquadrar no desporto profissional de alto rendimento após livre manifestação de vontade de mudança de gênero?

A igualdade constitucional tem duplo sentido, pois se dirige àquele que elabora a norma, bem como àquele que a interpreta e a aplica. Portanto, os Poderes Legislativo e Executivo, nas suas respectivas atuações, devem obediência ao princípio da igualdade, não podendo dar tratamento distinto a pessoas na mesma situação, não podendo também a autoridade pública aplicar norma que não de forma idêntica a todos que se encontrarem na mesma situação.[5]

O alcance do princípio da igualdade é mais amplo que a aplicação da norma ou sua edição. Na verdade, o interesse público torna a questão de isonomia de tratamento – neste estudo, a igualdade de gênero – uma discussão pertinente em relações públicas ou privadas, de modo a se afastarem distorções de ordem legal ou prática.

Sendo assim, o princípio da igualdade não pode estar restrito à esfera pública. Também é aplicável no âmbito privado quando assim exigir o interesse coletivo e social.

Trata-se da aplicação da doutrina da eficácia horizontal imediata dos direitos fundamentais, uma vez que é possível entender-se que, em casos de repercussão social ou econômica substancial, mesmo em relações privadas, deverá ser observado o princípio de igualdade.[6]

---

[5] MORAES, Alexandre de. *Direito Constitucional*. 23. ed. São Paulo: Atlas, 2008. p. 65.

[6] MORAES, Guilherme Peña de. *Curso de Direito Constitucional*. 9. ed. São Paulo: Atlas, 2017. p. 169-171.

Com efeito, outra não é a situação do desporto de alto rendimento, pois envolve aspecto econômico, já que o esporte há muito deixou de ser apenas uma questão lúdica para se transformar em negócio envolvendo cifras substanciais; bem como repercussão social, principalmente por ser manifestação inclusive assegurada em sede constitucional.

Na seara norte-americana, o princípio antidiscriminatório tem tratamento constitucional por ter como finalidade a prevenção de ofensa a direito de forma injusta ou irracional.[7] Logo, não há sentido discriminar pelo gênero tanto no debate americano como no brasileiro, salvo quando se trata de hipótese de critério sexual objetivo necessário por alguma razão efetiva, que é a discussão deste estudo.

Portanto, o sistema constitucional americano está alinhado com o brasileiro acerca da não discriminação pelo gênero, salvo por razão específica de alguma atividade.

Afinal, o desporto de alto rendimento costuma ser dividido em categorias de gênero masculino e feminino, e isso se dá por características físicas e biológicas, o que será objeto de análise.

O modelo de formação desportiva dos Estados Unidos da América difere do modelo do Brasil, que segue o sistema europeu. Portanto, questões relacionadas à igualdade de gênero no esporte também merecem ser analisadas com observância de premissas constitucionais que tratam da igualdade de gênero e a influência disso na seara desportiva.

A igualdade jurídica se divide em formal e material. A Constituição Brasileira se refere à igualdade formal, que consiste na isonomia entre homens e mulheres.[8]

A igualdade material se refere à desigualdade como um fator de equilíbrio, visto que ela é necessária para algumas situações concretas, quando se vislumbra no tratamento diferenciado uma forma de igualar as desigualdades, buscando justiça no caso concreto. Trata-se da aplicação

---

7 GARVEY, John H.; ALEINIKOFF, T. Alexander; FARBER, Daniel A. *Modern Constitutional Theory*. A Reader. 5. ed. American Casebook Series, p. 461.

8 Nesse sentido, os ensinamentos de Jose Afonso da Silva: "Nossas constituições, desde o Império, inscreveram o princípio da igualdade como igualdade perante a lei, enunciando que, na sua literalidade, se confunde com mera isonomia formal, no sentido de que a lei e sua aplicação tratam a todos igualmente, sem levar em conta as distinções de grupos" (SILVA, Jose Afonso. *Curso de Direito Constitucional Positivo*. 22. ed. São Paulo: Malheiros, 2002. p. 213).

dos ensinamentos de Aristóteles: devemos tratar os iguais igualmente e os desiguais desigualmente, na medida de suas desigualdades.[9]

No cenário desportivo, faz-se necessário analisar a igualdade de gênero nos modelos de formação desportiva dos Estados Unidos da América e do Brasil para, a partir daí, traçar um paralelo entre essas duas realidades, que são bem distintas, mas que, para o fator igualdade de gênero no desporto de alto rendimento, sofrem a mesma influência.

Existem dois modelos de formação de atletas. O europeu – seguido pelo Brasil – e o americano. No primeiro, há relativa intervenção estatal, variando de país para país, e a responsabilidade é cedida para os clubes. No segundo caso, nos Estados Unidos da América, a formação fica a cargo das escolas e universidades. O esporte faz parte da educação e do desenvolvimento humano.

No modelo europeu, em que pese as entidades de prática desportiva invistam em formação de atletas, a competitividade do mercado acarreta uma busca por atletas já profissionalizados e em atividade.

No sistema americano, esses atletas são formados pelas próprias universidades, saindo delas para o profissionalismo em ligas independentes em diversos esportes. Sendo assim, existe uma diferença para o ingresso no mercado profissional de prática desportiva; porém, isso em nada interfere na problemática de opção sexual tardia.

Ao se manifestar autonomamente a vontade de mudança de sexo e efetivar isso, em qualquer dos modelos desportivos a discussão relacionada ao equilíbrio da competição ocorrerá, o que significa dizer que a hipótese em exame é de alcance mundial.

3 Igualdade de gênero

O conhecimento e o aprofundamento científicos do real significado da igualdade de gênero, chamada por muitos de igualdade de sexos, têm sido considerados como base para a construção de uma sociedade afastada de preconceitos e discriminações.

A igualdade de gênero expressa que homens e mulheres devem ostentar os mesmos direitos e deveres dentro da sociedade, visto que ambos possuem os atributos pessoais e legais para realizar suas escolhas

---

9 ARISTÓTELES. Ética a *Nicômaco*. 4. ed. Trad. Edson Bini. São Paulo: EDIPRO, 2014. ISBN 978-85-7283-881-8.

e desenvolverem suas habilidades e potencialidades, sem interferências ou limitações por parte do Estado, no que concerne à identidade sexual.

A ideia atual de gênero leva em conta representações sociais, crenças e valores em torno do sexo biológico. Não há coincidência entre o sexo natural e o gênero, pois este é social. Trata-se da busca pela equivalência social entre os vários gêneros, de direitos e oportunidade entre homens e mulheres.

Neste sentido a Declaração Universal dos Direitos Humanos, que enuncia a igualdade entre seres humanos, assim considerados todos que têm razão e consciência.[10]

No artigo 2º da Carta Universal de Direitos Humanos, a Organização Mundial das Nações Unidas desenvolve a necessidade de serem abolidas quaisquer formas de discriminação entre pessoas, incluindo-se em seu texto, de forma taxativa, a impossibilidade de distinção pelo gênero.[11]

Ao proclamar a Declaração, a ONU determina em seu preâmbulo que os povos e os Estados-Membros componentes devem esforçar-se para alcançar os objetivos descritos na declaração, com vistas a atingirem o desenvolvimento social necessário.[12]

A igualdade desejada tem vários objetivos. Porém, para o presente estudo, devemos considerar a questão privada de acesso ao desporto de alto rendimento, observada a distinção de sexos para a busca de equilíbrio na competição.

A Suprema Corte Americana trata as ações governamentais relacionadas à igualdade de gênero como *intermediate scrutiny* – escrutínio intermediário –, com média importância governamental. Portanto, para

---

10 DECLARAÇÃO UNIVERSAL DOS DIREITOS HUMANOS – ONU – 10.12.1948 – Artigo 1. Todas os seres humanos nascem livres e iguais em dignidade e direitos. São dotados de razão e consciência e devem agir em relação uns aos outros com espírito de fraternidade.

11 DECLARAÇÃO UNIVERSAL DOS DIREITOS HUMANOS – ONU – 10.12.1948 – Artigo 2. Todo ser humano tem capacidade para gozar os direitos e as liberdades estabelecidos nesta Declaração, sem distinção de qualquer espécie, seja de raça, cor, sexo, idioma, religião, opinião política ou de outra natureza, origem nacional ou social, riqueza, nascimento, ou qualquer outra condição.

12 A ASSEMBLÉIA GERAL proclama a presente DECLARAÇÃO UNIVERSAL DOS DIRETOS HUMANOS como o ideal comum a ser atingido por todos os povos e todas as nações, com o objetivo de que cada indivíduo e cada órgão da sociedade, tendo sempre em mente esta Declaração, se esforce, através do ensino e da educação, por promover o respeito a esses direitos e liberdades, e, pela adoção de medidas progressivas de caráter nacional e internacional, por assegurar o seu reconhecimento e a sua observância universal e efetiva, tanto entre os povos dos próprios Estados-Membros, quanto entre os povos dos territórios sob sua jurisdição. Disponível em: http://www.onu.org.br/img/2014/09/DUDH.pdf. Acesso em: 10 maio 2018.

o Tribunal Constitucional Americano, a relevância do tema igualdade de tratamento com base no gênero é intermediária, vale dizer, de média importância, razão pela qual é possível afirmar que pode ou não, dependendo da questão, ser examinado.

Suzana Sherry, Richard Wasserstrom, John Hart e Wendy Willian são estudiosos que analisaram a diferença de gênero entre homens e mulheres e analisaram que as leis americanas dão tratamento distinto a homens e mulheres, com diferentes benefícios, e essa desigualdade de direitos entre homens e mulheres é cultural e involuntária.[13]

Catherine MacKinnon diz que a lei americana usa dois modelos de discriminação: o primeiro baseado na máxima de gosta muito ou não gosta, e o segundo, na diferença de sexos.

Richard Wasserstrom – *racism* e *sexism* – defende que uma sociedade justa e igualitária é aquela que reconhece o indivíduo independentemente do sexo, feminino ou masculino, admitindo a formação familiar por dois adultos sem outra rotulação, mas leis e normas devem pensar nas diferenças psíquicas entre masculino e feminino.

A Constituição Americana data de 1787 e possui emendas posteriores; porém, não prevê a igualdade, tampouco a igualdade entre homens e mulheres. Em 1923, foi apresentada uma emenda, *Equal Rights Amendment*; contudo, não foi aprovada até o momento. Todavia, os EUA nunca ratificaram a Convenção da ONU de 1979 sobre a Eliminação da Discriminação contra a Mulher.

Assim, a igualdade de gênero não tem sido discutida e percebida nos EUA como em outros países. No Brasil, como dissemos acima, a questão já atingiu patamar constitucional e é tratada como direito fundamental. Podemos, destarte, concluir que a discriminação entre homens e mulheres é amplamente combatida, devendo haver tratamento igualitário para homens e mulheres.

Ampliando o debate, do mesmo modo todos os argumentos servem para as demais formas de opção sexual. Sendo assim, cabíveis apenas eventuais diferenciações em decorrência de limitações de atividade, características pessoais.

Vista a questão da igualdade de gênero e do princípio da igualdade, cabe trazer esses institutos para aplicação no âmbito desportivo.

---

[13] *Modern Constitutional Theory*. A Reader, 2010.
Cada autor, a seguir citado, desenvolveu um artigo sobre o tema, na obra *Modern Constitucional Theory*, 5. ed. Thomson West, 2010: Suzada Sherry – *Civil virtue and the femminine voice is constitucional adjucation*; John Hart Elt – *Facilitation the representation of minorities*; Wendy Willinas – *The equality crisis: some refletions on culture courts and feminism*; Catherine Mackinnon – *Difference and dominance on sex discrimination*; e Joan Willians – *Descontructing gender*.

Quando se fala em diferença de sexo, a discussão não é violação à isonomia, mesmo porque esta pressupõe igualdade. Se os sexos são diferentes, o foco é a preterição de alguém em função de alguma diferença decorrente da opção sexual ou de gênero, mas, sem uma justificativa para tal, haverá discriminação.

Não se trata de questão mercadológica, de espaço em igualdade no emprego ou no desporto profissional, que deve ser tratado como um trabalho qualquer. Na verdade, o desporto, ou o direito desportivo, é composto de princípios que devem ser observados para o bom andamento da prática competitiva e o próprio desenvolvimento do esporte como negócio.

E é exatamente pelo respeito ao princípio do equilíbrio da competição, equivalente ao princípio da paridade de armas, que o desporto criou a divisão entre sexos para competições profissionais ou não, questão que é legitimada pelo princípio da especificidade esportiva ou especificidade da lei desportiva.[14]

Ocorre que, com a modernidade e o surgimento de outras modalidades de gênero, de orientação sexual, questionamentos relacionados ao equilíbrio da competição em decorrência de características próprias passaram a ocorrer, já que até hoje o esporte só divide em dois sexos, a despeito de existirem outros gêneros.

A Constituição do Brasil prevê no artigo 5º, *caput*, que todos devem ser tratados da mesma forma pela lei sem distinção de qualquer natureza.

Já tivemos a oportunidade de expressarmos opinião acerca de questões relacionadas à discriminação, diferenciação e princípios da igualdade e legalidade, que aqui também se aplicam.[15]

Na verdade, a se entender como discriminação, a questão da opção sexual não deve ser considerada e fica afastada do cenário jusdesportivo. Contudo, é possível afirmar que há uma finalidade na distinção, na diferenciação por sexo. Existem características celulares, hormonais e biológicas, além da própria segurança dos atletas e do equilíbrio da competição, a sustentar a necessidade de divisão de categorias masculina e feminina.

---

[14] MELO FILHO, Álvaro. *Nova Lei Pelé*: avanços e impactos. Rio de Janeiro: Maquinária, 2011. p. 23.

[15] MIGUEL, Ricardo Georges Affonso. Análise comparativa do critério etário como discriminação nos modelos europeu e americano de formação desportiva. *In*: VARGAS, Angelo (Coord.). *Direito desportivo*: diversidade e complexidade. Belo Horizonte: Casa da Educação Física, 2018. p. 47.

Isso, porém, nunca foi contestado e não está em discussão. O que se contesta hoje é a possibilidade surgida de opção sexual tardia, como casos de transgêneros[16] que optam pela mudança de sexo após a puberdade, trocando, consequentemente, de categoria desportiva.[17] Algumas profissionais do mesmo esporte, assim como médicos, fisiologistas, entre outros, passaram a emitir opiniões a favor e contra a possibilidade de uma atleta trans passar a disputar desporto de alto rendimento de outro sexo diferente daquele do seu nascimento.

De acordo com o regramento do Comitê Olímpico Internacional, não existem restrições a homens trans participarem de competições masculinas,[18] o que é absolutamente razoável e, a nosso sentir, não fere nenhum critério de diferenciação, pois não haverá qualquer impacto de desequilíbrio da competição. Na verdade, impedi-los de participar seria, inclusive, atitude discriminatória, e não de mera diferenciação, já que não haveria finalidade na proibição.

---

16 "Transgénero (português europeu) ou Transgênero (português brasileiro) são pessoas que têm uma identidade de gênero, ou expressão de gênero diferente de seu sexo atribuído. Pessoas transgêneros às vezes são chamadas de transexuais se desejam assistência médica para a transição de um sexo para outro. O transgênero também é um termo abrangente: além de incluir pessoas cuja identidade de gênero é o oposto do sexo atribuído (homens trans e mulheres trans), pode incluir pessoas que não são exclusivamente masculinas ou femininas (pessoas que são genderqueer, por exemplo, bigênero, pangênero, genderfluid ou agênero). Outras definições de transgênero também incluem pessoas que pertencem a um terceiro gênero. Poucas vezes, o termo transgênero é definido de modo amplo para incluir cross-dressers, independentemente de sua identidade de gênero.
Ser transgênero é independente da orientação sexual: as pessoas transgênero podem se identificar como heterossexuais, homossexuais, bissexuais, pansexuais, assexuais etc, ou podem considerar os rótulos convencionais de orientação sexual inadequados ou inaplicáveis". Disponível em: https://pt.wikipedia.org/wiki/Transg%C3%A9nero. Acesso em: 09 maio 2018.

17 Nesse sentido, houve o caso de atleta do voleibol: "Tifanny Abreu ganhou as manchetes nesta semana por quebrar barreiras e se tornar a primeira atleta brasileira transexual a receber liberação para competir entre as mulheres no vôlei. No Brasil, chegou a jogar a Superliga B masculina, por Juiz de Fora e Foz do Iguaçu. Foi para a Europa, onde começou seu processo de transformação. Já como transexual, chegou a jogar entre os homens, na Holanda e na Bélgica.
A transição para assumir o corpo de mulher não foi fácil. Quando ainda jogava na Holanda, Tifanny começou seu tratamento hormonal, em 2013. Após alguns meses, viu sua força de ataque praticamente sumir. Mudou seu estilo de jogo, buscou golpes mais técnicos e se manteve em quadra. Foi quando seu empresário mostrou que o sonho de jogar entre as mulheres era possível, ainda que o caminho fosse longo. Quando finalmente terminou o tratamento hormonal, deu entrada para a mudança de documentação". Disponível em: https://globoesporte.globo.com/olimpiadas/noticia/fisiologista-ve-beneficio-pregresso-mas-coi-abre-espaco-para-transgeneros.ghtml. Acesso em: 09 maio 2018.

18 Disponível em: https://www.huffpostbrasil.com/2018/01/24/transgeneros-tem-de-ser-incluidos-no-esporte-diz-federacao-internacional-de-volei_a_23342720/. Acesso em: 09 maio 2018.

No mesmo regramento, o COI entendeu que mulheres trans devem preencher um rol de quatro requisitos para poderem disputar competições femininas, quais sejam, "declarar ser do gênero feminino (reconhecimento civil que não pode mudar por no mínimo quatro anos para efeitos esportivos); ter nível de testosterona menor que 10 nanomol/l nos 12 meses anteriores ao primeiro jogo; manter o nível de testosterona menor que 10 nanomol/l durante o período elegível para competir; ser submetidas a testes frequentes para monitorar o nível de testosterona".[19]

O COI também não exige a cirurgia de mudança de sexo,[20] como já fez outrora. A Federação Internacional de Voleibol (FIVB) adotou os mesmos critérios.[21]

Aliás, nesse sentido, fundamental observar a decisão do Supremo Tribunal Federal Brasileiro ao declarar em sessão plenária que não se exige a cirurgia de mudança de sexo para se considerar alguém homem ou mulher. Portanto, autorizou a mudança de opção sexual apenas pela via do registro civil, sendo desnecessário realizar cirurgia para tanto.[22]

Ocorre que, como noticiado em casos recentes na imprensa, vieram à tona questionamentos relacionados ao desempenho das atletas trans. Alega-se que, mesmo havendo a vantagem, isso não significa injustiça na inserção da atleta trans no esporte. Não haveria violação às regras do *fair play*.[23]

---

[19] Disponível em: https://www.huffpostbrasil.com/2018/01/24/transgeneros-tem-de-ser-incluidos-no-esporte-diz-federacao-internacional-de-volei_a_23342720/. Acesso em: 09 maio 2018.

[20] Disponível em: https://globoesporte.globo.com/olimpiadas/noticia/fisiologista-ve-beneficio-pregresso-mas-coi-abre-espaco-para-transgeneros.ghtml. Acesso em: 09 maio 2018.

[21] Disponível em: https://www.huffpostbrasil.com/2018/01/24/transgeneros-tem-de-ser-incluidos-no-esporte-diz-federacao-internacional-de-volei_a_23342720/. Acesso em: 09 maio 2018.

[22] O Supremo Tribunal Federal (STF) entendeu ser possível a alteração de nome e gênero no assento de registro civil mesmo sem a realização de procedimento cirúrgico de redesignação de sexo. A decisão ocorreu no julgamento da Ação Direta de Inconstitucionalidade (ADI) nº 4.275, encerrado na sessão plenária realizada na tarde desta quinta-feira (1º).
A ação foi ajuizada pela Procuradoria-Geral da República (PGR) a fim de que fosse dada interpretação conforme a Constituição Federal ao artigo 58 da Lei nº 6.015/1973, que dispõe sobre os registros públicos, no sentido de ser possível a alteração de prenome e gênero no registro civil mediante averbação no registro original, independentemente de cirurgia de transgenitalização. Disponível em: http://www.stf.jus.br/portal/cms/verNoticiaDetalhe.asp?idConteudo=371085. Acesso em: 09 maio 2018.

[23] "No entanto, essa 'vantagem' de ter crescido com níveis masculinos de testosterona não garante que a atleta transexual tenha maior capacidade física do que uma atleta que não teve essa influência do hormônio em seu crescimento. Mesmo nos casos em que tal benefício pregresso resulta em vantagem esportiva, não há injustiça na participação de transgêneros

Na verdade, não se trata de *fair play*. A hipótese é de equilíbrio da competição. O conceito de *fair play* – ou jogo justo em tradução livre – está ligado ao princípio da moralidade desportiva e, por conseguinte, à boa-fé objetiva e subjetiva.

A conduta de todos os envolvidos na prática desportiva deve ser idônea, e é exatamente isso que se verifica no caso dos atletas trans, tanto que, conforme salientado linhas acima, o COI exige que o atleta trans assim se declare.

Portanto, dentro do escopo do presente trabalho, os institutos da boa-fé e do *fair play* estão sendo observados. Mas e quanto ao princípio desportivo do equilíbrio da competição?

Com efeito, a ideia de qualquer participante de uma competição é a de sagrar-se vencedor e, para tanto, superar o seu adversário. Não faz sentido uma vitória um tanto quanto óbvia, quando as forças estão desiquilibradas, quando há uma desigualdade entre os praticantes da modalidade que, por si só, já demonstra o resultado final.[24]

Isso desprestigiaria a vitória, macularia a legitimidade do vencedor em utilizar a coroa de louros, enfim, comprometeria o resultado.

Justamente por conta de uma igualdade teórica na disputa,[25] para que a vitória apenas sobrevenha daquele que teve a vantagem efetiva pelo melhor desempenho, e não por previsibilidade ou desequilíbrio, é que se criam regras,[26] federações (entidades de administração do desporto), a fim de equiparar competidores.[27]

---

no esporte. É o que afirma Cyd Zeigler, autor do estudo 'Fair Play: How LGBT Athletes Are Claiming Their Rightful Place in Sports' (Fair Play: como atletas LGBT estão reinvindicando seu lugar de direito no esporte).

- Todo atleta, seja cisgêneros ou transgêneros, tem vantagens e desvantagens - disse Zeigler. Primeiro atleta transexual a defender a equipe masculina de triatlo dos Estados Unidos, Chris Mosier concorda com Ziegler.

- Há pessoas de todos os tipos e tamanhos. Não desclassificamos o Michael Phelps por ter braços super longos. É apenas uma vantagem competitiva que ele tem no esporte. Não regulamentamos altura na NBA ou na WNBA; ser alto é apenas uma vantagem para o pivô. Desde que o esporte existe, há pessoas que têm vantagens sobre as outras. Um nível universal não existe - afirmou Chris, ao jornal "The Washington Post". *Idem*. Acesso em: 09 maio 2018.

24 MIRANDA, Martinho Neves. *O Direito no Desporto*. Rio de Janeiro: Editora Lumen Juris, 2007. p. 47.

25 *Idem*.

26 Regras constituem elemento de caracterização de uma prática lúdica em esporte, vale dizer, a regra compõe a definição de esporte, é um dos seus elementos constitutivos. Nesse sentido, CASTRO, Luiz Roberto Martins. Conceito e Evolução Sociológica do Esporte. *In*: *Enciclopédia de Gestão, Marketing e Direito Despotivo*. Porto Alegre: INEJE, 2017. ISBN 978-85-66277-03-6, p. 16-17.

27 MIRANDA, *ob. cit.*, p. 47.

Sendo assim, especificidades de quem pratica determinada modalidade desportiva devem ser observadas, de modo que todos os competidores estejam em um mesmo nível na mesma categoria, que, aliás, existe para esse fim. Outro não é o raciocínio para aplicação da máxima aristotélica de igualdade para os desiguais e tratamentos desiguais na medida da desigualdade.[28]

Portanto, o equilíbrio da competição é item essencial para seu sucesso, bem como para o do próprio vencedor.

O que se está a discutir é se a vantagem obtida por uma atleta trans é capaz de desequilibrar a competição, já que existem outros atletas dotados de vantagens de altura, comprimento de braços, que também poderiam desequilibrar competições.

Entendemos que a resposta já vem sendo cunhada com diversos estudos médicos, fisiológicos e algumas medidas. Os recordes mundiais masculinos e femininos em termos de desempenho no atletismo têm uma diferença média de 12%, acreditando-se que essa diferença basicamente decorre da produção de testosterona produzida a partir da puberdade, pois, antes dessa fase, pouca diferença haverá entre homens e mulheres.[29]

Por essa razão, várias federações de esportes, como no *rugby* e no futebol inglês, permitem que atletas trans que se submeteram à alteração de sexo antes da puberdade compitam na categoria do seu gênero atual.[30]

Cada esporte tem sua forma de abordagem da questão: alguns excessivamente restritivos e conservadores, talvez até discriminatórios; outros, mais abertos.

Diante da abordagem jurídica que fizemos, é possível concluir que esportes de contato e esportes em que a força física faz diferença substancial nos índices alcançados devem observar um regramento específico de diferenciação entre masculino e feminino, devendo editar regras para o atleta trans, a fim de preservar o equilíbrio da competição e a segurança dos atletas praticantes.

Isto estaria de acordo com os princípios antidiscriminatórios do sistema americano, ou princípios da igualdade e da legalidade do sistema brasileiro, já que haveria um objetivo específico para a diferenciação, o que leva ao atingimento de uma finalidade. Logo, fica afastada a discriminação.

---

[28] *Idem.*

[29] Disponível em: https://www.twobirds.com/en/news/articles/2016/uk/the-participation-of-trans-athletes-in-sport-a-transformation-in-approach. Acesso em: 10 maio 2018.

[30] *Idem.*

Entretanto, nos esportes em que não fazem diferença os níveis de testosterona, de força física etc., como, por exemplo, a nosso sentir, os esportes eletrônicos, não há razão para diferenciação em categorias por sexo ou tratamento específico para atletas trans.

Os esportes que exigem regulamentação específica para atletas trans deverão fazê-lo de modo a incluir, e não excluir o atleta, o que significa dizer que, salvo se for por vontade própria dos atletas trans, não deverá existir uma terceira liga, uma liga trans de divisão de categoria para a disputa em alto rendimento, porque isso seria discriminar e vai de encontro ao sistema de inclusão no esporte.

Na verdade, é necessário que a igualdade contenha um conceito de valoração, pois só assim se atingirá uma igualdade justa, já que afastadas limitações arbitrárias, que é o que entendemos acontecer na limitação de gênero sexual em modalidades que não levam em consideração força física ou contato. A valoração deverá conter as razões que levam à possibilidade de diferenciação.[31] Exigências arbitrárias, infundadas e puramente discricionárias são discriminatórias e devem ser coibidas.[32]

O mesmo se apresenta no desporto. Se a atleta trans está dentro dos limites exigidos, em princípio não se apresenta razoável e proporcional excluí-la de competições.

Porém, forçoso observar que a diferenciação poderá ter critérios claros e objetivos, como são os critérios mencionados de fisiologia do desporto, por exemplo. Logo, esses tratamentos diferenciados são compatíveis com as regras constitucionais, pois os seus objetivos têm uma finalidade clara e objetiva.[33]

O princípio da igualdade, portanto, deve conter um sistema de controle. Prever métodos de se medir, valorar a igualdade. Eventual diferenciação não decorre da discricionariedade do legislador. São necessários critérios objetivos e compatíveis com o sistema constitucional,[34] como os aqui citados e até agora criados.

---

[31] CANOTILHO, *op. cit.*, p. 577-578.

[32] I - As exigências do princípio da igualdade reconduzem-se à proibição do arbítrio, não impedindo, em absoluto, toda e qualquer diferenciação de tratamento, mas apenas as diferenciações materialmente infundadas, sem qualquer fundamento razoável ou justificação objetiva e racional, como são as baseadas nos motivos indicados no artigo 59.°, n.° 1 da CRP, com reflexo, no âmbito laboral, nos artigos 24.° e 25.° do CT/2009. (...).
Processo: 248/10.0TTBRG.P1.S1, 4ª Secção, Relator: Mário Belo Morgado, Data do Acordão: 18.12.2013.

[33] MORAES, *op. cit.*, p. 37.

[34] CANOTILHO, *op. cit.*, p. 582.

Assim, o princípio da igualdade alcança o legislador, o executor da norma (autoridade pública), bem como o particular – nesse caso, as entidades de administração do desporto, o COI e FIVB, por exemplo.

A questão constitucional de violação a direitos fundamentais decorrente de inobservância do princípio da igualdade em regra, como dissemos, se refere à atuação pura e simples do poder público.

A hipótese aqui por nós tratada é privada, mas de conotação social abrangente, logo, de total interesse coletivo.

Em uma visão restritiva, os direitos fundamentais se referem às relações das pessoas com o Estado ou em sociedade,[35] o que, em tese, afastaria a discussão desportiva da aplicação do regramento constitucional.

Contudo, por aplicação da doutrina da eficácia horizontal direta ou imediata dos direitos fundamentais, é possível estender a aplicação do princípio para as relações privadas,[36] o que é viável em decorrência da vida em sociedades de massa que detêm poder social e econômico.[37]

Trata-se de utilização de mecanismos de contenção de conflitos sociais, de opressão, em razão de um poder social ou econômico estar concentrado nas mãos de poucos.

Outra não é a situação da prática desportiva que tem enorme apelo social e penetração em todas as camadas da sociedade.[38]

É fato que a questão poderia ser solucionada pelo Poder Legislativo, que, não o fazendo, permite um vácuo a ser preenchido pelo Poder Judiciário, se demandado.[39] E foi o que ocorreu com o advento da decisão do Supremo Tribunal Federal brasileiro ao decidir por se considerar a mudança de gênero sem a exigência de cirurgia.

No mesmo sentido aponta o regramento norte-americano, apesar de lá o tratamento jurídico ser bastante diferente, pois as normas constitucionais dirigem-se apenas ao Estado. Entretanto, determinadas condutas particulares podem ser imputadas ao Estado, razão pela qual, nesses casos, o particular deverá observar os limites constitucionais em sede de direitos fundamentais.[40] Pensamos que, justamente por isso, a

---

35 MORAES, Guilherme Peña de. *Curso de Direito Constitucional*. 9. ed. São Paulo: Atlas, 2017. p. 167.

36 *Idem*, p. 169-170.

37 *Idem*, p. 171.

38 SARMENTO, Daniel. *Direitos Fundamentais e Relações Privadas*. 2. ed. Rio de Janeiro: Lumen Juris, 2006. p. 185.

39 *Idem*, p. 186.

40 *Idem*, p. 186-187.

questão desportiva também toca os limites constitucionais de direitos fundamentais.

4 Autonomia da vontade e desporto de alto rendimento

Alguém que opta pela mudança de sexo está praticando um negócio jurídico. Seu objetivo não é apenas o reconhecimento social e o sentimento físico e psíquico, mas também que, como integrante do sexo agora eleito, seja sujeito de direitos e deveres inerentes àquela opção, ao sexo de eleição.

Entretanto, havendo no negócio jurídico um componente de atos meramente lícitos, como dito acima, da opção de mudança de sexo para o mundo jurídico, haverá consequências jurídicas que advirão da lei, independentemente da vontade da pessoa.

Do mesmo modo e com mais razão ainda para o direito desportivo. Quando autonomamente, de forma absolutamente lícita, livre e justa, a manifestação de vontade de mudança de sexo foi efetivada, não houve apenas a troca, por exemplo, do sexo masculino para o feminino.[41] A lei desportiva deverá ser observada, e os efeitos naturais que advêm da lei em razão do ato volitivo, no caso, geram efeitos.

Por força do princípio do equilíbrio da competição na lei desportiva, devendo esta ser respeitada e existindo no arcabouço jurídico como um todo autonomia da vontade na mudança de sexo, gera um efeito na seara jusdesportiva.

Portanto, nos aproximamos da questão posta no início deste estudo. Se a pessoa que manifesta livremente sua vontade em mudar de sexo deve ou não ficar sujeita aos limites da lei desportiva, quando acaba por mudar de divisão de categoria de sexo também na atividade desportiva desempenhada.

A esse respeito, oportuno explicitar que não estamos a tratar de desporto meramente recreacional, nem educacional. Trata-se de desporto de alto rendimento, no qual vantagens mínimas fazem enorme diferença.

A pessoa é livre para mudar de sexo. Nada mais justo e socialmente adequado. E, a partir dessa mudança, deve ser reconhecida com todos os direitos e deveres inerentes à sua condição. Porém, outros efeitos não

---

41 Optamos por exemplificar a mudança de masculino para feminino porque mais recorrente em relação aos efeitos no desporto e mais discutida em razão das supostas vantagens de força física e desempenho.

almejados se apresentarão e podem ensejar uma ou outra limitação. É exatamente o caso do desporto de alto rendimento.

Aquele que muda de sexo é igual a todos, com plena aplicação do princípio da igualdade. Em hipótese alguma pode sofrer qualquer tipo de discriminação. Terá os mesmos direitos a todos os assegurados e, por isso, recebe a mesma aplicação constitucional e infraconstitucional que todos, mas, também, passa a ser sujeito de deveres.

Portanto, a pessoa poderá escolher livremente sua profissão como atleta profissional de alto rendimento. Porém, só poderá fazê-lo se não houver restrição imposta pelo interesse coletivo.

No caso, o interesse coletivo decorre da lei desportiva, do princípio do equilíbrio da competição.

Vozes em contrário, como já salientamos, afirmam que as vantagens acontecem em quem é mais alto ou tem braços longos, mas trata-se de questão que não foi ato meramente lícito, não decorreu de manifestação de vontade, decorreu de algo absolutamente sem influência da vontade humana.

A partir do momento em que se tem a autonomia da vontade livre, a prática do negócio jurídico ou a ocorrência de um ato meramente lícito que gera efeitos no mundo jurídico desportivo, a opção pelo desporto de alto rendimento passa a ter uma limitação.

Há quem defenda a criação de ligas esportivas para transexuais. Somos contrários a essa posição por entendermos que isso é uma atitude discriminatória, e não de mera diferenciação.

As ligas trans só serão legítimas se forem criadas e compostas pelos atletas trans, mas por sua vontade, e não por imposição das entidades de administração do desporto.

O atleta transgênero deve competir dentro da categoria do seu sexo de eleição, mas apenas se não ocorrerem vantagens daí decorrentes que quebrem o equilíbrio da competição e coloquem em risco a segurança dos atletas.

Para tanto, novamente nos reportamos aos estudos acima citados, de que, se a opção e o tratamento vêm antes da puberdade ou no início desta, não haverá razão para que o atleta trans não compita na categoria do sexo de eleição. Proibi-lo não será diferenciá-lo legitimamente, pois não haverá finalidade nisso, é algo sem critério objetivo concreto e deve ser repelido pela aplicação dos princípios da igualdade e da legalidade.

Contudo, se essa mudança de sexo é tardia e forem constatadas as vantagens de desempenho e força, a pessoa, quando opta livremente pela mudança, deverá saber que haverá a limitação para a prática do desporto de alto rendimento, pois isso constitui critério objetivo de diferenciação, não constituindo, portanto, discriminação. A implicação será o inexorável afastamento desse atleta da prática desportiva de alto rendimento.

5 Conclusão

O desporto se comunica com todos os acontecimentos inerentes a uma sociedade. Do mesmo modo, o direito desportivo observa os regramentos jurídicos gerais e específicos, mas mantém autonomia e principiologia próprias, as quais devem ser observadas.

Questões atuais e polêmicas de discussão na sociedade chegam ao desporto e ao direito desportivo ao mesmo tempo em que surgem em outras áreas.

Outro não é o caso do reconhecimento da mudança de sexo de atletas, de atletas transgêneros. A problemática posta é se esses atletas, em sede de desporto de alto rendimento, poderão continuar competindo em categorias do sexo de eleição.

Para a análise do problema, entendemos necessário, inicialmente, explicitar a aplicação do princípio da igualdade e, especificamente, sua aplicação quanto ao gênero.

Como se trata de questão desportiva, essa análise deve ser feita dentro dos modelos de formação desportiva adotados na maior parte do mundo, quais sejam, o americano e o europeu.

Constatamos que inexistem diferenças para o problema, já que em um ou noutro modelo, em se tratando do alto rendimento, a questão permanece.

Todos são iguais perante a lei, mas esse princípio da igualdade contém restrições na própria aplicação dos ensinamentos de Aristóteles. Existem hipóteses em que o tratamento não pode ser plenamente igualitário, vale dizer, quando condições de interesse coletivo assim o exigirem.

No caso do atleta transgênero, discute-se se vantagens fisiológicas interferem no equilíbrio da competição, assim como na segurança dos atletas. Em modalidades desportivas de contato e naquelas em que a força física faz diferença, entendemos que há, sim, vantagem que desequilibra a disputa.

Não se trata de vantagem ilícita, mas também não é uma vantagem biológica natural. Trata-se de uma vantagem que surge em decorrência de livre manifestação de vontade do atleta ao mudar de gênero.

Naturalmente que nem todos os casos de mudança de gênero implicam na vantagem para a prática desportiva. Mudanças de sexo feitas antes da conclusão da puberdade não geram interferências substanciais na prática desportiva de alto rendimento.

Contudo, não há como olvidar que o desporto profissional de alto rendimento pressupõe a necessidade de critérios muito objetivos de equilíbrio da competição, pois qualquer diferença pode ser substancial para a vitória ou derrota.

É justamente isso que nos leva a tratar do princípio da igualdade, constatando-se que este só se vê violado quando não há critério objetivo de diferenciação na norma, quando não há finalidade específica. Nesse caso, há violação ao princípio da legalidade.

Essas teorias, na verdade, são afetas ao regramento constitucional, pois se referem a direitos fundamentais, dentre eles a igualdade entre homens e mulheres.

Contudo, de acordo com a teoria da eficácia imediata dos direitos fundamentais, é possível dizer que, quando o interesse social requer a norma privada, deve observar os mesmos princípios da lei, o que se aplica plenamente à seara desportiva.

Portanto, um atleta trans que mudou de sexo ainda na puberdade tende a não ter qualquer vantagem de desempenho, do mesmo modo atletas trans que competem em situações em que o desempenho se torna prejudicial em decorrência da mudança de sexo – caso, em geral, da mudança do feminino para o masculino.

Logo, proibir esses atletas de competirem em suas respectivas categorias correspondentes ao sexo de eleição não é diferenciá-los, não é utilizar critérios objetivos de distinção com finalidade definida. É discriminação, que deve ser coibida.

No mesmo sentido as ideias de criação de outras categorias, ligas desportivas ou categoria trans. De acordo com a doutrina americana, isso só não poderia ser considerado discriminatório se fosse opção dos próprios atletas trans se autodiferenciarem para competirem em sua liga independente. Porém, criado ou sugerido por entidades de administração do desporto, soa absolutamente discriminatório.

Todas essas modalidades de discriminação devem ser rechaçadas por intermédio da aplicação da teoria da eficácia imediata dos direitos fundamentais.

De outro lado, as alterações tardias de sexo que impliquem em vantagem real para o atleta profissional violarão o equilíbrio da competição.

Quando o atleta o faz nessa conjuntura, manifesta livremente sua vontade, exerce o princípio da autonomia da vontade e está sujeito às limitações legais, seja pelo negócio jurídico buscado, seja pelo ato meramente jurídico, do qual, não era o seu objetivo, mas as implicações decorrem obrigatoriamente do comando legal.

Na hipótese, todos têm o direito de elegerem sua profissão, porém respeitadas as limitações legais impostas pelo interesse da coletividade. A prática desportiva profissional justa e equilibrada é de inegável interesse coletivo.

Referências

CANOTILHO, J. J. Gomes. *Direito constitucional*. 5. ed. Coimbra: Almedina, 1991.

CASTRO, Luiz Roberto Martins. Conceito e Evolução Sociológica do Esporte. *In*: *Enciclopédia de Gestão, Marketing e Direito Desportivo*. Porto Alegre: INEJE, 2017. ISBN 978-85-66277-03-6.

GARVEY, John H.; ALEINIKOFF, T. Alexander; FARBER, Daniel A. *Modern Constitutional Theory*. A Reader. 5. ed. American Casebook Series.

MELO FILHO, Álvaro. *Nova Lei Pelé*: avanços e impactos. Rio de Janeiro: Maquinária, 2011.

MESTRE, Alexandre Miguel. *O Desporto na Constituição Europeia*. Coimbra: Almedina, 2004.

MIGUEL, Ricardo Georges Affonso. Análise Comparativa do Critério Etário como Discriminação nos Modelos Europeu e Americano de Formação Desportiva. *In*: VARGAS, Angelo (Coord.). *Direito Desportivo*: Diversidade e Complexidade. Belo Horizonte: Casa da Educação Física, 2018.

MIGUEL, Ricardo Georges Affonso. O princípio da boa-fé objetiva e suas vertentes no esporte eletrônico (*e-sports*). *Revista da Academia Nacional de Direito Desportivo*, ano 1, n. 1, jan./jun. 2016.

MIGUEL, Ricardo Georges Affonso. Idade como fator de discriminação na formação desportiva sob a ótica luso brasileira. *In*: VARGAS, Angelo (Coord.). *Direito Desportivo*. Temas Transversais. 1. ed. Rio de Janeiro: Autografia, 2017.

MIRANDA, Martinho Neves. *O Direito no Desporto*. Rio de Janeiro: Editora Lumen Juris, 2007.

MORAES, Alexandre de. *Direito Constitucional*. 23. ed. São Paulo: Atlas, 2008.

MORAES, Guilherme Peña de. *Curso de Direito Constitucional*. 9. ed. São Paulo: Atlas, 2017.

RODRIGUES, Silvio. *Direito Civil. Parte Geral*. v. 1. 34. ed. São Paulo: Saraiva, 2003.

SARMENTO, Daniel. *Direitos Fundamentais e Relações Privadas*. 2. ed. Rio de Janeiro: Lumen Juris, 2006.

SILVA, Jose Afonso. *Curso de Direito Constitucional Positivo*. 22 ed. São Paulo: Malheiros, 2002. p. 213.

Sítios acessados:

http://www.dgsi.pt/jtrl.nsf/33182fc732316039802565fa00497eec/35ecd48144d90e5580257cef0040e8ad?opendocument. Acesso em: 29 nov. 2016.

http://www.dgsi.pt/jstj.nsf/954f0ce6ad9ddo8b980256b5f003fa814/90dc1de51631884d80257c14004e2568?OpenDocument. Acesso em: 29 nov. 2016.

https://veja.abril.com.br/esporte/caso-tifanny-so-controle-de-testosterona-nao-tira-a-vantagem/. Acesso em: 09 maio 2018.

https://pt.wikipedia.org/wiki/Transg%C3%A9nero. Acesso em: 09 maio 2018.

https://globoesporte.globo.com/olimpiadas/noticia/fisiologista-ve-beneficio-pregresso-mas-coi-abre-espaco-para-transgeneros.ghtml. Acesso em: 09/05/2018.

https://www.huffpostbrasil.com/2018/01/24/transgeneros-tem-de-ser-incluidos-no-esporte-diz-federacao-internacional-de-volei_a_23342720/. Acesso em: 09 maio 2018.

https://globoesporte.globo.com/olimpiadas/noticia/fisiologista-ve-beneficio-pregresso-mas-coi-abre-espaco-para-transgeneros.ghtml. Acesso em: 09 maio 2018.

http://www.stf.jus.br/portal/cms/verNoticiaDetalhe.asp?idConteudo=371085. Acesso em: 09 maio 2018.

https://globoesporte.globo.com/olimpiadas/noticia/fisiologista-ve-beneficio-pregresso-mas-coi-abre-espaco-para-transgeneros.ghtml. Acesso em: 09 maio 2018.

https://veja.abril.com.br/esporte/caso-tifanny-so-controle-de-testosterona-nao-tira-a-vantagem/. Acesso em: 09 maio 2018.

https://www.twobirds.com/en/news/articles/2016/uk/the-participation-of-trans-athletes-in-sport-a-transformation-in-approach. Acesso em: 10 maio 2018.

http://www.onu.org.br/img/2014/09/DUDH.pdf. Acesso em: 10 maio 2018.

Informação bibliográfica deste texto, conforme a NBR 6023:2018 da Associação Brasileira de Normas Técnicas (ABNT):

RIPARDO, Cristina; MIGUEL, Ricardo. Autonomia da vontade frente ao desporto de alto rendimento. *In*: TUPINAMBÁ, Carolina (Coord.). *As novas relações trabalhistas e o futuro do Direito do Trabalho*: as novidades provenientes de leis trabalhistas recentes. Belo Horizonte: Fórum, 2021. (Coleção Fórum as novas relações trabalhistas e o futuro do Direito do Trabalho. Tomo II.). p. 281-300. ISBN 978-65-5518-120-3.

Alessandra Wanderley
Advogada. Mestranda em Direito do Trabalho e Previdência pela Universidade Estadual do Rio de Janeiro (UERJ). Pós-graduada em Advocacia Pública (UERJ). Pós-Graduanda em Direito Militar (CBEPJUR). Membra do Instituto dos Advogados Brasileiros (IAB). Membra da Comissão de Estudos do Direito e Processo do Trabalho da OAB/RJ. Presidente da Comissão de Direito Militar (OAB/RJ). Defensora Dativa no Tribunal de Ética OAB/RJ.

Bruna da Penha de Mendonça Coelho
Doutoranda em Direito pelo PPGD/UERJ (linha de pesquisa: Teoria e Filosofia do Direito) e em Sociologia pelo Instituto de Estudos Sociais e Políticos (linha de pesquisa: Desigualdades, Mobilidade Social e Trabalho). Mestra em Teoria e Filosofia do Direito pela UERJ. Graduada em Direito pela UERJ.

Carla Sendon Ameijeiras Veloso
Professora Universitária na Universidade Veiga de Almeida e Estácio de Sá. Mestre em Direito pela Universidade Católica de Petrópolis. Doutoranda em Direito pela Universidade Veiga de Almeida.

Carlos Augusto Pinto de Vasconcellos Junior
Pós-Graduando em Direito do Trabalho e Previdenciário pela Universidade do Estado do Rio de Janeiro (UERJ). Pós-Graduado em Advocacia Pública pela Universidade do Estado do Rio de Janeiro (UERJ). Pós-Graduado em Direito e Processo do Trabalho pela Universidade Candido Mendes (UCAM/RJ). Chefe da Assessoria Jurídica do 35° ofício do Ministério Público do Trabalho (PRT) da 1ª Região-RJ. Advogado licenciado. Ex-Assessor-Chefe da Assessoria Jurídica do Centro de Tecnologia da Informação e Comunicação do Estado do Rio de Janeiro (PRODERJ).

Carmen Elena Domínguez Soto
Profesora de *Derecho del Trabajo y Vicedecana de la Facultad de Derecho de la Pontificia Universidad Católica de Chile. Dirección electrónica*: ceds@uc.cl.

Carolina Tupinambá
Mediadora certificada. Mestre em Direito Processual pela Universidade do Estado do Rio de Janeiro. Doutora em Direito Processual pela Universidade do Estado do Rio de Janeiro. Doutora em Direito do Trabalho e Seguridade Social pela Universidade de São Paulo. Pós-Doutora no Programa de Pós-Doutoramento em Democracia e Direitos Humanos – Direito, Política, História e Comunicação da Faculdade de Direito da Universidade de Coimbra. Professora Adjunta de Processo do Trabalho e Prática Trabalhista da Universidade do Estado do Rio de Janeiro. Professora Assistente de Direito do Trabalho da Universidade Federal do Estado do Rio de Janeiro. Membro da Academia Brasileira de Direito do Trabalho, ocupante da Cadeira nº 47. Membro do Instituto Brasileiro de Direito Processual. Membro do *Instituto Iberoamericano de Derecho Procesal*. Membro do Instituto dos Advogados Brasileiros. Membro do Centro de Estudos Avançados de Processo. Membro da *American Bar Association*. Membro da *Comunidad para la Investigación y el Estudio Laboral y Ocupacional* (CIELO). Autora de livros e artigos na área trabalhista.

Cristina Ripardo
Advogada. Mestranda em Direito pela Universidade Estácio de Sá. Professora.

Fabiano Zavanella
Advogado. Doutorando em Direito do Trabalho pela Faculdade de Direito da Universidade do Porto. Mestre em Direito do Trabalho e especialista em Direito Material e Processual do Trabalho pela Pontifícia Universidade Católica de São Paulo (PUC-SP). MBA em Direito Empresarial pela Fundação Getúlio Vargas de São Paulo (FGV/SP). Professor de Direito da Faculdade Integral Cantareira, dos cursos de pós-graduação da Universidade Metodista de Piracicaba/SP, da Faculdade de Direito de Sorocaba/SP, no LLM em Direito Empresarial do IBMEC e da pós-graduação da Escola Paulista de Direito/SP e do Complexo Damásio. Diretor Executivo do IPOJUR-SP. Membro do Comitê Executivo da Comunidade CIELO LABORAL e Pesquisador do GETRAB/USP. Autor do livro *Dos direitos fundamentais na dispensa coletiva*, pela Editora LTr, e de diversos artigos e opiniões jurídicas.

Francisco Ferreira Jorge Neto
Desembargador do Trabalho (TRT – 2ª Região). Professor convidado no Curso de Pós-Graduação *Lato Sensu* da Escola Paulista de Direito. Mestre em Direito das Relações Sociais – Direito do Trabalho pela PUC-SP.

Francisco J. Tapia Guerrero
Profesor de *Derecho del Trabajo de la Facultad de Derecho de la Pontificia Universidad Católica de Chile. Miembro de Número de la Academia Iberoamericana de Derecho del Trabajo y de la Seguridad Social. Dirección electrónica*: ftapiag@uc.cl.

Hector Luiz Martins Figueira
Professor Universitário na Universidade Estácio de Sá. Mestre em Direito pela Universidade Gama Filho. Doutorando em Direito pela Universidade Veiga de Almeida.

José Alberto Couto Maciel
Da Academia Brasileira de Direito do Trabalho.
Jouberto de Quadros Pessoa Cavalcante
Doutor em Direito do Trabalho pela Faculdade de Direito da Universidade de São Paulo (USP). Mestre em Direito Político e Econômico pela Universidade Presbiteriana Mackenzie. Mestre em Integração da América Latina pela Universidade de São Paulo (USP/PROLAM). Professor Doutor da Faculdade de Direito da Universidade Presbiteriana Mackenzie. Professor Convidado na Faculdade de Direito da Universidade de Lisboa, no Curso de Pós-Graduação *Lato Sensu* Pontifícia Universidade Católica PUCPR e outros diversos cursos. Membro da Academia Paulista de Letras Jurídica.

Leandro Fernandez
Juiz do Trabalho Substituto no Tribunal Regional do Trabalho da Sexta Região. Mestre em Relações Sociais e Novos Direitos pela Faculdade de Direito da Universidade Federal da Bahia. Especialista em Direito e Processo do Trabalho pelo JusPodivm/BA. Professor. Membro do Instituto Bahiano de Direito do Trabalho (IBDT). Membro do Conselho Fiscal da Associação dos Magistrados da Justiça do Trabalho da Sexta Região — AMATRA VI (gestão 2016/2018).

Luciana Paula Conforti
Doutora em Direito, Estado e Constituição pela UnB, integrante dos grupos de pesquisa Trabalho, Constituição e Cidadania (UnB-CNPQ),

Trabalho Escravo Contemporâneo (UFRJ-CNPQ) e Direito do Trabalho e Dilemas da Sociedade Contemporânea (UPE-CNPQ). Membro da Academia Pernambucana de Direito do Trabalho, Juíza do Trabalho do TRT da 6ª Região, Diretora de Direitos Humanos da AMATRA6 (2018-2020) e Diretora de Formação e Cultura da ANAMATRA (2019-2021).

Ricardo Miguel
Juiz do Trabalho. Doutorando em Ciências Jurídicas pela Universidade Autônoma de Lisboa. Mestrando em Direito pela Universidade Estácio de Sá. Professor de Direito Desportivo e Processo do Trabalho da Universidade Cândido Mendes. Membro da Academia Nacional de Direito Desportivo e da Sociedade Brasileira de Direito Desportivo.

Roberta de Oliveira Souza
Chefe da Assessoria Jurídica do 9º Ofício da Procuradoria Regional do Trabalho da 2ª Região. Graduada pela UERJ. Especialista em Direito Público, Processo e Direito do Trabalho.

Rodolfo Pamplona Filho
Juiz Titular da 32ª Vara do Trabalho de Salvador/BA. Professor Titular de Direito Civil e Direito Processual do Trabalho da Universidade Salvador (UNIFACS). Professor Associado da graduação e pós-graduação (Mestrado e Doutorado) em Direito da Universidade Federal da Bahia (UFBA). Coordenador dos Cursos de Especialização em Direito Civil e em Direito e Processo do Trabalho da Faculdade Baiana de Direito. Coordenador do Curso de Pós-Graduação *on-line* em Direito Contratual e em Direito e Processo do Trabalho da Estácio, em parceria tecnológica com o CERS. Mestre e Doutor em Direito das Relações Sociais pela PUC-SP – Pontifícia Universidade Católica de São Paulo. Máster em *Estudios en Derechos Sociales para Magistrados de Trabajo de Brasil* pela UCLM – Universidad de Castilla-La Mancha/Espanha. Especialista em Direito Civil pela Fundação Faculdade de Direito da Bahia. Membro e Presidente Honorário da Academia Brasileira de Direito do Trabalho (antiga Academia Nacional de Direito do Trabalho – ANDT). Presidente da Academia de Letras Jurídicas da Bahia e do Instituto Baiano de Direito do Trabalho. Membro da Academia Brasileira de Direito Civil, do Instituto Brasileiro de Direito de Família (IBDFam) e do Instituto Brasileiro de Direito Civil (IBDCivil).

Vicente José Malheiros da Fonseca

Desembargador do Trabalho, Decano e ex-Presidente do Tribunal Regional do Trabalho da 8ª Região (Belém-PA). Professor Emérito da Universidade da Amazônia (UNAMA). Compositor. Membro da Associação dos Magistrados Brasileiros, da Associação Nacional dos Magistrados da Justiça do Trabalho, da Academia Brasileira de Direito do Trabalho, da Academia Paraense de Música, da Academia de Letras e Artes de Santarém, do Instituto Histórico e Geográfico do Pará, do Instituto Histórico e Geográfico do Tapajós, da Academia Luminescência Brasileira e da Academia de Música do Brasil. Membro Honorário do Instituto dos Advogados do Pará.

Esta obra foi composta em fonte Palatino Linotype, corpo 10
e impressa em papel Offset 75g (miolo) e Supremo 250g (capa)
pela Gráfica Laser Plus.